Anne Devillard

Heilung aus der Mitte

Werde der, der du bist

 DRIEDIGER

Anne Devillard. Heilung aus der Mitte. Werde der, der du bist
2. Auflage März 2009

© Copyright der deutschen Ausgabe Verlag Driediger 2009
Umschlaggestaltung: Sabine Eckert
Foto Titelseite: Caroline Martin
Druck: Westermann Druck Zwickau GmbH

ISBN: 978-3-932130-22-9

Inhalt

Teil III: DAS SEELISCHE
Kontakt zur inneren Weisheit

Teil IV: DAS EVOLUTIONÄRE
Jenseits des Menschen

Teil V: DAS UNIVERSELLE
Die allumfassende Kraft der Liebe

VORWORT

Alles hat mit einer Oberarmfraktur angefangen. Auf den ersten Blick nichts Ungewöhnliches. Es passiert so leicht und so oft, und die Chirurgie hat in den letzten Jahrzehnten bei der Wiederherstellung von gebrochenen Gliedern derart ausgeklügelte und mutige Methoden entwickelt, dass es sich wie eine Kratzwunde anhört, wenn man erzählt, dass man sich den Arm gebrochen hat. Man unterschätzt jedoch den Schock, der mit solchen Brüchen und dem Gefühl, dass der Boden einem unter den Füßen weggezogen wird, einhergeht. Knochen stellen das Gerüst des Menschen dar, brechen sie an einer Stelle, ist die Basis des Vertrauens zu sich selbst von Grund auf erschüttert.

Mein Oberarmbruch erwies sich als besonders heikel, da die Fraktur sich haargenau an der Stelle befand, wo der Radialisnerv, der das An- und Abheben der Hand bewirkt, läuft. Ein unglücklicher Griff während der Operation hätte eine Lähmung der Hand, die eine so genannte Fallhand zur Folge gehabt hätte, bedeutet. Der Chirurg, der sein Handwerk beherrschte, versuchte, den radikal durchgebrochenen Arm mit einem 22 Zentimeter langen und einen Zentimeter breiten Titannagel durch das Knochenmark hindurch zu richten. Mit Erfolg. Der Arm war wieder begradigt, mit einer Metallstütze zwar, aber der Radialisnerv war nicht verletzt. So konnte ich sofort nach der Operation die linke Hand wieder normal bewegen.

Es war aber für mich der Anfang eines langen Prozesses, der durch Verzweiflung und die Angst, dass mein Arm nie wieder gesunden würde, gekennzeichnet war. Bis ich mich eines Tages hinsetzte und zu schreiben anfing. Ich schrieb alles nieder, was mir durch den Kopf ging, jeden Tag, Monate lang. Mit der Zeit und parallel zu dem Heilungsprozess fingen meine Gedanken an, sich zu klären und zu ordnen, und allmählich, Schritt für Schritt verstand ich immer mehr, warum mir „so etwas" passieren konnte.

Nichts kann als Unglück bezeichnet werden, sondern es kommt darauf an, was wir aus dem Ereignis machen und welche Bedeutung wir ihm geben. In jedem Symptom, jedem Vorfall steckt eine Botschaft, die es für sich zu entschlüsseln gilt. Der Arm, insbesondere der Oberarm, ist beispielsweise ein Symbol für Tragen, Halten, Durchhalten. In meinem Fall war es eindeutig: Ich hatte mir zu viel aufgeladen und war an der Grenze meiner Belastbarkeit angelangt. Es handelte sich um den linken Arm, also ging es um Altlast und alte Programmierungen. Die linke Seite ist auch die Seite der Emotionen, des Weiblichen. Da zeigte sich also das nicht zugestandene Bedürfnis, in die Arme genommen und gehalten zu werden. Der Oberarm beinhaltet auch die Symbolik, Hochmut in Demut zu verwandeln, in die Bescheidenheit (vor der Schöpfung) zu gehen. Er hat auch mit der Achtsamkeit zu tun, auf dem eigenen Weg zu bleiben, das heißt unbedingt konform mit sich selbst zu sein und sich treu zu bleiben.

Mit der Zeit habe ich den Titan-Marknagel als meinen besten Freund betrachten können. Ich wurde ihm sogar dankbar. Er wurde zum fürsorglichen Gefährten, der darauf achtete, dass mein Leben nicht wieder in einen zu schnellen Rhythmus geriet. Er sorgte nicht nur dafür, dass die Knochen wieder gut zusammenwuchsen, sondern fungierte nunmehr als mein Führungsstab, der mir half, den Kontakt zu meiner inneren Führung wieder herzustellen und zu behalten. Ich habe mit ihm einen Dialog geführt und er wiederum führte mich an dem Faden meiner Sensibilität und zeigte mir, was mir gut tat und was nicht. Ich war wieder auf meiner Spur.

Der Knochen wollte nach seinem eigenen Rhythmus heilen, ganz langsam und sanft. Er gab mir die Chance, in die Verlangsamung, in die Ent-schleunigung zu gehen, und er half mir dabei, in meiner Wahrheit zu bleiben. Denn darum geht es: Zu erkennen, wer man wirklich ist und was man braucht, um die ganze Einzigartigkeit seiner Persönlichkeit am besten auszudrücken.

Schließlich hat mich diese Fraktur gezwungen, alles loszulassen, was für mich nicht gut war. Es ist wichtig, die Signale vorher zu erkennen, um rechtzeitig zu verhindern, dass die Seele uns durch das Leben ein Korrektiv schickt, weil wir nicht auf sie gehört haben. Jeder von uns hat eine starke innere Führung, die uns Hinweise schickt, sobald wir uns von unserem Weg entfernen. Es geht darum, diese Zeichen zu erkennen und sie nicht als zufällige Erscheinungen abzutun, auf die innere Stimme, die ständig in uns flüstert, zu achten, oder auch die Träume, die unser Unbewusstes uns schickt, zu entziffern. Sonst bleibt alles wie unentschlüsselte Botschaften – wie Briefe, die man nicht liest.

Wir bekommen so viele Möglichkeiten, so viele Chancen, eine Kursänderung vorzunehmen, bevor es zu spät ist. Aber oft geschieht es erst, wenn ein plötzliches Korrektiv auftritt, in Form einer Erkrankung oder eines Unfalls, so dass man seine Augen und seine Ohren öffnet und die tiefe Bedeutung des Ereignisses versteht.

Das Thema des Loslassens ist ein grundsätzliches Thema im Leben eines jeden von uns. Es geht nicht darum, alles loszulassen, sondern nur von dem zu lassen, was uns nicht gut tut, anstatt sich krampfhaft daran zu klammern, obwohl man längst erkannt hat, dass es für uns schädlich ist. Man lernt mit der Zeit, die Hinweise des Körpers zu beachten und ein großes Vertrauen in dessen Intelligenz zu entwickeln, denn er liefert uns eine unmittelbare Antwort – in Form von innerer Anspannung oder Entspannung – auf die auf uns ununterbrochen einwirkenden Reize.

Der Bruch war als ein Signal zu verstehen, das von innen kam. Egal, in welcher Form wir gezwungen werden, etwas in unserer Art zu leben zu verändern – es entspricht immer einer Zeit des Rückzugs, durch den wir wieder in Kontakt mit uns kommen und mehr Gespür für uns selbst erlangen. Die Erschütterung der Struktur schafft ein Vakuum, in dem alles Neue entstehen kann. Das Ego wird gezwungen auszumisten, das heißt sich der schlechten Gewohnheiten und negativen Programmierungen zu entledigen. Es ist eine Zeit des Nach-innen-gehens, die man fürs Nachdenken, Meditieren, Schreiben etc. nutzen sollte. Und während dieser Zeit geht es nur um eins: sich dem Heilungsprozess hinzugeben. Es gibt nichts zu tun, sondern nur geschehen lassen. Denn trotz aller Zweifel, die man hinsichtlich der Heilung haben kann, ist alles in uns auf Heilung angelegt. Wir müssen also nur die Kontrolle loslassen und unseren angeborenen Selbstheilungskräften die Führung überlassen.

Rückblickend konnte ich sagen, dass dieser Unfall mich stärker gemacht hatte, und konnte dann begrüßen, was passiert war. Ich hatte plötzlich das Gefühl, „es" warten neue Aufgaben auf mich. Plötzlich wurde mir bewusst, dass ich mitten in einem Transformationsprozess stand, der mich nicht nur wieder zu mir selbst zurückbrachte, sondern wie beim Schleifen eines Diamanten das Beste und Schönste aus mir herausholen wollte. Auf einmal wurde mir klar, dass Heilung immer die Integration dessen, wonach man sich am meisten sehnt, beinhaltet.

So entstand die Idee eines Buches, das auf der Basis der Erkenntnisse, die ich im Laufe dieses Heilungsprozesses gewonnen hatte, die Grundprinzipien der Heilung vermitteln sollte. Da ich im Rahmen meiner langjährigen Tätigkeit als Chefredakteurin der Monatszeitschrift NATUR & HEILEN öfters die Gelegenheit hatte, anerkannte Persönlichkeiten auf dem Gebiet der Heilung zu interviewen, entschied ich mich, eine Auswahl der besten Gespräche, die ich in den vergangenen Jahren geführt hatte, in Buchform herauszubringen. Die Sammlung wurde dann mit neuen Interviews vervollständigt.

Meine Interviewpartner waren/sind Menschen, die durch ihr Engagement und ihre Überzeugung bereits viele Menschen inspiriert haben und weiterhin inspirieren werden. Allen gemeinsam ist – gleichgültig auf welchem Gebiet sie tätig sind – ihr Eifer und die Be-geist-erung, mit welcher sie diese unsere Welt erkunden und sich für das Neue und Lebendige einsetzen. Ihre Leidenschaft für die Dynamik des Lebens und ihr unermüdlicher Einsatz geben uns den Mut, bewusst und vertrauensvoll unseren Weg zu gehen – unseren ganz eigenen, unserer spezifischen Art entsprechend.

Ihnen allen möchte ich von ganzem Herzen dafür danken, dass sie sich Zeit für diese Gespräche mit mir genommen haben, und möchte die Gelegenheit nutzen, mich auch bei Irene Stolze, meiner treuen Gefährtin bei der Redaktion von NATUR & HEILEN, zu bedanken, die im Laufe der Jahre die zuverlässige und einfühlsame Lektorin meiner Texte war und ist.

München,
Oktober 2008

13

EINFÜHRUNG

„Wir sollten niemals versuchen,
dem Weg eines anderen zu folgen,
denn es ist sein Weg und nicht der unsrige.
Hast du erst deinen Weg gefunden, brauchst du
nichts weiter zu tun, als die Hände in den Schoß zu legen
und dich auf die Flutwelle zur Befreiung tragen zu lassen.
Hast du ihn gefunden,
so entferne dich niemals wieder von ihm.
Dein Weg ist der beste Weg für dich,
aber er ist nicht unbedingt der beste für andere."
(Vivekananda)

Das Leben ist ein ständiger Prozess der Selbsterfahrung. In jedem Umstand liegt ein Schatz verborgen, den es zu erkennen gilt. Wenn wir mit dieser Einstellung an alles, was uns geschieht, herangehen, dann ist unser Leben unendlich reich. Denn wir erkennen, dass alle Erfahrungen, die wir machen, alles, was wir tun und was uns begegnet, eine Widerspiegelung dessen ist, was wir sind, und der Entscheidungen, die wir treffen.

Je bewusster wir unser Leben gestalten, je authentischer wir sind, desto näher sind wir unserem inneren Kern. Unsere Seele strebt ständig nach vollkommener Führung und vollkommener Balance. Wenn der Spagat zwischen unserer Lebensführung und der Wahrheit unseres wahren Selbst zu groß wird, schickt uns das Leben ein Korrektiv, das zunächst weh tut – das aber immer in Richtung Besserung geht, auch wenn wir es im ersten Augenblick nicht erkennen. Diese Korrektur in Form von Prüfungen, wie Krankheiten, Trennungen oder Unfällen, ist also unsere größte Chance. Denn sie bietet uns die Möglichkeit, wieder im Einklang mit uns selbst zu sein und unseren wahren Platz im Leben einzunehmen.

Das Leben als Lehrmeister

Alles in uns tendiert dazu, dass wir uns weiterentwickeln. Der Impuls des Selbst sich zu entfalten ist größer als alles andere. Es ist die größte Kraft, die es gibt. Jeder von uns kommt an den Punkt in seinem Leben, an dem sich der Drang der Befreiung von blockierenden Aspekten seiner Vergangenheit nicht stoppen lässt. Das Leben schickt uns dann die Umstände und die Situationen, die am besten imstande sind, uns aus unseren erstarrten Verhaltensweisen heraus zu katapultieren. Keine andere Kraft als das Leben selbst ist imstande, uns in diesen Prozess der Selbsttransformation hineinzuwerfen.

Alle Prüfungen, die wir meistern, bringen uns dem näher, wonach wir uns im tiefsten Inneren sehnen. Durch sie vollzieht sich also der Schleifprozess des Lebens, der uns empfänglicher macht für das, was wir in Wirklichkeit sind. Prüfungen sind wie Boten, die Verdecktes sichtbar machen. Sie helfen uns, alte Wege zu verlassen und neue zu betreten. Sie schaffen die Möglichkeit, Erstarrtes zu durchbrechen, damit wir den Lebensfluss wieder in uns spüren können. Dann sind wir imstande, das Leben in seiner Einfachheit und Schönheit zu genießen, in der Gewissheit, dass das Leben es gut mit uns meint. Denn es hat ja bis heute für uns gesorgt, auch in Krisenzeiten – in Form einer guten Freundin, die haargenau in der Sekunde da ist, wenn man sie braucht, eines Arztes, der im richtigen Augenblick den richtigen Satz sagt, der Stimme im Radio, die aus einem Buch liest, das zum nächsten entscheidenden Schritt rät. Wir sind von so viel Wohlwollen und Liebe umgeben – und merken es nicht.

Sein Leben neu ordnen

Alles ist in unserem Organismus auf Heilung ausgerichtet. In jedem von uns gibt es einen unbändigen Drang der Selbstheilung, eine unglaubliche Fähigkeit zur Selbstreparatur. Es gibt aber Faktoren, die diese Selbstheilung behindern. Einer der größten krankmachenden Faktoren ist lang anhaltender körperlicher, emotionaler und geistiger Stress. Durch Stress gerät der ganz spezifische Rhythmus unseres Lebens und damit das Ordnungsprinzip unseres Körpers aus dem Gleichgewicht. Eine erzwungene Pause bringt uns durch den damit verbundenen Rückzug und die Konzentration auf das Wesentliche wieder in unser Gleichgewicht und unseren ganz eigenen Rhythmus. Wenn wir also durch Krankheit bzw. eine Prüfung auf das Noch-Zu-Klärende hingewiesen werden und wir uns diesem auch ehrlich und authentisch stellen, bekommen wir Klarheit über die Zusammenhänge und ordnen unser Leben neu.

Den Kontakt zwischen sich und seiner inneren Führung wieder herstellen

Es gibt verschiedene Möglichkeiten der Selbstforschung und der Selbsterkenntnis. Für manche geschieht es über das Malen oder das Schreiben, für andere über den Tanz oder die Musik, wieder für andere über die Selbstreflexion durch Psychotherapie oder durch Meditation. Durch den Tanz wird die Lebensenergie, die sich in der Freude ausdrückt, wieder frei. Durch das Malen dringen wir tief in unsere Psyche hinein und kommen in Kontakt mit der Lebendigkeit in uns, die uns die Kreativität verleiht. Durch das Schreiben bekommen wir Zugang zu unserer inneren Stimme, die uns die Geschichte unseres Lebens diktiert. Wir werden zu unserer inneren Quelle der Weisheit geführt und der damit verbundenen unbeschreiblichen Freude. Durch Musik öffnen sich die inneren Räume, in denen wir mit unserem wahren Kern pulsieren. Durch Meditation stellen wir den Kontakt zu dem göttlichen Teil in uns her und bleiben im Dialog mit ihm. Gleichgültig welches Medium man benutzt, um sich und seine Seele zu erforschen – es geht um die Herstellung des Kontaktes zwischen sich und seiner inneren Führung, um das, was man ist, mit vollem Bewusstsein und in der vollen Präsenz zu leben.

Das Einzige, was wir tun müssen, ist zu erkennen, was wir in unserem tiefsten Inneren sind, und es dann nach außen zu bringen. Es geht nur darum, unserem Inneren Gehör zu verschaffen und dem, was uns da geflüstert wird, zu folgen. Keiner weiß besser als wir selbst, was uns gut tut und für uns stimmig ist. Jeder hat – entsprechend seiner ganz besonderen Persönlichkeit und seinen Anlagen – seine ihm ganz spezifische Art, diesen Weg zu gehen. Das Entscheidende ist das Bewusstsein, mit dem wir unseren Weg gehen – das tiefe innere Wissen, dass es kein willkürlicher Weg ist, sondern ein haargenau maßgeschneiderter. Deshalb gibt es – auch wenn die Lebensgesetze universell sind – nicht zwei Leben, die gleich sind. Es mag Ähnlichkeiten geben, aber genau so, wie jeder von uns einzigartig und besonders ist, ist das Leben, das wir führen, und die Lebensaufgaben, die wir erfüllen müssen, einmalig.

Sich dem Heilungsprozess hingeben

Wir sollten also Herausforderungen und schwierige Zeiten als großes Geschenk willkommen heißen, als herrliche Gelegenheiten, die es uns ermöglichen, immer mehr in unsere Kraft zu gehen. Jede Krise ist gleichzeitig Therapie, genauso wie jede Krankheit bereits ihre Heilung beinhaltet. Uns wird anhand von Lebensthemen bzw. Symptomen gezeigt, was wir in unserem Leben zu ändern haben, um wieder „heil", das heißt „ganz" zu werden. Unser Bewusstsein entwickelt sich entsprechend der Ehrlichkeit, mit welcher wir die Symptome, das heißt das, was sich nach außen manifestiert, entschlüsseln.

Richtige Heilung tritt in dem Augenblick ein, in dem wir nicht mehr Widerstand gegen das, was passiert, leisten, sondern uns auf den stattfindenden Prozess mit Vertrauen und Hingabe einlassen. So kreiert man ein Gefäß, das die ganze Fülle dessen, was kommen mag, aufnehmen kann. Je größer das Gefäß ist, je empfänglicher wir uns machen, desto reichhaltiger wird das, was wir bekommen werden. Wenn Angst, Hoffnungslosigkeit, Zweifel eine Art Deckel auf unserem Gefäß bilden, können wir nichts in Empfang nehmen. Wenn wir aber Negativität durch innere Ruhe, Vertrauen und Hingabe eintauschen, dann werden wir die Fülle des Lebens erhalten.

Wir sind mehr als das, was wir zu sein glauben

In dem Augenblick, in dem wir den Mut haben, uns dem, was uns am weiteren Wachstum hindert, zu stellen, kommen wir in unsere wahre Größe und merken, dass wir viel mehr sind, als das, was wir zu sein glauben. Wir merken, dass die Reise unseres Lebens einem Individuationsprozess entspricht, der uns zu einem immer feineren Selbstausdruck führt. Gleichzeitig sind wir nicht isoliert, sondern in ständiger Interaktion mit unserer Umgebung und der Gesellschaft, in der wir leben und die wir gestalten. In dem Maße, wie wir uns für unser Leben verantwortlich fühlen, wächst das Bedürfnis, sich in den Dienst von anderen Menschen zu stellen und sich sozial zu engagieren. Mehr noch: Uns wird bewusst, dass wir integraler Bestandteil des Evolutionsprozesses sind, in dem sich die ganze Welt befindet. Aber die Transzendierung unserer Grenzen katapultiert uns nicht noch höher hinaus, nach weit draußen, sondern führt uns ins Hier und Jetzt, in die unmittelbare Präsenz des Augenblicks, dorthin, wo wir dieses unser Leben mit voller Liebe umarmen können.

Wirklich der zu sein, der man ist, ist die einfachste Sache der Welt und gleichzeitig die größte Herausforderung, die es gibt – eine Herausforderung, die bereits mit unserer Geburt angefangen hat. Schon die ganze Zeit sind wir auf diesem unseren Weg. Die Frage ist nur: „Gehe ich ihn bewusst oder unbewusst, als Ursache meiner Erfahrung oder als ihre Auswirkung?"

Sich für das Stimmigste entscheiden

Wenn man noch tief in einer Krise steckt, ist es schwer zu erkennen, dass – egal, was geschieht – es immer zu unserem Besten ist. Rückblickend merkt man dann, dass alles, was nicht zu unserem Wohl beigetragen hat, sich nicht weiterentwickelt hat, dass es im Endeffekt eine höhere Instanz in uns gibt, die zielgerichtet alle Dinge ausmistet, die uns nicht förderlich sind. Es geht darum, eine neue Entscheidung für unser Leben zu treffen: die Entscheidung für alles, was für uns stimmig ist. Alle Ereignisse in unserem Leben geben uns die Gelegenheit, uns für das Höchste und Stimmigste für uns zu entscheiden. Deshalb ist es wichtig, sehr wachsam zu sein, und bei jeder Entscheidung zu prüfen: „Ist sie jetzt richtig? Geht es in die richtige Richtung?" Alles ist schließlich eine Frage der richtigen Wahl.

Sich erinnern an das, was wir bereits sind

Die Einzigartigkeit seiner Persönlichkeit, seinen wahren Kern zu erkennen und dort zentriert zu bleiben – das ist die Aufgabe unseres Lebens. Und wir sind nicht allein, um diese Aufgabe zu bewältigen, denn unsere innere Führung steht uns ununterbrochen zur Seite und flüstert uns unentwegt zu, was zu tun ist. Es geschieht nichts, was nicht dem eigenen Wohl dient – vorausgesetzt wir bleiben mit ihr im Dialog.

Wir sind am Werden, am ständigen Werden dessen, was wir unserem Wunsch nach sein wollen. Und gleichzeitig ist unser Leben ein Prozess des Sich-Erinnerns an den, der wir von Anbeginn bereits sind. Es gibt nichts zu tun, nirgendwohin zu gehen, es gibt nur zu erkennen, dass wir schon da sind.

Teil I

DAS INDIVIDUELLE

Werkzeuge der Heilung

Heilung durch Malen

„Der Point Zero der Kreativität"

Die ganze Weisheit der Welt befindet sich in uns. Sie kann nicht durch Bücher erfahren werden, sondern ist wie ein Garten voller kostbarer Samen, die im Kern unseres Wesens liegen und nur darauf warten zu blühen. Kreativität ist ein sehr kraftvolles Medium des Selbstausdrucks, der Selbstentdeckung und Erforschung der Seele. Sie setzt einen inneren Prozess in Bewegung, der tief in die Psyche dringt und uns mit der unerwarteten Lebendigkeit unserer Innenwelt und dem Geheimnis unseres Selbst konfrontiert.

Michèle Cassou, leidenschaftliche Malerin, ist Französin und lebt seit Jahren in den USA. Sie ist die Begründerin einer eigenständigen Malmethode und international bekannt für ihre bahnbrechende Erforschung der spirituellen Dimension kreativer Arbeit. Sie malt und lehrt seit 30 Jahren den kreativen Prozess in Workshops in den USA und in Europa.

❈

Frau Cassou, Sie haben Ihr Leben dem Malen und der transformatorischen Kraft der Kreativität gewidmet. Es scheint Ihre Berufung zu sein, anderen den Zugang zu dieser schlummernden Kraft zu eröffnen.
Ich bin eine leidenschaftliche Malerin. Seit meinem 20. Lebensjahr hat das Malen mein Leben mit Freude erfüllt. Aber vor allem hat mir das Malen ermöglicht, das Geheimnis meiner See-

25

le zu erforschen. Als ich zum ersten Mal meine Kreativität entdeckte, war ich unglaublich glücklich, weil ich geglaubt hatte, sie verloren zu haben. Sofort wollte ich meine Entdeckungen mit anderen teilen. Aus dieser Begeisterung heraus bin ich Mal-Lehrerin geworden, fast 30 Jahre lang. Ich habe mit Entzücken beobachtet, wie Tausende von Malern ihre Ängste überwunden, ihre Blockaden aufgelöst und sich Schritt für Schritt in den wundervollen, geheimnisvollen Raum der Kreativität und der Erforschung der Seele begeben haben

Von Anfang an habe ich gespürt, dass meine Studenten zu sehr von mir abhängig waren. Ich hörte sie zu oft sagen: „Ich kann nicht malen von allein! Ich habe meine Freiheit verloren und bin blockiert!" Ich musste also einen Weg finden, ihnen beizubringen, sich auf sich und nur auf sich zu verlassen. So versuchte ich, Kreativität zu entmystifizieren, ihnen zu verstehen zu geben, dass sie jedem zugänglich ist, ohne Rücksicht auf Talent und Technik. Ich erklärte ihnen, was kreative Blockaden bewirken und wie sie den Fluss der Inspiration stoppen. Ich lehrte sie, aus der Intuition heraus zu malen, ohne Anspruch auf Ästhetik, Erfolg oder Ergebnis. Diese Methode, aus sich heraus zu malen, ohne Rücksicht auf eine besondere Technik, ermöglichte ihnen, ihre Einzigartigkeit, Originalität und ihren persönlichen Stil herauszubringen – ohne Fremdeinwirkung.

Ich wurde ich selbst

Ja, ich weiß aus eigener Erfahrung, was Kreativität bewirkt, weil ich Tausende von Bildern gemalt habe. Malen ist meine Leidenschaft, und ich habe entdeckt und entdecke immer noch, was es bewirken kann.

Bereits als Kind habe ich gefühlt, dass etwas in meinem Leben fehlte. Ich hatte ein tiefes Bedürfnis, mich auszudrücken, aber ich wusste nicht wie. So träumte ich vom Theaterspielen, Tanzen und natürlich auch vom Malen. Aber in der Schule bekamen wir so alberne Übungsaufgaben wie zum Beispiel Figuren mit Farben ausfüllen. Ich kann mich erinnern, dass wir jedes Jahr einen Apfel malen mussten. Sie können sich vorstellen, was für eine Leidenschaft sich da entwickeln kann! So konnte ich es nicht abwarten, erwachsen zu werden. Ich war davon überzeugt, dass, wenn ich einmal erwachsen bin, ich endlich tun konnte, was ich tun musste, wobei ich allerdings nicht wusste, was das genau war. Ich dachte: Vielleicht ist es möglich, das zu lernen, was mein größter Wunsch war. Ich wusste damals noch nicht, dass ich gar nichts lernen musste, ich wusste nicht, dass meine innere Berufung damit verbunden war, das zu vergessen, was ich bis dahin gelernt hatte – um vollständig aus mir selbst herauskommen zu können, ohne Einflüsse von außen.

Mit 17-18 Jahren schrieb ich mich an verschiedenen Kunstakademien in Paris ein. Aber die Lehrer bestanden darauf, mir zu sagen, was ich zu tun hatte, und da war ich nicht besonders gut. Sie wollten mir beibringen, wie ich zu zeichnen und zu malen hatte. Aber was mich dort am meisten betroffen machte, war die mangelnde Leidenschaft bei den Lehrern und den Schülern.

Kinder als Lehrmeister

Als mein letzter Kunstlehrer mir offenbarte: „Michèle, Malen ist nichts für dich. Mach etwas anderes!", war ich völlig verzweifelt, ich dachte, ich hätte überhaupt kein Talent und keine Kreativität. Mir blieb nichts anderes übrig, als Fächer wie Literatur und Recht zu studieren, was mich natürlich sehr langweilte. Bis mir der Gedanke in den Kopf kam: „Wenn du schon mal nicht mit der Kreativität leben kannst, dann kannst du vielleicht anderen Kreativität beibringen, aber nicht mit Erwachsenen, sondern mit Kindern arbeiten. So ging ich zu einem kleinen Pariser Mal-studio, das „Free Expression Studio" hieß. Und in dem Moment, als ich durch die Tür schritt, spürte ich genau das, wonach ich mich immer gesehnt hatte. Es war in der Energie des Raumes, es war, wie die Kinder malten. Sie waren völlig versun-ken in das, was sie gerade machten. Sie sorgten sich nicht darum, wie ihr Bild zum Schluss aussehen würde. Sie malten für sich. Und sofort dachte ich: „Oh Gott, jetzt bin ich zu alt!" Aber dann fragte ich, ob ich mit den Kindern zusammen malen durfte – und ich wurde angenommen! Und so begann mein großes Abenteuer. Jeden Tag malte ich mit den Kindern, drei Jahre lang. Ich war trunken von der Freiheit, mit der sie an das Malen herangingen. Sie lehrten mich, ich selbst zu sein und mich nicht darum zu kümmern, was die Erwachsenen oder die Kunstwelt sagen würde. Und mein Leben veränderte sich völlig innerhalb weniger Wochen. Alles hat sich verändert: meine Freunde, was ich aß, wie ich angezogen war, alles. Ich hatte aufgehört, eine „Second-Hand-Person" zu sein und – wurde ich selbst. Ich hat-te meine Stimme wieder gefunden.

Die Kinder waren da regelrecht Ihre Meister!
Ja. Was mich am meisten berührte, war Ihre Authentizität. Sie machten keine Kompromisse. Am Anfang dachte ich, dass das, was ich malte, häßlich war. Aber eines Tages kam ein kleines Mädchen, schaute mein Bild an und sagte: „Ich liebe dein Bild!" Und sie gab mir zu verstehen, dass unsere Beurteilungen: „Es ist gut, es ist schlecht" völlig subjektiv und irrelevant sind. Durch sie habe ich verstanden, dass Kreativität blüht, wenn keine Beur-teilung und kein Ziel vorhanden sind.
Leider verlieren Kinder ziemlich früh diese Spontaneität des Ausdrucks, spätestens, wenn sie in die Schule kommen. Bis dahin sind sie völlig eingetaucht in dem, was sie gerade tun.

Der Ort des Punkts Zero

Wenn man die allerersten Bilder anschaut, die ich in diesem Kinder-Malstudio gemalt habe, kann man ganz genau nachvollziehen, wie es ist, wenn man von Null anfängt und zu dem Ort zurückkehrt, wo es keine Konditionierung mehr gibt, einen Ort, den ich den „Punkt Zero" nenne. Der Punkt Zero ist der Raum, wo alles möglich ist, die Quelle, aus der reine Kreativität entspringt. Das ist der Raum der größten Empfänglichkeit, der Ort des Nicht-Handelns, der Stille des Verstands, der völligen Freiheit. Es ist der Ort der kreativen Stimme.

Ich habe dann eine Serie von Bildern gemalt, die sehr deutlich zeigen, was passiert, wenn man sich vollständig dem überlässt, was spontan und völlig natürlich aus einem herauskommt und wie es den Körper und die Seele heilt. Es kamen sehr starke Gefühle aus mir heraus. Und so habe ich mit Schwarz gemalt, besser gesagt: Ich habe mich von meinem Pinsel führen lassen. Die Gefühle sind immer stärker geworden, und ich habe eine große Verzweiflung in mir gespürt. Ich hatte den starken Impuls, mich selbst zu malen, zu malen, wie ich einen schweren Stein um den Hals hatte, der mich ins Wasser hinabzog. Aber zu meiner Überraschung hat es sich nicht dramatisch angefühlt. Erst habe ich die Intensität der Verzweiflung gespürt, aber gleichzeitig ist eine Freude in mir aufgestiegen. Es war die Freude darüber, ein schwieriges Gefühl ausdrücken zu können, und zwar zum allerersten Mal. Und an diesem Punkt habe ich ganz genau gemerkt, wie sich mein Leben verändert hat. Es war sehr interessant für mich zu erleben, wie intensive, wahre Gefühle und das Spielerische nebeneinander stehen können. Ich habe eine unglaubliche Leichtigkeit in mir verspürt, als ob eine schwere Last von mir gefallen ist. Dann habe ich eine Menge gelbe Blumen gemalt.

Jenseits der Technik

Ich habe gemalt und gemalt. Und eines Tages – und das ist ganz von alleine gekommen – habe ich die Farben völlig anders benutzt. Ich erwähne das, weil die Leute sich immer wieder Sorgen über die Technik machen. Aber wenn Sie eine bestimmte Technik brauchen, kommt sie von alleine – aus der Erfahrung heraus. Wenn Sie malen, gehen Sie immer tiefer und tiefer und gleichzeitig entwickeln Sie die Werkzeuge, die Ihnen ermöglichen, noch mehr in die Tiefe zu gehen. Sie brauchen keine perfekten Werkzeuge, darum geht es nicht. Was Sie aber brauchen ist Freiheit. Und je freier Sie werden, desto mehr Dinge kommen durch Ihre Pinsel durch und desto mehr Werkzeuge entwickeln Sie. Weil Sie jetzt größere Räume erkunden. So funktioniert es. Es ist wundervoll, das zu wissen. Viele Leute sind etwas schockiert, wenn ich ihnen sage: „Sie brauchen keine bestimmte Technik", denn, wenn Sie eine Technik entwickeln, werden Sie in Ihrer Kreativität beschnitten. Wenn Sie zum Beispiel ein Pferd malen möchten und spüren etwas, und die Technik veranlasst Sie in einer anderen Weise zu malen, dann verlieren Sie den Kontakt mit sich und Ihrer kreativen Kraft.
Wenn Sie erfahren möchten, was Leidenschaft ist, müssen sie Ihr Herz und Ihre Seele einbeziehen. Das Herz braucht die Freiheit des Ausdrucks. Sie haben die gelernten Techniken zu transzendieren. Viele große Maler beschreiben diesen Punkt als eine Wende in ihrem kreativen Prozess. Nach vielen Jahren Übung spüren sie das dringende Bedürfnis jenseits der Technik zu gehen. An diesem Punkt entdecken sie einen erstaunlichen Raum voller Freiheit und Authentizität.

Die Drachen der Kontrolle

Dann habe ich begonnen, wirklich ins Malen einzutauchen, und unheimlich viel Energie ist mir in Bewegung gekommen, als ich gemalt habe. Je mehr ich mich dem Malen überlassen habe, umso mehr Energie ist durch mich hindurch geflossen. Es ist, wie wenn jemand geboren wird – aus dieser alten rigiden Masse, die er vorher war. Der kreative Prozess ist eine Reise in seinem Herz und in seiner Seele, eine Reise in einem Land voller Wunder und Hindernisse. Wenn Sie sich auf die kreative Suche begeben, betreten Sie den ungelebten Boden Ihres Lebens. Sie stehen da, der kreativen Stimme ausgesetzt, und müssen sich von ihr leiten lassen und in unerwartete Bereiche eindringen. Drachen werden versuchen, Sie mit allen Mitteln zu stoppen, Zweifel werden auftauchen, aber wenn Sie nicht fliehen und sich damit auseinandersetzen, dann werden Sie merken, dass jedes Hindernis Sie mit einem verborgenen Teil von sich selbst konfrontieren und das wecken wird, was in Ihnen geschlummert hat oder versteckt war. In Ihrer Authentizität und Spontaneität werden Sie in das Geheimnis dessen, was Sie sind, eintreten, und in der Stille Ihres Geistes werden Sie sich im Kern der Kreativität befinden.

Malen aus der Intuition heraus

Um aus der Intuition heraus malen zu können, müssen Sie sich also von den Erwartungen, die Sie gegenüber dem Produkt hegen, befreien. Die Höhe der Freiheit, die Sie erfahren, ist immer proportional zu der Erlaubnis, die Sie sich selbst geben.

Wenn Sie aus der Intuition heraus malen, suchen Sie sich nie die Bilder aus, die Sie malen, sie kommen von selbst hoch und warten nur darauf gemalt zu werden. Sie entstehen auf natürliche und spontane Art und Weise, aus dem Zentrum Ihrer inneren Welt. Wenn Sie intuitiv malen, benutzen Sie die Sprache Ihres Herzens. Der kreative Prozess ist wie ein Bergbach im Frühling, der das Eis zum Schmelzen bringt, neue Wege öffnet und den kostbarsten Raum unseres Wesens reinigt.

Alle meine Bilder sind spontan entstanden, ohne dass ich sie von meiner Seite aus ausgewählt hätte. Sie haben mich überrascht. Erst später habe ich ihre Botschaft und die Reise, die ich gemacht habe, verstanden.

So war es auch, als ich mein erstes Bild über den Tod gemalt habe. Das war sehr merkwürdig, weil ich nicht krank war und niemand um mich herum gestorben war. So schien es aus dem Nichts heraus zu kommen. Erst später habe ich verstanden, dass es aus der Intelligenz der Kreativität gekommen war, die uns genau das bringt, womit wir uns gerade befassen müssen, die die Blockaden oder die Ängste herausbringt, die meistens unbewusst sind. Darin liegt die große Kraft der Befreiung. So habe ich den Tod gemalt und habe gespürt, dass Tod etwas sehr Kraftvolles ist und dass Leben und Tod zusammengehören. Es war nicht so erschreckend, wie Sie es sich vielleicht vorstellen, weil Schöpfung immer positiv ist.

Spirituelle Initiation

Es hört sich wie eine Initiation an!
Ja, das ist eine spirituelle Initiation. Es geht um die Erkundung der Seele, um die Erforschung einer erweiterten Realität, einer anderen Dimension des Bewusstseins. Der kreative Akt befähigt uns, das Universum auszukundschaften.

Es ist auch, als ob der kreative Prozess Sie mit dem kollektiven Bewusstsein wieder verbindet.

Ja, genau. In einem solchen empfänglichen Zustand gelangt die Stimme Ihres Selbst und seiner Archetypen an die Oberfläche und diese malen sich selbst vor Ihren erstaunten Augen. Ich nenne es die universelle Energie. Denn, wenn sie kreativ tätig sind, verbindet sich Ihre kreative Energie mit der universellen Energie und beide vereinen sich wie ein Strom. Und wenn Sie diesem Strom folgen, sind Sie mit der ganzen Weisheit, mit dem kollektiven Gedächtnis des Universums verbunden. Der kreative Prozess ist äußerst kraftvoll. Wenn Sie schöpferisch tätig sind, ganz egal in welchem Medium Sie das machen, egal, wie viel Sie das machen, immer findet der gleiche transformatorische Prozess statt. Selbst wenn es Ihnen nicht ganz bewusst ist. Denn in dem Moment, wo Sie schöpferisch tätig sind, tauchen Sie in die Weisheit der kreativen Energie ein. Das ist eines der größten Geschenke des Lebens, das jedem von uns gegeben wurde. Deshalb ermutige ich Sie, wirklich zu begreifen, wie es funktioniert.

Wir müssen wieder wie die kleinen Kinder werden – spielerisch, authentisch, frei. Es geht darum, sich die Erlaubnis zu geben, nicht für ein Ergebnis zu malen, nicht um ein Problem zu lösen, sondern sich mit seinem ganzen Herzen dem Malen hinzugeben, und das Problem wird sich lösen, und die Heilung wird kommen. Weil jeder von uns sich danach sehnt, sich selbst auszudrücken und seine blockierte Energie wieder in Bewegung zu bringen. Also selbst wenn Sie nur fünf oder zehn Minuten pro Tag malen, wird es heilsam sein, denn während dieser paar Minuten sind Sie mit Ihrem Selbst verbunden.

Frau Cassou, herzlichen Dank für dieses Gespräch!

Heilung durch Tanz

Tanzend zur inneren Freude finden

Der Tanz ist die Widerspiegelung der menschlichen Geschichte in Bewegung. Er vermittelt Gefühle der Begeisterung, sogar der Ekstase. Durch den Tanz wird die Lebensenergie, die sich in der Freude offenbart, wieder frei. Der Sakrale Tanz, dessen traditionelle Form der Reigen- bzw. der Kreistanz ist, gehört zum ältesten Kulturgut der Menschheit. Bis in die ersten Jahrhunderte des Christentums war er in die religiöse Praxis und das Leben der Gemeinschaft eingebettet. Griechische Volkstänze, Drehtänze der Mevlevi-Derwische, indische Ritualtänze sind nur Beispiele dafür, wie die Kreistänze bis heute lebendig geblieben sind.

Dr. Maria-Gabriele Wosien, Tochter des Tänzers, Ballettmeisters und Choreographen Professor Bernhard Wosien, führt die Arbeit ihres Vaters weiter. Als Tanzpädagogin und Autorin zahlreicher Bücher veranstaltet sie im europäischen Raum Seminare über Sakralen Tanz und leitet Tanzstudienreisen, in denen die Teilnehmer mit der heiligen, heilenden Dimension des Sakralen Tanzes in Berührung kommen.

Frau Wosien, Sie leiten seit Jahren Gruppen in Sakralem Tanz auf der ganzen Welt und haben maßgebend zu der Weiterführung der Tradition einer Meditation des Tanzes beigetragen. Was versteht man eigentlich unter Sakralem Tanz?

Es ist nicht so üblich, den Tanz mit einem religiösen bzw. heiligen Geschehen zu verbinden, denn in unserem Sprachgebrauch
bezieht sich das Tanzen eigentlich nur auf eine Festivität oder
eine Gelegenheit zusammenzukommen und hat weitgehend seinen ursprünglichen religiösen Inhalt verloren. Wir haben leider
durch das, was die christliche Religion uns vermittelt hat, das
Sakrale in der Bewegung schon sehr früh ausradiert. Der Körper
wurde für sündig und vom Geist getrennt erklärt und als Medium für eine Gotteserfahrung nicht mehr miteinbezogen.
Obwohl wir sakrale Musik, sakrale Baukunst und auch sakrale
Texte unbestritten in unser Leben integrieren, wird das Sakrale
in der Bewegung nicht berücksichtigt.

Fast in allen anderen Religionen finden Sie, dass Tanzrituale ein
integraler Bestandteil der religiösen Kultur sind. In der altindi-
schen, altgriechischen, frühchristlichen oder sufischen Tradition
zum Beispiel ehrt man Gott, indem man sich bewegt und singt,
und das zu einem Zeitpunkt, der als eine heilige Zeit erklärt
wurde. In der christlichen Tradition dagegen hat man einen Weg
ausgesucht, wo man das Göttliche eher über das Ausgrenzen,
das Wegnehmen zu erfahren suchte, und so ist man diesen Weg
nach innen über die Askese gegangen. Doch Gott ist überall,
nicht nur im Himmel, sondern in der Natur; er ist der Berg, der
Fluss, der Baum. Deshalb sollten die Erde, das Körperliche, die
Sinnenfreude geehrt werden.

Die Erde als die Große Mutter, als das Empfangende auszugren-
zen hat uns in die heutige miserable Lage gebracht. Wir zerstören unsere Umwelt, unser Alltag wird bestimmt vom mechanistischen Ablauf von Apparaturen, die die Rhythmen der Natur
negieren. Doch, wenn man die körperliche und die sinnliche Seite der menschlichen Natur, die immer mit dem Weiblichen in
Verbindung gebracht wird, ausklammert, ist ein großer Teil
unserer Seele nicht integriert. In den uralten Kulturen war die
Erde heilig und die Frau – und mit ihr die Sinnlichkeit, die Lei-

denschaft und die Schönheit - wurde verehrt. Aus dieser Zeit ist auch bekannt, dass es eine rituelle Tanztradition gab.

Befinden wir uns nicht gerade auf einem Scheideweg? Tendieren wir nicht nach diesen vielen Jahrhunderten, regiert von dem männlichen Prinzip und leistungsorientierten Werten, wieder zum Weiblichen, Runderen, indem wir anfangen, uns mit der Lebensfreude zu identifizieren? Sie haben in einem Ihrer Bücher ein sehr schönes Zitat gebracht: „Lachen, Tanz und Freude sind die drei Erzengel, die uns auf dem Weg zu Gott begleiten."

Das ist ein Zitat von Nikos Kazantzakis aus dem Buch „Rechenschaft vor El Greco". Lachen und Tanzen sind tatsächlich eine Basis, um Gott nah zu kommen. Das sagen auch die Sufis. Für sie finden wir den Weg zu Gott in der Heiterkeit der Verehrung seiner Schöpfung. Es geht um Freude. Warum sollte da etwas ausgegrenzt werden?

Das uralte Symbol des Kreises

Es geht also darum den Körper zu ehren, zu preisen als Tempel der Seele?

Genau, es kann doch nicht so ein Irrtum sein, was Gott da erschaffen hat. Im Gegenteil, die Körperlichkeit ist eine große Schöpfungstat. Ist es nicht ein großes Wunder, wie unser Körper funktioniert, das Zusammenspiel aller Organe, des Blutes, der Lymphe? Das ist gerade das, worum sich der Sakrale Tanz bemüht: In der Verehrung der Welt, der Schöpfung wende ich mich als Geschöpf zu dem Schöpfer. Das tue ich, indem ich lobpreise, singe, tanze, mich wohlfühle. Das ist der Ausdruck einer tiefen Erkenntnis und Dankbarkeit für das Leben. Dankbarkeit ist dabei sehr wichtig.

Aber der Tanz ist ein Riesengebiet, denn im Tanz kann ich alle Gefühle ausdrücken, nicht nur Freude und Heiterkeit, sondern auch Trauer und Wut. Alle Lebensthemen haben da ihren Platz. So sollte der Tanz ein Spiegel des Lebens sein, und nicht eine Kunstform, die als Show, von Profis gemacht, gedacht ist. Man braucht keine Zuschauer, die es bewerten, sondern der Wert an sich ist die eigene Hinwendung, zu seiner Mitte, seinem göttlichen Kern. In diesem Sinne schafft der Tanz Beziehung: Beziehung zu sich, zu den anderen und zu Gott. Gott ist natürlich der große Schirm sozusagen, unter den alles passt. Zunächst sind wir bezogen auf die Erfahrung, die uns überhaupt auf diesen Weg bringt. Aus dieser Bezogenheit heraus entsteht Bewegung. Dann sind wir im Dialog mit einer Kraft, die uns lenkt und uns Formen, wie zum Beispiel einen geschlossenen oder einen offenen Kreis, eine Spirale, eine Halbmondformation, eingibt. Diese Symbolformen findet man überall in der Natur. Sie verkörpern bestimmte Inhalte, die dann zu Choreographien werden, wenn man sie gestaltet.

Bis in das Frühchristentum war der Tanz in die religiöse Praxis und das Leben der Gemeinschaft eingebettet. Im Mittelpunkt des Sakralen Tanzes steht der Reigentanz, der zum ältesten Kulturgut des Abendlands gehört. Die Modellform aller Reigen ist natürlich der Kreis. Das Symbol des Kreises im Tanzen finden wir aber nicht nur in der frühchristlichen Tradition. Für die Indianer zum Beispiel ist der Kreis ein Abbild des Kosmos und der Zeit, wie sie fließt. Er ist die Urform, das Zeichen der Ewigkeit. Die Zeit wurde nicht als linear empfunden, sondern alles entsteht und vollendet sich im Kreis. Und ein Kreis im Kreis im Kreis usw. ergibt eine Spirale, die sich ewig im Auf- und Absteigen, evolutionär und involutionär bewegt – wie das Leben selbst.

Auch die indische Kultur kennt den rituellen Gebetstanz, den die Inder zu Ehren ihrer Götter im Kreis vollziehen. Sie ist eine von uns so entfernte Kultur und trotzdem merkt man, dass die

Gesetze die gleichen sind, dass es um dasselbe geht. Die Menschen haben es erkannt und drücken es über ihren Körper mittels einer Zeichen- bzw. Formensprache aus.

Der Reigen der tanzenden Derwische

Die Reigentänze sind auch mit den Drehtänzen der Derwische vergleichbar.
Mein Weg zum Tanz führte eigentlich über die Erfahrung mit dem Sufi-Orden, der mir während meiner Studienzeit in London begegnet ist. Die Mevlevi-Derwische kreisen um sich selbst und drehen sich gleichzeitig im großen Kreis – genauso wie die Planeten um die Sonne. Die Sufis sagen: „Wohin immer du dich wendest, ist Gott; es gibt keinen Ort, wo Er nicht ist." Daher das Drehen um die eigene Achse, es schafft die Panavision. Du begegnest Gott im Umkreis. Gott ist Du, Du bist Gott.
Gott ist in allem, im Feuer, in allen Elementen, in sämtlichen Erscheinungen der Natur, in verschiedener Dichtigkeit, in Präsenz oder weniger Präsenz spürbar, also fern und nah. Alles ist gradiert, so dass Ferne für mich auch Schmerz bedeuten kann. Daher sagen die Sufis: „Gott, ich bin auf den Weg zu Dir. Wo bist Du? Ich sehne mich nach Dir. Hilf mir!" Alles ist enthalten in dem Drehtanz, auch der Schmerz der Trennung.

Diese Erkenntnis der Trennung ist eigentlich die schmerzhafteste Erfahrung.
Das ist das Schmerzhafteste, und gleichzeitig stellt der Schmerz den ersten Schritt zurück zu Gott dar, denn der Weg zu Gott beginnt meistens mit einer Krise, aus einer Reibung heraus. Mit dem ersten Schritt wird eine Wendung gemacht und aus dieser Wendung entsteht eine Hinwendung, zu sich, zu seiner Wesensmitte. In der Mitte, deren Symbol das Herz des Menschen ist,

offenbart sich die Seele. Deshalb ist der Weg des Herzens der Weg der Liebe. Das sagen alle großen Meister. Die Liebe ist die größte Kraft, die uns mit Gott wieder verbindet. Die Erinnerung an diese Quelle, aus der wir alle schöpfen, wieder zu wecken, das ist der Sinn des Sakralen Tanzes, das heißt dahin zu kommen, wo wir herkommen, aber gewandelt.

Die Sufis benutzen den Drehtanz als ein Instrument auf dem Weg zu Gott, als Rückbindung mittels des Kreises an den Ursprung. Der Drehtanz stellt einen Dialog mit uns, mit unserer Innerlichkeit her. Einerseits sind wir intensiv mit uns selbst beschäftigt und dadurch, dass wir ganz konzentriert und in unserer Mitte sind, sind wir gleichzeitig bei dem All. So fallen das ganz Große und das ganz Kleine zusammen. Man braucht eigentlich nicht viel über Religion zu sprechen, denn es geht ums Erfahren. Durch kein intellektuelles Wissen können wir die Bedeutung des Tanzes erschließen, sondern nur durch die Erfahrung, nur durch das Tanzen selbst offenbart sich uns dessen spirituelle Tiefe. Im Gegenteil, der Intellekt ist eher störend. Man könnte sagen, je gescheiter man ist, desto schwieriger wird es. Wir stellen fest, dass wir in unserem Apparat kindlich behindert sind, obwohl wir gescheite Leute sind: Da ist mein linker Fuß und da mein rechter, und ich sehe, wie es nicht geht. Also ist Tanz nicht nur Auflösung, sondern auch Konfrontation.

Prinzipiell arbeitet man im Sakralen Tanz von einem vitalen, instinktiven Zentrum heraus, einer Kraftquelle, die auch unser sensitives, sinnliches Zentrum ist. Das ist etwas ganz Wunderbares. Warum haben wir das bloß verteufelt?

Heilsame Erfahrung einer tragenden Gemeinschaft

Sind diese Tänze nicht äußerst heilsam, indem sie uns wortlos mit unserer schlummernden Lebensenergie wieder verbinden? Das sagen die Teilnehmer meiner Gruppen. Das Tanzen gibt ihnen noch dazu einen Halt, ohne sie zu binden. Sie folgen dem Gesetz der Musik und der eingegebenen Formen, und dies gestaltet den Weg, den sie zu gehen haben. Mein Vater hat damit angefangen, die Kraft des Non-Verbalen zu entdecken und fing an, in den Universitäten mit den Leuten, die mit Kranken und Behinderten zu tun hatten, zu arbeiten.

Die Zeichen- bzw. Formensprache ist sehr viel integrativer, ganzheitlicher als die verbale Sprache, die eigentlich auffächert und sehr in die Diversität geht. Die Formensprache vereinfacht unwahrscheinlich viele Assoziationen, zum Beispiel symbolisiert der Kreis das Universum und auch die Familie. Die Assoziation an einem Symbol ist hundertfach. In diesem Sinne kann man sagen, dass Tanz Symbole in Bewegung ist.

Der Kreistanz ist also ein integratives Modell, nicht nur für Themen, sondern auch für Menschen. In einem Kreis stehen alle gleichwertig nebeneinander, miteinander, haben die gleiche Distanz zur Mitte. Es gibt keine Hierarchie mehr, weder Geschlechts-, noch Standes- oder Altersspezifität mehr. Alles löst sich, relativiert sich im Bezug auf diese einfache Form. Das ist einer der heilsamsten Punkte des Kreistanzes, denn er bietet die Möglichkeit der Erfahrung in der Gemeinschaft, in einer gleichwertigen Gemeinschaft. Da haben Status und alles, was man sich an Titel und Verantwortung aufgebürdet hat, keinen Platz mehr. Indem man sich an den Händen hält, wird der Kontakt zum Nachbarn hergestellt, und gleichzeitig wird man vom Kreis getragen. Man wird in eine tragende, Geborgenheit vermittelnde Bezogenheit aufgenommen. Das eigene Ich löst sich, was partnerfähig macht und für die Gemeinschaft öffnet. Das ist eine riesige Chance.

Im Kreistanz halten sich Freiheit und Bindung das Gleichgewicht. Durch die Gruppe geschieht eine laufende Korrektur der inneren und äußeren Balance. Durch die Bewegung entsteht Wärme, Verkrampftsein weicht der Geschmeidigkeit der Glieder und innere Starrheit lässt dem wachsenden Gespür für den Wandel als zentrales Lebensthema Platz. In der Freude am gemeinsamen Miteinander wird das Alltägliche zum Festlichen erhoben.

Der Tanz nach traditionellen sakralen Vorbildern ist also vor allem Bewusstseinsschulung, indem das Gleichgewicht im weitesten Sinne des Wortes trainiert wird. Durch die Tanz-Wege und ihre Stationen werden der Sinn für Raum, Form, Linie, Zeitmaß wie auch das Gedächtnis für Bewegungsabläufe entwickelt. Der Intellekt wird ausgeschaltet und das im Körper befangene Bewusstsein befreit sich. Durch das Zusammenwirken der Musik und der Bewegung schmilzt Starrheit auf allen Ebenen. In völliger Sammlung, im Gleichgewicht des Körpers und des Geistes wird im Tänzer gesteigerte Wachsamkeit und Empfindsamkeit geweckt – bis es im Moment der stärksten Konzentration keinen Tänzer mehr gibt, nur noch den Tanz.

Die Formelemente, die man vorgibt, sind also bewusst mit bestimmten übergeordneten Inhalten verbunden?
Heute geht das Bestreben dahin, durch die Formelemente zu den Inhalten der Kreistänze zurückzufinden. Ursprünglich waren Form und Inhalt eins. Das ist noch in der Sufi-Tradition zu finden. Bei den Drehtänzen der Derwische zum Beispiel ist die Drehung um links, also gegen die Zeit. Es ist auch, wie die Erde sich um die Sonne dreht. Durch das konstante Drehen um die eigene Achse links herum zum Herzen erfährt man die Erfüllung – indem man sich diesem Gesetz total angleicht. Man ist genau wie das Sonnensystem, aber auch genau wie das Atom, in

dem sich die Elektronen um die Neutronen und Protonen drehen. Sei es auf der planetaren oder auf der atomphysikalischen Ebene, es geht um das Gleiche: Wachstum ist kreisen um einen Mittelpunkt. Das ist ein kosmisches Gesetz, das ist das Leben. Und je mehr man sich diesem Gesetz angleicht, desto näher ist man an der Sache. Man kann ganz nah dran kommen, immer näher und immer näher. Das schafft die Wiederholung. Das Element der Wiederholung ist überhaupt sehr wichtig, denn erst durch ständiges Üben wird man empfänglicher für diese kosmischen Gesetze im Körper, wie ein roher Diamant, der durch den Schleifprozess für das Licht immer durchlässiger wird.

Innerer Wandel durch Ekstase

Das ist wirklich ein sehr umfangreiches Thema. Allein, wenn man sich den eigenen Körper vorstellt: Das Herz, das unsere Sonne darstellt, das Blut, das zirkuliert – also wieder haben wir einen Kreis –, und dann kommt der Kreistanz, der den Menschen mit seinen inneren Planeten und mit der größeren Ordnung in Einklang bringt...
Es ist so, dass sich alles immer gegenseitig spiegelt, der Makrokosmos wie der Mikrokosmos. Deshalb wird auch im Körper das ganz Große widerspiegelt: Das Knochengerüst als verdichtetste Form der Energie hat den Atem, das subtilste Element als Gegenpol. Die Organe und Gewebe entsprechen der Erde; Blut und Wasser und Lymphe durchdringen den ganzen Organismus, wie die Flüsse und Meere die Erde durchfließen. Der Sitz der Motorik ist das Becken. Von dort geht der Lebensstrom der Bewegung durch die Füße in die Erde, durch die Hände zum Tanzpartner in Wechselwirkung mit ihm und durch das Scheitelzentrum in den offenen Raum.
Zugang zu den Rhythmen des Lebens wie des Tanzes erfährt der Tänzer auch über das Gehör. Im Tanz werden also alle Sinne des

Menschen angesprochen. Erst wenn der Mensch sich durch seine Sinne ergreifen lässt, wird er zum Tänzer.

Der Tanz ist ein Abbild, ein Simile für die Gesetzmäßigkeit, zu der wir gehören, der wir unterliegen, der wir auch dienen und die wir akzeptieren müssen. Indem wir so tanzen und Freude empfinden, ist das immer eine Anerkennung, eine Verehrung des Göttlichen. Denn, wenn es mir nicht gut geht, bin ich aus der Einheit herausgefallen. Der innere Wandel vollzieht sich durch die Freude, die Heiterkeit. Nicht nur Leid und Schmerz haben eine transformatorische Wirkung, sondern auch die Ekstase, das Erfahren des Körperlichen.

In der Ekstase zählt nur der Augenblick, der ungeteilte Moment.
Ja, es gilt nur der Augenblick, weil du in jedem Moment, in dem du einen Schritt machst, die totale Anwesenheit brauchst. Körper, Geist und Seele müssen präsent sein. Denn, wenn man vorwärts geht und rückwärts denkt, ist man immer außer der Zeit. Hier und jetzt total anwesend zu sein, das ist die Forderung. Das vermitteln alle Körperkünste wie zum Beispiel das japanische Schwertfechten. Das ist zwar nur ein Spiel, aber es ist eine Übung der äußersten Präzision und Ausrichtung. Die Chance ist da, wo der Gegenspieler nicht im Augenblick ist. Derjenige hat gewonnen, der die größte Präsenz aufweist. Wenn man also den Körper ausklammert, sind Irrwege, Einbildung und Überheblichkeit die Folge.

Bei den Kindern anfangen

Wir haben gesehen, zu welchem inneren Wandel Kreistänze führen können. In welchem weiteren Bereich kann der Kreistanz angewandt werden?

44

Im pädagogischen Bereich zum Beispiel: Ich war öfters in Griechenland und habe festgestellt, dass die Griechen eine sehr alte Tanztradition und eine noch lebendige mythologische Kultur haben. Dies ist in ihrem Bewusstsein so verankert, dass sie ihre Kinder in der Schule ihre Kreistänze lehren. Und die Kinder machen diese griechischen Tänze entzückend. Sie wachsen damit auf. Statt Sport zu machen und den Körper wie eine Maschine zu trainieren, tanzen sie. Die Musik spielt dabei eine wesentliche Rolle. Schon Plato hatte es erkannt. Für ihn beinhaltete eine umfassende Erziehung des Menschen auch das Studium des Reigentanzes und des Gesanges. Diese Teilnahme an der musischen Ausbildung, am Tanzchor, war dem Bürger seiner Zeit selbstverständlich. Der un-erzogene Mensch war derjenige, der diese musisch-ganzheitliche Bildung nicht genoss.

Wie sieht es nun bei uns aus? Wir sind zerstückelt, zerteilt: Hier haben wir Musikunterricht, da Sport, immer leistungsbetont, immer wettbewerbsorientiert. Wir sind nicht homogen, nicht verbunden. Obwohl ich das Modell des Sakralen Tanzes nicht gezielt im therapeutischen Bereich eingesetzt habe, ist es heilsam, weil es beglückt, verbindet.

Frau Wosien, herzlichen Dank für dieses Gespräch!

Heilung durch Musik

Wenn die Seele singt...

Wir können uns keine Kultur ohne Musik vorstellen. Im Versuch, eine Antwort auf grundlegende Fragen wie Leben und Tod, Gesundheit und Krankheit, Wachstum und Krise zu finden, haben Heilmusiken ihren Ursprung. Die altorientalische Musiktherapie, die im außereuropäischen Raum auf eine lange Tradition zurückweist, wird auch mit großem Erfolg seit einigen Jahren in unserem Kulturraum angewendet.

Als Dr. Oruç Güvenç, Istanbuler Psychologe, Musikethnologe und Musiktherapeut, 1970 an der Universitätsklinik von Istanbul mit seinen umfassenden Recherchen über die Tradition der altorientalischen Musiktherapie begann, legte er bei dem Nachbau originalgetreuer Instrumente und beim Notenmaterial großen Wert auf Authentizität. Seine musiktherapeutische Pionierarbeit wurde von empirischen Studien begleitet, die zu zeigen vermochten, dass mit der altorientalischen Musiktherapie neben der Wirkung auf Gemütszustände, wie Behagen, innere Ruhe, Freude, besonders ermutigende Ergebnisse bei Angstzuständen erzielt werden konnten.
Seit 1985 wurden die Bemühungen, diese alte Tradition unverfälscht wieder herzustellen, auf eine breitere Basis gestellt. Gemeinsam mit Dr. Gerhard K. Tucek, Leiter des „Instituts für Ethno-Musiktherapie" ging Dr. Oruç Güvenç der Frage nach, ob eine Methode, die vor Jahrhunderten in einem östlichen Kulturkreis

erfolgreich praktiziert wurde, auch in der Gegenwart in westlich-industrialisierten Ländern sinnvoll eingesetzt werden kann.

Zur Beantwortung dieser Frage traten sie mit Wissenschaftlern aus Deutschland und Österreich in engen Austausch, was unter anderem zu einer EEG-Studie am Berliner Krankenhaus am Urban führte. Dabei ließ sich nachweisen, dass sich die vor Jahrhunderten beschriebenen Wirkeffekte der altorientalischen Musiktherapie ebenfalls bei deutschen Patienten einstellten. Im Verlauf der langjährigen therapeutischen Tätigkeit von Oruç Güvenç und Gerhard K. Tucek bestätigten sich die Studienergebnisse.

Herr Tucek, Sie sind Begründer und Leiter des „Instituts für Ethno-Musiktherapie", wo Sie in enger Zusammenarbeit mit anderen Fachinstituten und Universitätskliniken die Heilkraft der Musik erforschen und sie für die Medizin nutzbar machen. Im Osten gehören Heilmusiken einer sehr langen Tradition an. Wie weit zurück reicht diese Tradition?

Wenn wir in die Menschheitsgeschichte zurückblicken, beobachten wir ein spannendes Phänomen, nämlich dass die Menschen seit je her sich künstlerisch – sei es musikalisch oder tänzerisch – ausgedrückt haben. Wir sehen es an den alten Felszeichnungen rund um den Globus, wo immer wieder tanzende Menschen dargestellt sind. Musik gehört also ganz allgemein zum Menschsein, ist im Menschen grundgelegt.

Als Urbedürfnis...

Ja, und dass Musik von der Struktur her dem Menschen durchaus nahekommt, sehen wir an der Tatsache, dass musikalische Gesetze sich in der Natur und im menschlichen Körper widerspiegeln. Das heißt, es dürfte ein sehr nahes Verhältnis zwischen Musik und dem Menschsein an sich geben.

Auch eine sehr enge Beziehung zur Menschheitsgeschichte, denn in den Mythen vieler Völker und Kulturen spielt die Musik in der Entstehungsgeschichte der Menschen eine wesentliche Rolle.
Absolut. Wenn Sie die mythologische Ebene ansprechen, dann gibt es unendlich viele Legenden und Mythen. So soll im jüdischen Mythos Moses auf dem Berg Sinai, als er den brennenden Dornbusch sah, etwas vernommen haben, das er zuvor nicht kannte. Es war Klang, es war Rhythmus, und er hatte keinen Namen dafür. Er hörte die göttliche Stimme, die ihn aufforderte: „Muse ke! – Moses höre!" Dann erlebte er diesen Klang, für den er keine Bezeichnung hatte, und gab ihm den Namen, mit dem er angesprochen wurde. Und dieses „Muse ke" wurde „Musik".

Der islamische Mythos – der übrigens sehr schön von Hafiz, einem der bedeutendsten persischen Dichter, beschrieben wird – sagt beispielsweise, dass, als Gott den Leib des Menschen aus Lehm und Wasser schuf, er die Seele bat, diesen Leib zu betreten. Aber da das Wesen der Seele ist, frei zu sein, wollte sie nicht gefangen sein und weigerte sich. Daraufhin schickte Gott den Erzengel Gabriel ins Paradies, um zwei Bambusblöcke zu holen. Gabriel tat es und begann, darauf zu spielen. Die Seele wurde trunken und selbstvergessen und, um den Klang dieser Musik besser vernehmen zu können, betrat sie den Leib, und so verschmolzen Leib und Seele im Menschen.

Hafiz sagt interpretierend dazu: Die Menschen der äußeren Sichtweise meinen, dass die Seele und die Musik von einander getrennt sind; die Wissenden kennen aber das Geheimnis, dass Musik und Seele ein- und dasselbe sind.

So lautet der islamische Mythos, der das eigentlich sehr prägnant beschreibt. Für das Abendland ist vielleicht der griechische Mythos von Relevanz: Pan, der sich mit Nymphen jagte, stellt einer dieser nach und möchte sie für sich gewinnen. Sie flieht vor ihm, sieht sich aber durch einen Fluss gehemmt und fleht das Wasser, ihre fließende Schwester, an, sie zu retten. Als Pan nach ihr greift, verwandelt sich diese Nymphe in ein Schilfrohr. Und Pan hält nur noch ein Schilfrohr in der Hand. So entstand die Panflöte. Einer der ergreifendsten Mythen... Wir begegnen hier einem Phänomen, das wir heute in der Musiktherapie auch nutzen. Pan erreicht die Geliebte nicht in der Form, in der er sie möchte. Er bekommt nicht das, was er will, aber er bekommt etwas. In seinem Verlustschmerz hört er, wie der Wind durch das Schilfrohr bläst, und es entsteht ein Klang, und dieser Klang berührt sein Herz. Er beginnt das Schilfrohr in unterschiedlichen Längen zu brechen und unten zu verschließen und seinen Schmerz auf dem so entstandenen Instrument, der Pan-Flöte, auszudrücken und mit ihm zu spielen. Durch dieses Ausdrücken des Schmerzes und dieses Spielen findet seine Seele wieder Ruhe. Er hat die Geliebte erlangt, aber anders. Er hat den Schmerz über den künstlerischen Weg transformiert in die Musik hinein.

Hier kommen nicht unwesentliche, bis heute gültige therapeutische Grundsätze für die Musiktherapie zur Anwendung. Wir könnten die Geschichte der Mythen jetzt fortsetzen und würden Ähnliches erfahren. Im christlichen Mythos etwa war am Anfang nicht das Wort, wie die Übersetzung es uns fälschlicherweise vermittelt, sondern am Anfang war der Klang. Auf dieser mythologischen Ebene sehen wir sehr stark, dass das Bewusstsein der Menschen von Anbeginn in der Heil- und Transformationskraft der Musik liegt, dass die Schöpfungsgeschichte des Menschen und Klang miteinander eng verwoben sind.

Eine völlig andere Perspektive eröffnet jetzt die entwicklungsgeschichtliche, biologische Ebene: Im Gegensatz zu dem Seh- und Geruchssinn zum Beispiel, die direkt mit dem Großhirn verbunden sind, geht der Gehörnerv des Menschen direkt ins limbische System, so dass Musik unmittelbar auf die Emotionen des Menschen einwirkt. Das ist der Grund, warum wir in der Klinik beispielsweise schwerst gehirngeschädigte Patienten direkt über die Musik in ihrem emotionalen, instinkthaften Sein ansprechen können. Es ist aber nicht gleichgültig, welche Musik gespielt wird, es darf keine zu überfrachtete, zu komplexe Musik sein.

Ein universell wirkendes Heilsystem

Zusammen mit Dr. Oruç Güvenç, der über die Tradition der altorientialischen Musiktherapie umfassend nachforschte, möchten Sie die Heilwirkung dieses Musikstils nachweisen. Was zeichnet die altorientalische Musiktherapie aus?

Altorientalische Musiktherapie ist ein seit etwa tausend Jahren dokumentiertes, bisher einmaliges, praxisbezogenes und therapeutisches System, dessen Wurzeln bis in die Zeit musikalischer Heilzeremonien zentral-asiatischer Schamanen zurückreichen. Die alten Musiktherapien – man könnte sie auch Ethno-Musiktherapien nennen – haben einen sehr starken Zugang zu dem Element der Trance. Hier geht es vor allen Dingen um die Heiler, die Bakse, die sich in Trance spielen, in Trance tanzen und dadurch Zugang zu tieferen Bewusstseinsebenen finden, und aus diesen Bewusstseinsebenen dann das Wissen schöpfen, wie sie den Patienten helfen können. Dazu verwenden sie Instrumente, die als heile, sakrale Gegenstände gelten wie etwa die Dombra, die Harfe und auch Rhythmusinstrumente wie die Trommel. Der bevorzugte Musikstil dieser Heiler ist die pentatonische Musik, das heißt die Fünf-Ton-Musik, die imstande ist, große Spielräume für freie musikalische Improvisationen zu eröffnen. Mit dem Einführen des Makam-Systems (Neun-Ton-Schritt, das heißt, ein Ganzton wird in neun Teiltonschritte geteilt, im Gegensatz zur europäischen Musik mit ihrer Halbtonschritt-Teilung) wurde ihr direktes Heilpotential verfeinert. Dieses System verfügt rechnerisch über 400 verschiedene Tonarten, von denen wir 375 namentlich kennen.

51

Musiktherapie bekam im gesamten islamischen und zentral-asiatischen Kulturkreis ab dem 9. Jahrhundert eine klar definierte Stellung als reguläre Hilfsdisziplin der Medizin. Große Gelehrte wie die berühmten Ärzte und Philosophen Al Farabi und Avicenna (Ibn Sina) waren musikkundige Ärzte und die Väter dieser Musiktherapie. Sie haben neben der wissenschaftlichen Dimension ihrer Arbeit auch die künstlerische Arbeit sehr gefördert und verwendet und haben ein Menschenmodell des Universalgelehrten ins Leben gerufen und vertreten.

Sie – und mit ihnen die islamische Medizin – sehen den Menschen als Mikrokosmos, der in sich die gesamte Schöpfung wiederholt („Der Mensch ist ein Sinnbild der Schöpfung"). Aus dieser Sicht war der menschliche Körper ein materialisiertes Abbild der menschlichen Seele. Deshalb ist die körperliche Verfassung aufs Engste mit geistigem und seelischem Geschehen verbunden. Mit anderen Worten sieht die islamische Medizin den Menschen als innen- und außenbezogenes Wesen, innenbezogen durch geistige und seelische Prozesse, außenbezogen durch die verschiedenen makrokosmischen Einwirkungen. Basierend auf der universell gültigen kosmischen Ordnung wurden Behandlungssysteme zur Wiedererlangung und Aufrechterhaltung von körperlicher und seelischer Gesundheit entwickelt. So setzten die Ärzte in den Spitälern dieser Zeit neben wissenschaftlich begründeten Behandlungsmethoden eine Vielzahl künstlerischer, die Sinne ansprechender Therapien ein. Die Krankenanstalten galten sowohl als wissenschaftliche Bildungs- und Behandlungsstätten wie auch als Oasen der Stille und des Friedens.

Durch das Lauschen harmonischer Klänge – sei es Gesang, Poesie oder das Plätschern von Wasser, durch das Verweilen in Blumen- und Pflanzenhainen, durch Wohlgerüche und maßvolle Ernährung wurde versucht, die Grundlagen für seelische und körperliche Genesung der Patienten zu schaffen. Hier scheint sich ein grundlegendes Prinzip zu zeigen: Wenn der Mensch in seiner Ganzheit angesprochen wird, das heißt, wenn seine Sinne – des Sehens, Hörens usw. – angesprochen sind, dann öffnet er sich dem Heilprozess. Der therapeutische Effekt der altorientalischen Musiktherapie beruht auf diesem Prinzip. Dem Patienten wird eine Folge bestimmter Klänge und Melodien, so genannte Makamen, vorgespielt, die auf einem strukturell-intuitiven Weg imstande sind, bestimmte Gemütszustände auszugleichen bzw. aufzuheben.

Über die Musik wird ein innerer Raum geöffnet

Was vermag die altorientalische Musiktherapie zu bewirken, was andere Therapien nicht können?
Im Osten spricht man nicht von altorientalischer Musiktherapie – das ist der westliche Begriff –, sondern von Heilen. Da stehen wir vor dem Problem, dass sich Musik dem messenden und objektivierenden Zugriff letztlich immer entzieht, denn in dem Moment, wo ich physiologisch und psychologisch zu beschreiben beginne, entferne ich mich vom Wesen der Musik. Deshalb ist es ganz wichtig, uns wieder der Tatsache gewahr zu werden – auch in dem notwendigen, wissenschaftlichen Forschen –, dass das, was wir abbilden können, bestenfalls ein Schatten des eigentlich Gemeinten ist.
Was wir aber ganz stark in unserer klinischen Arbeit beobachtet haben, ist, dass wir über die Musik einen Raum, einen inneren Raum im Patienten aufmachen können, um mit ihm in Beziehung zu treten. Ohne die Musik könnte diese Intimität peinlich oder befremdlich werden. Durch die Musik öffnet sich also dieser Raum, und der Mensch erlebt sich trotz seiner schweren körperlichen bzw. geistigen Schädigung als Sinnes- und Beziehungswesen.

Es scheint, dass der Vorgang der Heilung sich über Kontakt-herstellen, In-Beziehung-treten vollzieht, und die Musik schafft es.
Die Musik schafft den Raum und mag auch vorbereiten. Wir haben außerdem in unserer Musiktherapie eine so genannte Organ- und Emotionsspezifität. Das heißt, wir rufen bestimmte Emotionen, Gefühlsinhalte über bestimmte Klänge hervor. In Beziehung treten, den Raum für eine Liebeserfahrung öffnen – das vollbringt der Klang. Und das können Sie sehr schwer in Worte fassen. Das muss man erleben, das kann messtechnisch schwer dargestellt werden.

Große Erfolge bei Herzkranken und Koma-Patienten

Sie arbeiten seit vielen Jahren in einer neurologischen Rehabilitationsklinik mit Wachkoma-Patienten bzw. mit Patienten mit schwersten Hirntraumata sowie im Herz-Kreislaufbereich teilweise mit Patienten im letzten Stadium von Herz-Insuffizienz. Was bewirkt die altorientalische Musik bei diesen Menschen?
Wir haben im Herz-Kreislaufbereich zwei sehr klare prognostische Parameter wie die Herzfrequenzvariabilität und den Noradrenalin-Spiegel, anhand welcher wir ziemlich genau absehen können, wie lange das Herz eines Herz-Kranken noch arbeiten wird. Der emotionale Aspekt dieser Erkrankung kann aber mit diesen Parametern nicht eruiert werden. Gerade da zeigt sich aber die Wirkung der altorientalischen Musiktherapie.
Patienten, die an Herzinsuffizienz leiden bzw. einen Herzinfarkt erlitten haben, bekommen Angst, Lebensangst. Sie fragen sich: „Was kann ich noch tun? In welcher Form kann ich es noch tun?"
Generell sichert ihnen der Chirurg nach einem Beipass zu, dass sie hundertprozentig gesund sind, dass sie alles machen können. Nur, das ist eine rein mechanische Sichtweise. Der Patient fühlt genau, dass es so nicht stimmt. Die Angst, die dahinter steht,

wird und kann eigentlich aufgrund der relativ kurzen Verweildauer der Patienten in der Klinik nicht wirklich bearbeitet werden. Anschließend kommen sie in die Rehabilitation für sechs Wochen, eine zu kurze Zeitspanne, um eine verbale Psychotherapie anzufangen. So bleibt das Phänomen der Angst unbearbeitet. Die Patienten bekommen manchmal Anxiolytika, also angstlösende Medikamente, die an der sichtbaren Oberfläche etwas ruhig stellen, aber das angstmachende Phänomen unten bleibt unberührt. Da vermuten wir, dass wir über die Musik, nicht nur im Herz-Kreislaufbereich, sondern auch generell, an dieses Phänomen Angst bei den Patienten heran kommen.

Jetzt stellt sich auf der psychologischen Ebene die Frage: „Was verändert sich in dieser Angstemotion?" Hier liefern uns unsere Erfahrungen in der Neurologie wichtige Hinweise. Es scheint, dass unsere Musik bewirkt, dass die Patienten in einen leicht veränderten Wachbewusstseinszustand geraten, also die Bewusstseinsebene wechseln. Man weiß aus der Bewusstseinsforschung, dass in dem Wechsel in eine andere Bewusstseinsebene es zu emotionalen und körperlichen Dekonditionierungen kommen kann.

Wir können auf der Verhaltensebene agieren, die Verhaltenstherapie beispielsweise tut das und dekonditioniert durch Üben. Wenn Sie zum Beispiel Angst haben, im 1. Stock zu sein, dann geht der Therapeut mit Ihnen 25 Mal die Treppe hoch und runter, er wird es mit Ihnen besprechen und bearbeiten, und Sie werden lernen, mit der Angst umzugehen und vielleicht auch die Angst zu verlieren. Aber dieses Lernen passiert immer auf der kognitiven Bewusstseinsebene. Anders ist es mit der Musik. In diesem hypnotischen Zustand können wir nicht voraussagen, wie lange es braucht. Es kann blitzartig gehen, weil die Dekonditionierung auf einer anderen Bewusstseinsebene stattfindet. Ich denke, das ist das Wesen auch dieses Zugangs.

Wir haben bis jetzt in der Literatur immer nur zwei Haupt-aspekte gefunden: die Körper-Organspezifität und die Emoti-onspezifität. Über die Veränderung des Bewusstseinszustands finden wir in der alten Literatur nichts oder zumindest nichts Explizites. Das scheint aber ein drittes wesentliches Standbein zu sein.

Trance-induzierte Musik beschleunigt den Heilungsprozess

Ist es nicht ein Zeichen unserer Schwierigkeit mit allem, was mit Trance zu tun hat?
Ein genereller Zug in unserem Kulturraum hier ist die kognitive Überfrachtung aller Bereiche. Dadurch gehen wir an das Phäno-men des veränderten Wachbewusstseins mit großer Skepsis her-an. Von der Bewusstseinsforschung wissen wir aber, dass drei Grundbedürfnisse im Menschen eingeboren sind: das Wachbe-wusstsein, in dem wir uns die meiste Zeit befinden, der Schlaf im Sinne von Verarbeitung innerer wie äußerer Impulse und die Trance, das heißt verändertes Wachbewusstsein. Damit schließen wir den Kreis zu dem Ausgangspunkt. Diese drei Grundfähigkeiten sind als Bedürfnis in uns grundgelegt, und wenn wir sie nicht leben, schlägt sich das krankhaft durch.
Man möge sich die Frage stellen, warum Alkohol, Drogen, Missbrauch usw. in unserer Kultur so sehr überhand nehmen, warum die Menschen so empfänglich dafür sind. Weil es einfach ein Weg ist, aus dem Alltagsbewusstsein herauszutreten, aller-dings ein krankmachender Weg. Im Menschen drängt etwas danach, in diese anderen Bewusstseinszustände zu kommen, und wenn wir keine gesellschaftlich eingebundenen akzeptierten Wege haben, das zu tun, schlägt sich Krankmachendes durch. Denn das Bedürfnis ist einfach da. Laut einer bekannten Studie aus den 70er Jahren, die 400 bis 500 Ethnien weltweit unter-

suchte, werden bei 91 Prozent der Ethnien Trance und verändertes Wachbewusstsein staatlich institutionalisiert und praktiziert. Nur neun Prozent verknüpften das Phänomen Trance mit „krankhaft". Das heißt, für 91 Prozent ist Trance ein Ausdruck von Gesundheit, während sie für neun Prozent ein Ausdruck von Pathologie ist. Sie dürfen raten, welche diese neun Prozent sind.

Das Universelle hinter dem Speziellen sehen

Liegt es nicht daran, dass wir in unserem Kulturraum die Kontrolle über alles behalten wollen?
Auf jeden Fall. Deshalb der Appell und der Versuch, es zurückzuholen, aber in einem sehr kontrollierten, sehr klaren Rahmen, um die Möglichkeiten dieses anderen Bewusstseins in die Alltagswelt, in den Gesundheits- und pädagogischen Bereich wieder reinzuholen. Da liegen unendlich viele Möglichkeiten einfach brach. Das ist auch der Wert von ethnologisch sich begründenden Therapie-Ansätzen, die sozusagen einen Reflexionsspiegel für unsere eigene Kultur darstellen. Es geht jetzt nicht darum, zu einem tibetischen, sufischen oder sonstigen Schamanen oder Heiler zu werden und diese Kulturen in unsere Kultur zu integrieren, sondern zu begreifen, worauf uns diese Menschen verweisen, und sozusagen das Universelle hinter dem Speziellen zu sehen.

Das bedeutet, hinter der Vielfalt der Erscheinungen den spirituellen Faden, das heißt die Suche des Menschen nach diesem spirituellen Inhalt, zu erkennen. Anscheinend bekommt der Mensch, und in diesem Fall, da es eine Therapie ist, der Patient, über die Musik den Kontakt zu diesem Teil in sich.
Das ist es, was mich von Anbeginn sehr berührt hat. Patienten, die aus dem Wachkoma beispielsweise zurückgekommen sind,

beschreiben, dass sie in ihrem Zustand alles mitbekommen haben, aber es nicht erklären konnten. Sie wussten also nicht, ob sie schliefen oder träumten, ob es ein Alptraum war. Sie konnten also nicht wahrnehmen, wo sie waren und in welchem Raum, auch Bewusstseinsraum, sie sich befanden. Aber sie nahmen alles wahr – im Positiven wie im Negativen. Das Spannende an diesem Forschungsprojekt war zu beobachten, dass die Remission, das heißt das Zurückkommen aus dem Koma, unter anderem mit der Geschwindigkeit zu tun hatte, mit welcher die Patienten in Trance kamen. Diese gehirngeschädigten Patienten erlebten im Koma durch die Musik eine bedeutende Zunahme der Alpha- und Deltawellen, was schließen ließ, dass sie in Trance gerieten. Es war sehr spannend zu entdecken, dass Menschen in diesem Zustand auch Trance erleben können und dass in diesem Trancezustand der Heilungsprozess sich offensichtlich verbessert. Darum hat uns der Klinikchef ermutigt, hier weiter zu forschen, weil das etwas ist, was wir nicht erwartet haben, was wir aber noch mit großer Vorsicht interpretieren müssen, bis wir endgültige Ergebnisse haben, die dies bestätigen.

Musik ist oft das einzige Tor zur Außenwelt für alte Menschen

Eine sehr interessante Arbeitsforschung lag für mich auch im geriatrischen Bereich, also in der Arbeit mit alten Menschen, denn ich war mir wirklich nicht sicher, ob wir mit dieser Art von Musik Erfolg haben konnten. Ich glaube, dass die (alt)orientalische Musik, wie wir sie spielen, irgendwo eine universelle Wirkung hat und den Wesenskern im Menschen anspricht, denn die Patienten reagierten sehr positiv auf die Klänge und beurteilten sie nicht als streng bzw. als etwas, was sie nicht hören wollten, sondern summten und bewegten sich mit, traten in Kontakt mit den Therapeuten und fingen an, Fragen zu stellen. Wir konnten beobachten, dass geistige Behinderungen sowie Altersdemenz vielfach die musikalische Empfangsfähigkeit als einzigen unbeeinträchtigten Persönlichkeitsanteil bewahren. Im Altersverfall und in der Sterbebegleitung ist Musik häufig das letzte sinngebende Kontaktmedium zur Außenwelt.

Die altorientalische Musik scheint mit ihren Rhythmen, auch mit ihrer Einstimmigkeit – denn sie ist eine einstimmige Musik, das heißt, die Melodien sind wie Perlenketten aneinander gereiht – die Menschen auf ihre Urstruktur anzusprechen. Durch die Musik erlebt der Patient Freude und über die Freude findet er Zugang zu seinen Anlagen und erfährt tiefen inneren Frieden.

Herr Tucek, herzlichen Dank für dieses Gespräch!

Heilung durch Schreiben

Die Geschichte seines Lebens schreiben

In jedem von uns gibt es eine zugrundeliegende, innewohnende kreative Kraft, die unser ganzes Leben durchdringt. Wenn wir uns unserer Kreativität öffnen, kommen wir in Kontakt mit unserer Lebendigkeit und dem ungeheuren Potential, das in jedem von uns steckt. Durch das Schreiben gelangen wir in einen Bereich, wo es nur ums Lauschen und Sich-Einlassen geht, wo wir beiseite treten und die leise Stimme hören, die uns zu unserem eigenen, ruhigen Kern führt. Wir sind gleichzeitig Kanal und Schöpfer einer Geschichte, die die Geschichte unseres Lebens ist. Liane Dirks, bekannte Schriftstellerin, die für ihre außergewöhnlichen Romane mehrere Auszeichnungen erhalten hat, vermittelt in ihren Schreibseminaren die unbeschreibliche Freude, die entsteht, wenn man – durch das Schreiben – zur Quelle innerer Weisheit geführt wird.

Liane Dirks ist Schriftstellerin und Leiterin von Schreibseminaren. Sie erhielt zahlreiche Preise und Auszeichnungen, darunter das Rolf-Dieter-Brinkmann-Stipendium der Stadt Köln, den Märkischen Literaturpreis und den Preis der LiteraTour Nord 2003.

Liane Dirks, Sie sind Schriftstellerin und haben zahlreiche Preise und Auszeichnungen für Ihre Bücher erhalten. Wie würden Sie den Prozess beschreiben, der beim Schreiben stattfindet?

Wenn es um authentisches Schreiben – und nicht um Schreiberei – geht, ist es ein sehr existentieller Prozess. In dem Wort „Autor" steckt „auto" = selbst sein, vom Griechischen „autark" sein. Schreiben ist für mich eine Art Schulungsweg. Denn meine Auffassung von Literatur ist, dass sie der Wahrhaftigkeit bedarf. Und die Wahrhaftigkeit bedarf wiederum der gelebten Wahrhaftigkeit. Ich muss also mein Leben prüfen, das Wort am Leben messen und das Leben wiederum am Wort. Ich glaube, dass geschriebenes Wort Leben verändern kann. Wenn wir in einem Zustand der Wahrhaftigkeit sind, haben die Worte, die wir benutzen, eine ganz bestimmte energetische Qualität. Nur so kann man sich die Wirkung der Heiligen bzw. der sich lang forttragenden Schriften überhaupt erklären. Sonst werden sie überlebt. Dies ist auch der Fall bei hoher Dichtkunst. Man kann ja ein Gedicht, das uns tief berührt, letztlich nicht erklären. Man kann es auch nicht mit den Lücken zwischen den Wörtern erklären. Das hat etwas mit der Energieladung der Wörter zu tun. Ich denke, dass die einzelnen Wörter und unsere eigenen Begriffe unsere ganze, verdichtete Geschichte in sich bergen. Und wenn sie auf uns treffen, setzen sie diese Geschichte im Hintergrund wieder frei. Bei einem hoch emotionsgeladenen Wort wie Liebe beispielsweise spüren wir sofort, dass eine Welt hinter uns steht.

Vergangenheit, Gegenwart und Zukunft in einem

Wenn wir schreiben, treten wir in eine Art andere Dimension. Das ist nichts anderes als das, was wir in der Spiritualität auch sagen: Wir wissen ganz genau, dass unsere Gedanken unsere Wirklichkeit prägen. Was sind aber Gedanken anderes als Worte? Wir denken in der Regel in Worten. Und wenn wir Geschichten ganz dicht erzählen, dann sind sie existent, sie sind ganz einfach da.

Was beim Schreiben passiert, ist, dass man das In-sich-und-in-der-Welt-Vorgefundene nimmt und neu formt. Prinzipiell, wenn man Kunst macht, gestaltet man etwas neu, das sozusagen zu einem neuen Produkt wird. Dadurch begegnen wir dem Neuen, aber wir begegnen ihm schöpferisch. Das heißt, wir sind nicht Opfer, sondern Schöpfer dieser Geschichte. Insofern vermengt sich, sobald wir schöpfen, immer Vorgefundenes mit Neuem, das hinzukommt. Das ist der Kern des kreativen Prozesses. Und das Wunderbare beim Geschichtenerzählen ist, dass die drei Zeitenebenen miteinander verbunden werden: Man führt die Vergangenheit in der Gegenwart, in der man schreibt, mit etwas zusammen, das in der Zukunft weiter wirkt. Denn das Buch wirkt zukünftig beim Leser.

Der Schreibvorgang ist also nicht etwas Fertiges, sondern man beobachtet sozusagen den Prozess bei seiner Entfaltung.
Ja, der Prozess führt mich, er ist viel klüger als ich. In diesem Prozess ist auch das Ego nicht mehr wichtig, darum ist Kunst so berauschend. Man wird hineingezogen und die Kraft dieser neu entstehenden Wirklichkeit wird so groß, dass sie von selbst läuft. Man muss im Grunde genommen nur hinhören, Schreiben ist sehr viel hinhören.

Man tritt also zur Seite und wird zum Kanal. In diesem Augenblick ist man in der Wahrhaftigkeit und mitten im Prozess der Schöpfung.
Ja, man tritt zur Seite, genauer gesagt, das Ego tritt zur Seite, das Selbst nicht, denn das Selbst ist in der Mitte des Geschehens, es lässt zu und korrespondiert mit dem Geschehen, es gibt ein und antwortet. Dann kann es passieren, dass gewisse Figuren, die man gar nicht geplant hat, in Geschichten auftauchen und sehr lebendig werden.

Geschrieben wird zwischen Kopf und Herz

Auf Ihrer Website steht der Satz: „Schreiben ist lieben bei vollem Verstand". Könnten Sie es näher erklären?
Urs Widmer, ein Schweizer Schriftsteller, hat einmal gesagt: „Geschrieben wird genau zwischen Kopf und Herz." Es ist also eine Art Balance-Akt zwischen Geschehenlassen und Beeinflussen. Liebe bedeutet ja alles sein lassen. Aber der Kopf ist immer noch da und beobachtet, was passiert.
Momentan gibt es leider sehr viel, was ich „Ego-Literatur" nenne, also weit und breit keinen Rilke. Er war ein hoch spiritueller Mensch. Wäre er es nicht gewesen, hätte er niemals so dichten können. Das eine geht mit dem anderen einher.
Grundsätzlich ist jeder von uns hoch kreativ, und je spiritueller wir werden, desto mehr entdecken wir die Schöpferkraft in uns. Darum geht es bei der Spiritualität. Deswegen wird auch eine spirituelle Bewegung zunehmend mit einer freier werdenden künstlerischen Bewegung einhergehen müssen.

Sie sagten vorhin, dass es beim Schreiben ums Lauschen geht. In unserer Gesellschaft sind wir aber noch sehr stark von dem Bedürfnis geführt, etwas zu leisten.
In diesem Prozess geht es nicht darum, *den* Jahrhundertroman zu schreiben, es geht weder um Zwang noch um Leistung, es ist vielmehr ein Sich-Überlassen, eine Art Auflösungsprozess. Nicht umsonst wird der Schaffensprozess als kathartisch erlebt. Dabei fliegt alles weg. Es ist ein Nach-Innen-Gehen, nach innen und außen gleichzeitig, um den Kern zu berühren. Man wird konfrontiert mit der nackten Wahrheit, seiner Wahrheit.

Der Schreibgarten

In diesem Schöpfungsprozess gibt es bestimmt Augenblicke der Ekstase gefolgt von Momenten des Stillstands...

... in denen man die Samen wachsen lassen muss – wie in der Natur. Das kann man sehr gut mit einem Garten vergleichen: Alles ist bereits da, aber man muss warten, denn es will ruhen. Mit der Zeit und der Erfahrung entwickelt man verschiedene Taktiken, damit umzugehen, wie zum Beispiel eine Zeit lang nicht darüber reden oder Geduld haben. Man lässt das Thema in sich absenken und ein wenig liegen, wobei man genau weiß, dass es ruht. Und dann kann man immer wieder in diesen Schreibgarten gehen und nachschauen, ob es noch ein bisschen wachsen soll oder ob man die Blume jetzt schon pflücken darf. Es gibt übrigens viele Schriftsteller, die einen Garten haben. Denn Gärtnern ermöglicht die Rückverbindung mit der Erde. Schreiben hat viel mit dem Luft-Element zu tun. Wort ist Atem, ist Luft. Da wir aber irdische Wesen sind, müssen wir im wahrsten Sinne des Wortes die Finger in die Erde stecken. Das kann ich deutlich merken. Der Garten hat auch Zyklen des Sich-ständig-veränderns, der Reifung, also des Thema-werdens, und des Vergehens. Es gibt da viele Parallelen zum Schreiben. Beides geht schön Hand in Hand. Der Garten ist natürlich auch ein großes Motiv. Wer schreibt, schaut ja nach Farben, Formen und Gerüchen.

Der zentrale Punkt ist das Vertrauen

Beim Schreiben geht es also viel um Geduld und Ruhen-lassen-können. Aber der eigentliche, wesentliche Punkt ist das Vertrauen. Es ist sehr wichtig, den Einfällen zu vertrauen, der Phantasie zu vertrauen. Denn die Eingebungen, die wir auf dieser Ebene haben, sind immer die Wahrheit.

Und diese Art von Wahrheit spüren die Leser sofort.

Sofort! Alle, die in meine Seminare kommen, haben zunächst eine gewisse Vorstellung, wie und was man schreiben sollte oder muss, und sind überzeugt, dass sie es nicht können. Aber heimlich denken sie: Ich kann es eigentlich doch. Das ist die typische Kombination von Hochmut und des Sich-nicht-trauens. Als Erstes überhaupt sage ich ihnen: Ihr könnt es, ihr müsst nur hinhören und vertrauen. Bei einer Übung zum Beispiel müssen sie ganz schnell auf Zeit schreiben. Sie bekommen ein Thema, dann läuft eine Uhr. Nach drei Minuten müssen sie den Stift fallen lassen und sie werden aufgefordert vorzulesen, was sie geschrieben haben – und es entstehen geniale Texte!

Weil die Bewertung ausgeschaltet ist....
Ja, sie werden so überrumpelt, dass sie gar nicht anders können. Wunderbare Texte entstehen. Das macht mich so glücklich, weil ich sehe, wie ungeheuer groß das schöpferische Potential auch in diesem Bereich ist. Und dann auch zu sehen, wie glücklich es macht, einfach nur einen schönen Text zu schreiben.

Was macht Ihrer Meinung nach diese Freude aus?
Die Sprache ist das uns Vertraute, mit dem wir uns verständigen. Der Erziehungsprozess des Menschen ist ein verbaler Prozess. Wie groß ist die Freude über das erste Wort! Das Wort ist so zentral, aber wir vergessen es immer wieder. Sehr viel Sprache bekommen wir um die Ohren gehauen, ständig, Tag und Nacht. Und gleichzeitig sehnen wir uns nach dem persönlichen, individuellen, größtmöglichen Ausdruck unserer selbst.
Schreiben ist vordergründig ein Formen. Wir sind dazu gemacht, uns und unsere Welt zu formen, immer wieder neu zu schöpfen. Es ist ein Zusammenspiel aus Vergangenem und

Zukünftigem. Das ist sehr wichtig. Zukunftsdenken ist auch das, was unsere Gesellschaft ganz dringend braucht. Dass wir uns unsere Zukunft aneignen. Viel Verarbeitungsliteratur wurde geschrieben (Wie war es mit unseren Vätern? Mit den Nazis? usw.), das ist aber rückwärts auf die Vergangenheit geschehen. Im Grunde genommen haben die Menschen, als sie sich ums Feuer gesetzt und sich Geschichten erzählt haben, ihr Wissen an die anderen weitergegeben. Geschichtenerzählen geht also in die Zukunft, gibt Weisheit weiter.

Reflexion über sich selbst und die Welt

Durchs Tagebuchschreiben zum Beispiel und die damit verbundene Reflexion über die Ereignisse in seinem Leben, bekommt man das tiefe Gefühl: „Ja, das ist mein Leben, und das macht mich aus." Es hilft, seinen Platz in seinem Leben einzunehmen, weil man nicht den Eindruck hat, dass alles, was einem passiert, willkürlich ist.
Das ist ganz sicher so. Nicht umsonst schreiben so viele Schriftsteller – und haben es auch immer getan – Tagebücher. Das ist ein Handwerksgegenstand, mit dem sie arbeiten, sie schauen nach, das ist eine Übung. Gleichzeitig ermöglicht das Tagebuchschreiben die Reflexion dessen, wer ich bin und was die Welt ist. Deshalb empfehle ich sehr das Buch von Julia Cameron „Der Weg des Künstlers" und die darin beschriebenen „Morgenseiten". Ich habe sie lange selbst geschrieben und lege sie allen ans Herz. Bei den Morgenseiten geht es darum, alles niederzuschreiben, was einem in den Sinn kommt, ohne Bewertung, ohne gescheit klingen zu wollen, jeden Morgen, drei Seiten lang. Diese Seiten öffnen mit der Zeit ein Tor zu einem starken und klaren Gefühl für sich selbst. Die einzige Gefahr besteht darin, dass man sich nach einiger Zeit im Kreis dreht. Manche müssen deshalb aufpassen. Es ist wichtig zu erspüren, was man braucht.

Seelenarbeit

Inwieweit ist dieses Tagebuch- bzw. Drei-Morgenseiten-Schreiben heilungsfördernd?
Wer kennt es nicht: Wenn man alles aufgeschrieben hat, was einen bewegt, dann geht es einem ja besser. Das Tagebuch hat das Bewegende aufgenommen. Ich mache aber Seminare, in denen es ganz bewusst ums Geschichtenerzählen geht. Also darum, den Raum der Geschichte zu betreten mit allem, was da mitschwingt und einen bewegt – und alle, die schreiben wollen, bewegt etwas. Immer. Sonst ist es nur Schreiberei. Aber ich sage von Anfang an den Teilnehmern meiner Seminare: „Wir schreiben Geschichten, auch wenn der biographische Anteil sehr hoch ist, so sind es doch Geschichten." Das heißt, sie bekommen eine Aufgabe, aber was sie letztlich schreiben, ist sehr weit gefasst. Ich gebe zum Beispiel die Vorlage: „Jemand kommt auf eine Insel zurück (mit Betonung auf zurück) und dort ist es anders, als er es erwartet hat." Das gebe ich vor und es löst dann etwas aus. Den meisten fällt sofort etwas ein. Ganz wichtig ist, dass sie genau das schreiben, was ihnen als Erstes in den Kopf kommt. Denn dieser erste Gedanke ist der Kern von allem. So lernen sie mit dem Zustand zu arbeiten, in dem sie sind.
Solche Übungen können regelrecht zu Läuterungsprozessen führen. Eine Teilnehmerin hatte beispielsweise kurz vorher ihren Sohn durch einen Autounfall verloren. Sie fing an zu schreiben und baute ihre dramatische Geschichte in die Vorgabe ein, die ich gegeben hatte. Am Ende las sie ihre Geschichte vor der Gruppe vor und weinte sehr viel dabei. Die ganze Gruppe ist dann aufgestanden, hat eine Schüttelmeditation gemacht und danach getanzt. Mir ist klar, dass solche Seminare anders laufen, als an irgendeiner Textarbeit zu üben. Den Nachmittag habe ich wieder mit einer Meditation angefangen, dann ist das Seminar ganz normal weiter gegangen. In der Sprechstunde kam sie zu

mir und ich konnte ihr sagen, wie sie ihren Text zu überarbeiten hatte, damit er noch besser wird. Das tat sie und am Schluss las sie ihre überarbeitete Geschichte wieder vor. In ihr hat in dieser Zeit ein ungeheurer Prozess stattgefunden.

Durch das Schreiben hat sie ihre Trauer integrieren können.
Es war richtige Seelenarbeit. Sie hatte eine Sprache gefunden für etwas, was ihr die Sprache geraubt hatte. Danach stand sie ganz anders da. Sie wollte eigentlich gar nicht über ihren Sohn schreiben, aber es kam von selbst. Sie fand wunderschöne Bilder, hatte sich und ihre Phantasie wieder gefunden.

Durch diese Schreibübung hat sie ihre Lebendigkeit wiedererlangt.
Absolut. Sie hat ihre Geschichte vorgelesen und anschließend ihre Trauer heraus geschüttelt und mit uns getanzt. Sie konnte ihre Traurigkeit raus lassen, dann war es erledigt.

Das bedeutet, dass nach einem Schockerlebnis oder einer Krankheit, die einen sehr mitgenommen hat, es das Schreiben ermöglicht, wieder Anschluss an das Leben zu finden.
Ja, und ich finde es wichtig, dass es nicht eine Art analytisches Schreiben ist, sondern ein kreativer Prozess. Man formt das „Ding". Jede Geschichte ist ein Raum. Wenn wir anfangen zu schreiben, machen wir eine Tür auf und gehen in einem Raum herum, in dem wir lauschen und unsere Geschichte finden – mit ihren Figuren, mit ihrer Sprache.

Wenn der Kopf mit dem Herzen verbunden ist, dann öffnen sich diese Tore.
Mir ist es in den Lehrgängen, die ich mache, sehr wichtig, diesen Begriff des Raumes einzubringen. Sprache wird leicht linear verstanden, im Sinne von dann und dann und dann. Aber Sprache ist mit all dem, was sie bewirkt, ein Kosmos.

Der Mythos vom weißen Blatt

Es ist für die Teilnehmer Ihrer Schreibseminare bestimmt beruhigend zu beobachten, dass jeder einen ähnlichen Prozess durchmacht.
Ja, das ist eigentlich das Schöne an so einem Seminar, dass man erfährt, dass Schreiben zunächst für jeden ein einsamer Akt ist. Aber nur zunächst, denn in Wahrheit ist Schreiben nicht einsam. Geschichtenerzählen war nie einsam, Geschichtenerzählen ist uralt, es ist die Urkommunikation schlechthin, es ist Zusammenkommen, es ist Austausch – von Du zu Du. Als unsere Vorfahren lernten, die Sprache zu benutzen, haben sie angefangen, Geschichten zu erzählen. Aber das Bild des Dichters im Elfenbeinturm ist in unserer Gesellschaft fest verankert. Rilke dagegen beschreibt, wie Engel um ihn herum sind, wenn er schreibt. Wir würden im modernen spirituellen Verständnis sagen: „Wir sind in der Einheit" oder „... in der Anbindung." Denn, wenn man in diese Dimension geht, merkt man, dass man dort niemals allein ist.

Indem man seine eigenen Bilder und Worte zusammenfügt, findet etwas Einmaliges Ausdruck. Es ist wie in der Kunst. Für mich hat Bildhauerei etwas Faszinierendes: Der Raum ist entsprechend anders, ein Block aus Stein oder sonst was, aber in diesem Block ist bereits alles vorhanden. Der Bildhauer holt nur das heraus, was jetzt Gestalt annehmen will und tief mit seiner Individualität korrespondiert.

Auch in der Malerei gibt es diese zwei Ebenen. Der bekannte Maler Balthus erzählt in seiner Biographie, wie er, bevor er überhaupt ein Gemälde anfängt, vor der weißen Leinwand sitzt und hineintaucht, um Bilder heraus zu holen. Es ist also wirklich etwas, das hochkommt. Er holt aus dieser virtuellen Leere oder aus dem Vollen Bilder heraus, mit denen er in Resonanz ist und denen er dann Ausdruck verschafft.

Genau. Das ist sehr schön, wie Sie es beschreiben. Beim Schreiben ist es genau so. Beim Schreiben gibt es den Mythos vom weißen Blatt. Das weiße Blatt ist aber nicht leer, es ist voll. Es ist Leere und Fülle in einem. Und das Sitzen vor dem weißen Blatt, das ist ein Eintauchen, wie Sie sagen, ein Sich-darauf-einlassen und Hinhören. Aber gesprochen wird gewöhnlich vom weißen Papier und von Schreibblockaden. Das heißt, man ist der Macher, man drückt seinen Stempel darauf. Aber das ist es nicht. Das ist nicht der kreative Vorgang. Sondern man geht in das hinein, was schon da ist.

Es ist eigentlich wie im Leben: Alles ist bereits da, und je nachdem mit welchem Bewusstsein und mit welcher Achtsamkeit wir leben, picken wir Sachen heraus, mit denen wir unser Leben formen.
Ja, genau. Es ist eine Kommunikation zwischen uns und dem, was schon da ist. Eine Begegnung, aus der unsere eigene Geschichte entsteht. Kein anderer kann sie schreiben, kein anderer kann unser Leben leben.

Frau Dirks, herzlichen Dank für dieses Gespräch!

Heilung durch Tiere

Delphintherapie – Beweis eines Wunders

Delphine gelten als besondere Tiere. Die Menschen sind faszi-
niert von ihrer Eleganz und Ausstrahlung und sie sagen ihnen
außerordentliche Kräfte nach. Für viele Kinder, aber auch
Erwachsene mit geistigen oder körperlichen Behinderungen
bedeutete die Begegnung mit Delphinen neue Hoffnung. Nun
belegt eine wissenschaftliche Studie, was Betroffene schon lange
erfahren haben: Die Delphintherapie bewirkt beeindruckende
Fortschritte bei der Rehabilitation – egal, ob es sich um ein
erstes Lächeln handelt, erste Worte oder sogar die ersten Schritte.

*Selbst betroffen hat Kirsten Kuhnert erlebt, wie die Delphintherapie
bei ihrem nach einem Unfall schwerstbehinderten Sohn und bei vielen anderen Kindern, die ebenfalls vom Schicksal hart getroffen
wurden, wirkt. Heute arbeitet die Gründerin von „dolphin-aid e.V."
mit vielen renommierten Wissenschaftlern zusammen.*

*Kirsten Kuhnert, Sie sind Vorsitzende von „dolphin-aid", einer
Organisation, die Sie infolge eines tragischen Ereignisses in Ihrem
Leben gegründet haben.*
Ja, mein Sohn Tim ist auf der Tauffeier seiner kleinen Schwester
in einem nicht gesicherten, alten stillgelegten Schwimmbecken
auf einer öffentlichen Anlage fast ertrunken. 15 Monate lang lag

73

er im Koma. Und als er am vierten Tag seiner ersten Behandlung im Rahmen der Delphintherapie erwachte, meldete er sich mit einem lauten Lachen zurück!

Wie sind Sie auf die Idee gekommen, sich gerade der Delphinthera-pie, die damals völlig unbekannt war, zuzuwenden?
Ich habe es geträumt! Ich habe gesehen, wie mein Sohn mit einem Delphin schwimmt und lacht. Es war so absurd, weil ich überhaupt kein Wassermensch bin, und ich hatte bis zu diesem Tag zu Delphinen noch keine Beziehung. Ich bin diesem Traum nachgegangen, weil er so merkwürdig war, und habe bei sehr vielen Menschen nachgefragt, ob es doch nicht irgendwo auf der Welt einen Ort gäbe, wo Kinder im Koma – das war damals mein Gesichtsfeld – mit Delphinen in Kontakt kommen können. Monate später, durch einen glücklichen Umstand, stieß eine von Tims Physiotherapeutinnen in einem Frauenmagazin auf einen Artikel, in dem eine Journalistin beschrieb, dass sie in Florida mit Delphinen geschwommen sei und dass in diesem Delphin-zentrum Dr. David Nathanson mit kranken Kindern arbeite. Darauf hin habe ich mit Dr. Nathanson Kontakt aufgenommen und sechs Wochen später war ich mit meinem Sohn in seinem Zentrum.

Damals war die Delphintherapie unbekannt bzw. verspottet.
Zunächst war sie ja nicht verspottet, weil keiner wusste, wovon ich sprach. Als ich aber anfing, die Menschen mit diesem Thema zu „quälen", hat man dann die Therapie, mich einbegriffen, ver-spottet.

Aber Sie haben nicht lockergelassen...
Nein, ich habe ja miterlebt, wie die Therapie wirkt. Aber am Anfang war ich ein bisschen blauäugig. Ich dachte: „Das muss reichen, wenn ich aus Florida zurückkomme und den Ärzten sage, dass es Tim viel besser geht."... Aber ich habe nicht locker-

gelassen. Und an dem Tag, an dem Tim wach wurde, beschloss ich auf dem Balkon meines Hotelzimmers, eine Organisation zu gründen, damit alle Kinder, die sich nicht altersgerecht entwickeln, diese wunderbare Begegnung mit Delphinen haben und diese Therapie in Anspruch nehmen können. Und so gründete ich nach meiner Rückkehr den Verein „dolphin-aid e.V." Dann kam mir das deutsche Fernsehen zu Hilfe und machte möglich, dass viele Sponsoren ihre Unterstützung angeboten haben. Das war ein entscheidender Multiplikator und sehr wichtig, denn man musste der Welt auch klarmachen, dass es uns jetzt gibt, und von da bis heute haben wir vielen Kindern helfen können. Das haben sie eigentlich Tim zu verdanken.

Mittlerweile haben Sie eine wissenschaftliche Studie initiiert, die fundiertes Wissen über die Heilkraft der Delphine sammeln möchte.

Da muss ich eine Einschränkung machen: Bei dieser Studie geht es nicht um die Heilkraft der Delphine, sondern um den Nachweis, dass Delphintherapie wirkt. Die Erforschung der Heilkraft der Delphine ist der nächste Schritt. Wir *wissen* als Eltern *alle*, dass es funktioniert. Jetzt brauchen wir die Wissenschaft als Verstärker, die also in der Sprache der Schulmedizin antwortet und sagt: Hier sind die Ergebnisse. Und der nächste Schritt besteht darin, eine Studie zusammen mit den Meeresbiologen, den Veterinärmedizinern, den Verhaltensforschern und den Humanmedizinern zu machen, um herauszufinden, was eigentlich Delphine bewirken. Momentan gibt es diesbezüglich nur Spekulationen. Eins wissen wir aber: Delphine verfügen über ein so genanntes Sonarorgan, das sie befähigt, Ultraschallbilder vom menschlichen Körper aufzunehmen. Sie können nicht nur den Aufbau innerer Organe aufspüren, sondern auch Schwangerschaften im Frühstadium feststellen. Diesbezüglich gibt es witzige Begebenheiten mit Therapeutinnen!

Wie funktioniert es ganz genau?
Delphine haben ein Echoortungssystem, mit dem sie ihr Futter
und Gefahren im Wasser orten können. Wir wissen, dass sie
durch dieses Sonarorgan, das wie ein Ultraschall-Gerät funktioniert, Fischschwärme sehr weit weg, über Kilometer hinweg,
erkennen können. Dieses Organ befähigt sie, nicht nur im trü-
ben Wasser die Fische zu erkennen, sondern auch genau die
Fischart – durch ihre Form –, die sie bevorzugen, aufzuspüren.
Man weiß ja, dass Delphine nicht jede Fischart fressen. Dieses
Echoortungssystem macht sie auch fähig, Form und Beschaffen-
heit von Organen zu erkennen.

*Deshalb liest man immer wieder, dass Delphine gerade den Körper-
teil, der krank ist, erspüren können und sanft damit umgehen.*
Ja, beispielsweise. Und sie haben sich etwas bewahrt, was uns
Menschen heute verloren gegangen ist: Sie können sich bedingungslos auf ihr Gegenüber einstellen. Dadurch, dass die verbale Kommunikation nicht gegeben ist, findet eine andere Form
der Kommunikation statt. Und diese ist sehr intensiv.

*Es geht hier um bedingungslose Liebe. So ist die Liebe der Schlüssel
der Heilung mit Delphinen.*
Ja, absolut. Es ist sehr beeindruckend zu sehen, wie ein solch
großes Tier sich auf einen ganz kleinen Menschen einstellt. Und
ein Delphin, der am Tag vier verschiedene Patienten betreut,
verhält sich vier Mal anders, obwohl keine Krankenschwester
daneben steht und sagt: „Wir haben einen Patienten, der das und
das hat und die und die Medikamente bekommt." Das fällt alles
weg. Und es gibt vier Mal einen anderen Delphin, obwohl es der
gleiche ist.

Zum Beispiel mit dem einen spielt er...
... mit dem anderen ist er einfach nur da und ist ganz sanft. Den
nächsten baut er auf und suggeriert: „Das kannst du! Jetzt

machen wir es ein bisschen schneller, noch intensiver, noch kraftvoller!" Es ist ganz unglaublich, das zu sehen.

Was versteht man eigentlich unter Delphintherapie?
Zunächst ist die Delphintherapie kein Wallfahrtsort. Es ist nicht so, dass jemand aus dem Rollstuhl gehoben wird, zu den Delphinen ins Wasser taucht, wieder herauskommt und ist gesund, sondern dahinter steht von Seiten des Therapeuten-Teams harte Arbeit. Das Wichtige ist, dass ein interdisziplinäres Team in den Zentren arbeitet, denn bei einer Rehabilitationsmethode, die bei teilweise künstlich beatmeten oder ernährten Schwerstkranken positive Veränderungen herbeiführt, braucht es viel Erfahrung. Es reicht nicht, nur ein Feld abzudecken. Also zu diesem interdisziplinär arbeitenden Team sollten Fachleute aus allen Bereichen der Rehabilitation sowie Physiotherapeuten, Sprachtherapeuten, Psychologen, Heilpädagogen gehören und ein gutes Behandlungskonzept für den Patienten entwickeln. Ich sage bewusst „den Patienten" und nicht „das Kind", weil wir auf dem Weg sind, diese Therapie auch für Erwachsene zu erschließen. Denn die Delphintherapie ist nicht nur bei Kindern angesagt, die sich infolge eine Behinderung anders als ihre Altersgenossen entwickeln, sondern auch bei Erwachsenen nach Unfällen und Schlaganfällen, bei Alzheimer- und Parkinson-Patienten, bei Menschen mit Depressionen und bei der großen Zahl Traumatisierter, die missbraucht und misshandelt wurden.
Wenn man sich vorstellt, dass Behinderungen immer mit psychischen Belastungen einhergehen, sowohl für den Patienten selbst als auch für die Familie, dann glaube ich, ist der erste Schritt der Delphintherapie, zunächst dieses Trauertal zu durchbrechen und dem Patienten zu zeigen, dass er ein fühlender Mensch ist und dass es sich lohnt, dies wieder zu entdecken. Hierin liegt, glaube ich, auch ein Schlüssel zur Heilung.

Eigentlich macht die Delphintherapie das Licht am Ende eines langen Tunnels wieder an und stellt unter Beweis, dass das Leben schön ist, auch wenn man nicht ganz in Ordnung ist.

Das bedeutet also, dass die Delphintherapie etwas wieder anregt, das blockiert war.
Wir sagen immer, dass die Delphintherapie den Patienten auf die nächstmögliche Entwicklungsstufe hebt. Die Delphintherapie macht einen Patienten überhaupt erst therapiefähig, das heißt sie ermöglicht, dass er zu Hause von den klassischen Behandlungsmethoden wieder profitieren kann. Hier in Deutschland brauchen wir aber Therapeuten, die das Potential, das aufgedeckt wurde, auch auffangen.

Die Delphintherapie macht also das Tor auf, das absolut notwendig ist, damit Heilung eintreten kann.
Ganz genau.

... und dieses Tor wird geöffnet durch bedingungslose Liebe und durch Freude.
Durch Spaß. Spaß ist ein großes Thema. Ich kann mich erinnern, dass eine amerikanische Therapeutin auf die Frage einer Journalistin, ob das nicht alles nur ein großer Spaß sei, sehr böse wurde, und gesagt hat: „Mir gefällt nicht, wie Sie das Wort ‚Spaß‘ aussprechen. Einem völlig gelähmten Menschen Spaß am Leben zurückzugeben, ist eine große Aufgabe – für alle Beteiligten. Spaß ist das Größte, das Beste, das Schönste, was man einem kranken Menschen schenken kann. Es ist die Grundlage für Lebensfreude und absolut notwendig, um die Kraft zum Durchhalten zu behalten." Das kann ich nur eins zu eins unterschreiben. Und ich würde mir auch wünschen, dass wir mit der Arbeit von „dolphin-aid" – und auch mit meinen Büchern – das Bewusstsein für den Stellenwert des Spaßes im Leben ein bisschen schärfen. Eigentlich kann jeder von uns etwas tun, um die

depressive Grundstimmung in unserem Land zu durchbrechen. Wenn wir damit anfangen würden, unser Gegenüber anzu- lächeln, wenn wir guten Tag sagen, dann hätten wir, glaube ich, viel erreicht.

Das ist eigentlich eine sehr spirituelle Haltung. Denn es zeugt von Dankbarkeit dem Leben gegenüber und dem tiefen Wunsch, wieder Freude ins Leben zu bringen.

Absolut. Ich denke, wir sollten uns täglich als Lernende begrei- fen. Dann können wir auch richtig glücklich werden. Wenn wir alles, was um uns passiert, als Lernpotential auffassen, können wir uns gut entwickeln. Und das macht nicht Halt an der Tür einer Behinderung. Was wir auch nicht können – das ist übrigens ein deutsches Phänomen –: Wir können uns auf Andersartigkeit unglaublich schlecht einstellen, nicht nur kulturell, sondern auch körperlich. Ich würde mir wünschen, dass unsere Mitbürger begreifen, dass ein Mensch, der gerade nicht spricht, nicht gleichzeitig verständnislos ist. Das ist für mich etwas ganz Wich- tiges. Das ist eine Diskriminierung der übelsten Form. Ich habe oft erlebt, dass jemand sich über den Rollstuhl meines Sohnes hinweg zu mir wandte und sagte: „Versteht er mich?" Was ist das für eine Ansprache? In der gleichen Zeit hätte diese Person sagen können: „Hallo Tim, geht es dir gut?" Tim hätte wahrscheinlich entweder, wenn er den Menschen als positiv empfunden hätte, in der Situation mit einem Ja geantwortet, obwohl er sonst nicht viel mehr sprechen kann, oder er hätte den Kopf geschüttelt und gesagt: „Nein, heute nicht."

Wir sprechen ja viel über Integration, aber wir leben sie nicht, weil wir sie in der Nachbarschaft nicht leben. Und wenn jeder sich überlegen würde: „Meine Nachbarin drei Häuser weiter hat ein Kind im Rollstuhl. Habe ich ihr jemals Guten Tag gesagt? Kenne ich eigentlich seinen Namen?", wären wir einen großen Schritt weiter. Dann würde die Fröhlichkeit, die die Patienten und ihre Familien – denn es ist eine Familientherapie – aus ihrer

Rückkehr aus den Therapiezentren mitnehmen, länger halten. Und nun sind wir beim Prinzip Hoffnung angelangt. Das ist ein äußerst wichtiger Punkt.

Hoffnung ist, denke ich, die Basis jeder Heilung.

Absolut. Positives Denken ist sicherlich der Schlüssel zu jeder Heilung. Wenn ich zurückblicke, hätte ich den Ärzten zugehört, wäre mein Sohn entweder nicht mehr am Leben oder heute noch auf einer Intensivstation und ich wäre tablettenabhängig oder ansonsten psychisch krank. Und dies müsste heute an den Universitäten und medizinischen Fakultäten gelehrt werden: „Sagen Sie niemals, dass es hoffnungslos ist. Sie können das gar nicht beurteilen. Denn, ob es hoffnungslos oder nicht ist, liegt gar nicht in unserer Hand." Keiner erwartet ja von einem Arzt, dass er sagt: „Na klar, den mache ich Ihnen wieder fit!" Wir wissen so wenig zum Beispiel über das menschliche Gehirn, dass ich mich frage, mit welchem Recht ein Arzt behaupten kann: „Das können Sie vergessen; es wird nicht mehr gehen." Mir haben die Ärzte gesagt: „Er wächst nicht, er nimmt nicht zu, er kann nicht hören, er kann nicht sehen und wahrscheinlich weiß er nicht mal, dass Sie seine Mutter sind!" Ja, das würde meinem Sohn heute ein Lächeln abringen, wenn ich ihm das erzählen würde. Und das Perverse ist, dass er dabei war. Selbst das angenommene Todesdatum meines Sohnes ist gutachterlich festgelegt worden: „Dieses Kind hat noch eine Lebenserwartung von 8 ¼ Jahren", bekam ich zu hören! Der gleiche Arzt hätte mir sagen können: „Frau Kuhnert, ich würde Ihnen gerne sagen: ‚Machen Sie sich keine Sorgen, es wird alles wieder.' Und ich hätte gerne ein Patentrezept, aber das gibt es nicht. Ich kann Sie nur unterstützen, indem wir alles versuchen, damit es Tim so gut wie möglich geht, und das so schnell wie möglich." Und wenn ich denke: „Ah, es passiert in diesem Leben sowieso nichts Gutes mehr", dann falle ich in ein Loch und höre nicht mehr auf meine innere Stimme. Ich verliere meinen Instinkt und kann nichts mehr bewegen. Das gilt für alle Lebenssituationen.

Sie sagten, bei Tim hat seine Wiederkehr ins Leben mit einem Lachen angefangen. Das heißt durch dieses Lachen wurde wieder Kontakt hergestellt.
Wir hatten sowieso ständig Körperkontakt. Ich habe ihn unentwegt getragen, weil er sofort aufhörte zu atmen, wenn er keinen Körperkontakt hatte. Er war so orientierungslos, dass er wahrscheinlich vor Angst wahnsinnig geworden wäre, wenn er nicht gespürt hätte, dass er da ist – so weit weg war er. Er hatte Angst, ich hatte Angst. Und ich weiß nicht, wer wen von uns wann gehalten hat, aber es ist sehr klar, dass wir uns gegenseitig gehalten haben. Und ich habe immer gespürt: „Mein Sohn versteht mich." Ich habe auch mit ihm gesprochen und wir haben kommuniziert.

Kann man sagen, dass dieses Ereignis, obwohl äußerst tragisch, Sie zu Ihrer Lebensbestimmung geführt hat?
Und mehr! Wenn Sie diese Geschichten aneinander reihen, das ist das Puzzle-Bild, das ich auch in meinem Buch „Delphintherapie – Beweis eines Wunders" dargestellt habe: Tims Unfall hat ja nicht nur meinen vordergründigen Lebensplan verändert, sondern den sehr vieler Menschen. Und wenn ich heute bedenke, welche Menschen sich getroffen haben, nur weil mein Sohn irgendwann einen Unfall hatte, dann bekomme ich ein Gänsehautgefühl.

Ein Netzwerk hat sich dadurch gebildet.
Es ist ein großes Puzzle-Bild, und es kommt jeden Tag ein Stein dazu. Das Unglaubliche ist, dass Menschen, die einen Tag vorher nicht einmal wussten, dass sie sich dafür engagieren würden, sich zusammenfinden und zu Botschaftern werden.

Mir hat ein Vater gerade gesagt: „Du weißt nicht, was du da alles auf die Beine gestellt hast!" Ich antwortete: „Ich nehme das nicht so wichtig", und er darauf: „Nein, nein, das muss man schon wirklich so sehen. Wenn du nur unsere Familie als Beispiel nimmst, ohne dich, ohne Tim wäre unser Sohn im Heim und wir wären geschieden, weil wir es nicht geschafft hätten." Und dann fahre ich nach Hause, drücke mein Kind und sage: „Das hast du toll gemacht!"

Ich glaube, dass diese Geschichte auch zeigt, dass man etwas erreichen kann, wenn man es möchte – auch wenn es ausweglos erscheint. Und mein großer Wunsch ist auch, dass Menschen, die gar keine Probleme haben, im tiefen Inneren erkennen, wie gut es ihnen eigentlich geht.

Frau Kuhnert, herzlichen Dank für dieses Gespräch!

Teil II

DAS GESELLSCHAFTLICHE

Umwelt und Gesellschaft

Heilung und Ökologie

Zerstörung innen – Zerstörung außen: Wege der Heilung

1986 wurde die Umwelt-, Menschen- und Tierrechts-Organisation „David Gegen Goliath" als Reaktion auf die Atomkatastrophe von Tschernobyl gegründet. Mit zahlreichen Aktionen wirbt sie für ein verantwortliches Engagement für unsere Gesellschaft, die Natur und die Umwelt und lädt zum fröhlich-aktiven Mitmachen auf dem Weg der kleinen Schritte mit großer Perspektive ein. Die Verbindung von Ökologie und Spiritualität, also die Verantwortung für außen und innen, und die Suche nach Wegen der Heilung für unsere Umwelt sind für Bernhard Fricke, Vorsitzenden der DGG-Organisation immer wichtiger werdende Anliegen.

Bernhard Fricke ist Rechtsanwalt und seit 1986 Gründer der Umwelt- Menschen- und Tierrechtsorganisation „David gegen Goliath". Von 1990 bis 2002 war er als erster Vertreter einer Umweltorganisation unabhängiger Stadtrat der Landeshauptstadt München. Im Juni 2001 gründete er das Umwelt- und Begegnungs-Zentrums „Sonnen-Arche" im Chiemgau unter anderem mit Schaf Seraphin und 120 weiteren Tieren (Pferde, Hunde usw.)

Herr Fricke, Sie sind Rechtsanwalt und Gründer der Organisation „David gegen Goliath e. V." – den Menschen und der Umwelt zulie-

be –, die vor kurzem ihr 20-jähriges Jubiläum gefeiert hat. Was hat Sie damals zu diesem inhaltsvollen Namen inspiriert?
Als sich am 26. April 1986 die Atomkatastrophe von Tscherno-byl ereignete, wurden wir zum ersten Mal in der Menschheitsgeschichte mit dem größten anzunehmenden Unfall (GAU) konfrontiert, 2000 km von uns entfernt. Es war etwas passiert, vor dem lange vorher gewarnt wurde und das die Atomenergie, bis dahin als sicherste und sauberste Energiequelle gefeiert, ad absurdum führte. Als Reaktion auf diese Atomkatastrophe fand sich eine Gruppe von Menschen über alle Parteigrenzen hinweg zusammen, die ihrer Ohnmacht eine Stimme verleihen wollte: „Wir wollen keine hilflosen Opfer sein, wir wollen keine Geisel der Atomenergie sein!" Ein Unfall wie Tschernobyl kann sich jederzeit auch bei uns wiederholen, es gibt angeblich jedes Jahr 120 amtlich registrierte Störfälle. Ob ein Störfall die Kategorie A, B oder C – es gibt insgesamt fünf Kategorien – hat, ist reiner Zufall. Da kann der Mensch nichts mehr beeinflussen. Dies zeigt, wie unsicher diese Technologie ist.

Diese Arbeit, vor der Gefahr der Atomenergie zu warnen und immer wieder Zeichen für andere zu setzen, erfüllt mich sehr.

Der David's Weg der kleinen Schritte mit großer Perspektive

Nun zu dem Namen „David gegen Goliath": Er kam mir plötzlich durch Inspiration! Und bereits drei Minuten später war die dynamische Abkürzung klar: DGG. Ich kannte ja die Geschichte von David gegen Goliath, aber ich hatte sie noch nie als Metapher wahrgenommen. David bedeutet einfach der Kleine, der eigentlich keine Chance hat und doch erfolgreich ist. David, der den übermächtigen Goliath, den Atomgoliath, den Wachstumsgoliath, mit minimaler Einwirkung zur Strecke bringt. Obwohl wir sehr wenig finanzielle Mittel haben, ist es uns gelungen, jahrelang das Thema der Atomenergie im Bewusstein der Menschen wach zu halten und den Unfall von Tschernobyl als Anlass zu nehmen, sich zu fragen: „Was will uns Tschernobyl als Botschaft sagen?“. Wir haben dann die Metapher weitergeführt und diesen Weg gegen die Zerstörung unseres Planeten den „Davids Weg“ genannt, also den Weg der kleinen Schritte mit großer Perspektive.

Der „Davids Weg“ gegen die großen Hindernisse, also der Weg der kleinen Schritte gegen die Widerstände, die immer auftauchen, gleichgültig welches Projekt man sich vornimmt. Das scheint überhaupt der Weg des Menschen auf dieser Welt zu sein.

Ja, das ist ein Urmythos, wobei am Anfang nur das Bild „David gegen Goliath“ stand. Ich muss dazu sagen, dass die Gruppe „David gegen Goliath“ zunächst eine Plattform von fünf verschiedenen, nicht parteipolitischen Organisationen war, die miteinander Protestaktionen initiiert haben. Es gibt in Deutschland im Gegensatz zu Frankreich keine Volksabstimmung. So war es nicht möglich, ein direktes Referendum über die Atomenergie zu initiieren. Wir konnten aber damals immerhin 200000 Unterschriften in drei Monaten sammeln! Dann kamen aber die bayerischen Landtagswahlen und das bayerische Volk hat den Worten der Politiker Glauben geschenkt, nämlich dass die deutschen Atomkraftwerke sicher sind. Die Bürger haben trotz Tschernobyl weiter auf die Atomenergie als Träger unserer Energiequelle gesetzt.

Eine positive Alternative anbieten

Meistens sind es Trägheit und Bequemlichkeit, die einem Mangel an Engagement zugrunde liegen. Es verlangt Kraft und Entschiedenheit, Verantwortung für die Gestaltung seines Lebens und der Welt, in der wir leben, zu übernehmen.

Ja, das ist ein entscheidender Aspekt. Ich muss aber auch sagen, dass unsere Gruppe am stärksten war, als wir am Anfang in der Gegenposition waren, also gegen die Atomenergie in Deutschland, gegen Wackersdorf, gegen die Wiederaufbereitungsanlage. Da befand sich Goliath, also die Repräsentation des „Bösen", im Außen. Im Zuge der Weiterentwicklung unserer Gruppe, die von der persönlichen Ganzwerdung nicht getrennt werden kann, sind wir in langen Reflexionen immer mehr zu dem Schluss gekommen, dass es nicht ausreicht, gegen etwas zu sein – also gegen die Atomenergie –, sondern dass es notwendig ist, eine gleichgewichtige Alternative entgegenzubringen. Und so kam es zwei Jahre danach, 1988, zu der Initiative „Kontra Atom, pro Sonnenenergie". Die Sonne war immer schon in allen großen Menschheitskulturen Ausdruck des Geistig-Göttlichen gewesen – ob man Ägypten insbesondere nimmt, oder Mexiko mit den Inkas und Azteken, auch Indien oder China. Und auf der energetischen Ebene ist sie die unerschöpflichste, sozialverträglichste Energiequelle, die uns das zehntausendfache des Energieverbrauchs der ganzen Erde liefert. Die große Aufgabe bleibt aber, den richtigen Speicher für diese ungeheure Menge an Energie zu finden. Ich bin mir sicher: Wenn wir uns zum Ziel setzen würden, aus der Atomenergie auszusteigen und uns auch von den fossilen Brennstoffen, also Erdöl, Kohle und Gas, als Energiequelle distanzieren würden, wären wir mit der Frage der Speichermöglichkeit konfrontiert. Aber es gibt keinen Zweifel: Die Sonnenenergie verschafft uns ein größtmögliches Maß an Autonomie. Wir hätten ja andere Möglichkeiten, eine andere Energiepolitik zu betreiben, aber die notwendigen Schritte werden aus undurchsichtigen, wirtschaftlichen Gründen nicht beschritten.

Der „Davids Weg" scheint also mit einem Lernprozess verknüpft zu sein.

Absolut! Nach dem ersten Schritt, der mit dem starken Impuls: „Wir müssen etwas unternehmen, Tschernobyl hat etwas mit uns zu tun!" einherging, kam der zweite Lernschritt, der uns klar zeigte: „Wir können nicht nur gegen etwas sein, sondern müssen eine Alternative anbieten." Dann kam der dritte Schritt mit den elf Umweltgeboten. Uns wurde bewusst, dass wir uns nicht ausschließlich auf das Energieproblem fokussieren, sondern uns der Umweltproblematik als Ganzem widmen sollten, also der Verschmutzung der Luft, des Wassers, der Erde, unserem Umgang mit den Tieren, mit den Pflanzen, der Debatte um die Genmanipulation.

Es war eine entscheidende Wende, als wir erkannten, dass wir selbst an all diesen Problemen beteiligt sind, und dass es nicht darum ging, den Politikern die Verantwortung zu überlassen. In dem Augenblick, wo wir ein Problem erkennen, können wir es auch lösen. Nicht die Politiker allein sind für die Lösung zuständig, sondern: „Fang bei dir selbst an, also geh in die Handlung!" Das klassische Gebot heißt immer: „Du sollst!" An dessen Stelle haben wir: „Ich will!" gesetzt. Also: „Ich will alles tun, um weniger Wasser zu verbrauchen. Ich will kein Wasser über die Klospülung verschwenden, ich will meine Wohnung stattdessen mit intelligenten Wasserspargeräten ausrüsten."

Diesem „Du sollst!", das eine äußere Autorität darstellt, haben wir ein positives, autonomes „Ich will!" entgegengesetzt: Ich, ein autonomer, einsichtsfähiger Mensch, sehe ein Problem, erkenne meinen eigenen Anteil daran und sage: „Ich fange mit dem ersten Schritt nicht übermorgen an, auch nicht in einem Jahr, sondern heute!" Und wenn dies jeder von uns tun würde, würden wir mit Sicherheit eine ansteckende Wirkung auf unsere Familie, unsere Freunde, unsere Nachbarn ausüben. Denn an dieser Stelle fängt das morphogenetische Feld, von dem Rupert Sheldrake spricht, an zu wirken. Wenn wir die Dinge bewusst tun, also kleine Schritte mit großer Perspektive machen, wie David es tut, fangen wir an einer Stelle an, ein Problem konkret zu lösen. Und gleichzeitig – da wir Teil des großen Ganzen sind – trägt unsere Problemlösung zur Harmonisierung des Ganzen bei.

Fangt an! Wartet nicht!

Deshalb ist es in Ihren Aktionen Ihr großes Anliegen, Menschen zu zeigen, dass sie, egal wo sie sind, etwas tun können. Wenn jemand merkt, dass etwas für ihn nicht stimmig ist, soll er in die Handlung gehen!

Ja, „Fangt an!" ist die wichtigste Botschaft. „Wartet nicht!" Unsere Philosophie beruht auf fünf Feststellungen. Erstens: Wir Bürger dieser Erde befinden uns heute in einer dramatischen Lage. Zweitens: Wir haben alle einen Anteil an diesen Problemen. Denn alles, was sich im Außen manifestiert, hat etwas mit uns zu tun. Drittens: Wenn wir das erkannt haben, dann können wir in unserem Bereich anfangen, die Probleme zu lösen: „Wie gehe ich mit den Pflanzen in meinem Garten um? Was für ein Energieverhalten habe ich? Wie viel Strom verbrauche ich? Was habe ich für ein Fahrzeug? Wo lege ich mein Geld an? Wo kaufe ich ein?" und schließlich „Mit wem verbinde ich mich?" Und damit sind wir beim vierten Schritt. Das ist ein ganz wichtiger Punkt: Sich mit anderen zu solidarisieren, sich mit Menschen zu verbinden, die auch unter diesen Problemen leiden und die auch zu deren Veränderung beitragen könnten. Und jetzt kommt der Trumpf: Wenn wir das Problem erkennen, entsprechend handeln und uns mit anderen vernetzen, dann ist unser Tun im Dienste des Ganzen, dann können wir mit dem Segen unseres Tuns, mit der Unterstützung der geistigen Welt rechnen.

Es gibt keinen willkürlichen, autoritären Gott, der das Schicksal der Welt lenkt, der die einen reich und schön und die anderen arm und krank macht. Gott hat uns die Freiheit gegeben, zu tun und zu lassen, wie wir es wollen.

Der freie Wille...
Ja, der freie Wille. Wir allein sind es, die uns in diese aussichtslose Situation hineinkatapultiert haben. Wir befinden uns nicht schicksalhaft in einer Wüste, in der wir kein Wasser finden. Wir haben diese Welt ja selbst kreiert. Wir haben mit dem unglaublichen Wissen, das wir erworben haben, technologische Fortschritte erzielt und die Erde umgestaltet. Aber wir haben es nicht in Anbindung an eine göttliche Kraft getan. Wir haben die Natur als minderwertig behandelt, haben auf der Erde gewütet, haben das Spiel mit den Atomkernen gespielt – und jetzt können wir die Geister, die wir riefen, nicht mehr ausbalancieren. Zum ersten Mal in der Menschheitsgeschichte haben wir die Möglichkeit, kollektiv Leben zu schaffen – über die Gentechnologie – und kollektiv Leben zu vernichten. Eigentlich befinden wir uns in einem großen Schiff auf dem Ozean, das weitgehend führerlos geworden ist. Nur durch die Verbindung mit der göttlichen Quelle kann im letzten Moment noch eine Umkehrung, eine Harmonisierung stattfinden.

Das geht nur, wenn wir Spiritualität in allen Bereichen unseres Lebens integrieren, wenn wir das Bewusstsein entwickeln, dass sich die göttliche Kraft in der Aufgabe, der wir uns widmen, ausdrückt. Wir manifestieren sie in dem, was wir tun.
Ja, so ist es. Das Engagement wird zur Berufung. Und trotzdem bleibt der Weg voller Hindernisse. Nachdem ich die Überzeugung gewonnen hatte, es wäre meine Aufgabe, zur Abschaffung der Atomenergie beizutragen – ich wollte wirklich mit anderen zusammen an die Front gehen und an dieser entscheidenden Problematik mitwirken –, wurde ich im Zuge meiner Erkenntnisse viel bescheidener. Ich hatte eine große Vision, ohne diese Vision hätte ich mich nicht auf diesen Weg begeben.

Den positiven Kräften mehr Raum geben

Die Vision lenkt, die Begeisterung ist der Motor...
Ja, sonst fängt man gar nicht erst an. Die Vision gibt uns die
Kraft, uns auf den Weg zu machen und weiter zu schreiten –
trotz der vielen Hindernisse, die auftauchen. Es war auch wichtig für mich festzustellen, dass die so genannten bösen Kräfte
nicht nur außerhalb von mir sind, sondern dass auch in mir die
aggressiven, destruktiven, finsteren Kräfte wirken. Das zu erkennen, tut sehr weh. Aber dann kommt die Erkenntnis: „Ich bin
wie jeder Mensch. In mir wirken sowohl die göttlichen, lichten
als auch die destruktiven, dunklen Kräfte." Und dann aus dieser
Erkenntnis heraus die Entscheidung zu treffen: „Welchen Kräften gebe ich jetzt mehr Raum?" Das ist der entscheidende
Punkt, an dem jeder für sich die Entscheidung zu treffen hat für
das, was man isst, was man liest, mit welchen Menschen man
sich umgibt, über welche Dinge man spricht. Sich also in jedem
Moment seines Lebens über seine Gedanken, seine Gefühle und
auch seine Handlungen im Klaren sein, sich auch meditativ oder
im Gebet mit der göttlichen Kraft zu verbinden. Das ist für mich
die Ebene, die mir hilft, die intensiven politischen Auseinandersetzungen zu ertragen.
Von meinem Freund, dem indianischen Häuptling Sun Bear,
habe ich sehr viel gelernt. Wie kein anderer zuvor hat er mich
daran erinnert, dass wir alle Teil der Natur sind, dass die Erde
unsere Mutter, der Baum unser Bruder ist. Sun Bear zeigte mir,
mit dem Wind, mit dem Wasser, mit den Pflanzen in einer ehr-
furchtsvollen Form zu sprechen. Er sagte: „Die Erde ist heilig.
Wir müssen die Erde als eine Manifestation des Göttlichen, als
unsere Mutter betrachten und ihr mit Achtsamkeit gegenüber
treten." Dieser Begriff des Heiligen ist mir im Laufe der Jahre
immer wichtiger geworden. Denn in unserer Gesellschaft, in der
alles enttabuisiert worden ist, gibt es keinen geschützten Raum

mehr, um in Kontakt mit der göttlichen Welt zu treten. Und doch: In meinem Zimmer, in meinem Haus, im Wald, an jedem Ort kann ich diese Verbindung zu Gott herstellen, und zwar in Ehrfurcht und Dankbarkeit, weil ich mich als Teil der göttlichen Energie sehe.

Der politische und der spirituelle Weg

Wir leben dieses Leben, um die Göttlichkeit, unsere Göttlichkeit auszudrücken – je nach Anlage. Bei Ihnen manifestiert sie sich durch Ihr Engagement gegen die Atomkraft, für eine natürliche, unerschöpfliche Energiequelle. Das ist ein Weg auf des Messers Schneide und gleichzeitig eine Fügung.

Ja, ich bin mit dieser Herausforderung in diesem Leben konfrontiert. Für jemand anderen gibt es wieder eine andere Aufgabe. Das kann der Kampf gegen den Raubmord in Kanada sein oder gegen das Elefantenmassaker in Afrika, das kann auch das Sterben von hungernden Kindern oder der Krieg in Afghanistan sein – gleichgültig, wohin uns unser Weg führt, es ist entscheidend zu erkennen, dass der Kampf, der im Außen geführt wird, der an äußeren Phänomenen festgemacht wird, einem inneren Wandlungsprozess entspricht. So hat auf dem sozial-politischen „Davids Weg" meine eigene Wandlung stattgefunden, es sind daraus spirituelle Erkenntnisse gewachsen.

Das ist ein sehr interessanter Punkt: Zunächst war es vordergründig ein sozial-politisches Engagement, das sich dann immer mehr als ein spiritueller Weg entpuppt hat.

Ja, genau. Das war ein Weg, der von außen in das Innere geführt hat. Und das Besondere daran ist, dass der Weg jetzt wieder von innen nach außen geht. Ich kann jetzt sagen, dass die Verbindung zwischen Innenpolitik und Spiritualität meine eigentliche

Lebensaufgabe ist. Mein Weg ist eine Mischung aus innerer und äußerer Aktivität: Einerseits der politische Weg, als Bürger dieser Welt Verantwortung zu übernehmen, und andererseits der spirituelle Weg in Verbindung mit der göttlichen Kraft.

„Wo wollen wir denn überhaupt hin?" Diese Frage stellt heute keiner mehr, obwohl wir in einer Welt leben, in der jede Stunde 4000 Kinder sterben, in der 80 Prozent der menschlichen Ressourcen für Rüstung, also für Vernichtung, ausgegeben werden. Die Grundfrage, die wir uns stellen sollten, ist: „Wollen wir einen anderen politischen Weg gehen, der von uns große, aber freiwillige Veränderungen abverlangt?" Denn der Lebensstil, den wir im Westen pflegen, geht auf Kosten der Dritten Welt, auf Kosten unserer Kinder und der nachfolgenden Generationen, schließlich auf Kosten der Natur und der Umwelt. Gerade jetzt, wo nicht nur die Vernichtung von Leben, sondern überhaupt die Vernichtung des ganzen Planeten im Vordergrund steht, ist unsere Aufgabe umso dringender, uns dieser großen Herausforderung zu stellen. Ein weiterer Leitspruch von „David gegen Goliath" ist: „Wenn uns unsere Kinder fragen: „Was habt ihr dagegen getan? Wollt ihr wieder sagen, ihr hättet nichts davon gewusst?" Das will ich mit meinem Engagement verhindern.

Obwohl sich im Laufe der Zivilisation der Mensch aus Weisheitslehren und Religionen gespeist hat, die ihn Liebe, Achtung vor den Geschöpfen und Toleranz gelehrt haben, hat er sich für Gewalt und Negativität entschieden. Und ich frage mich immer: Wie kommt es eigentlich dazu? Wir wissen doch um unsere eigene Göttlichkeit, warum verhalten wir uns denn immer wieder in einer chronischen Abfolge wider unsere göttliche Natur. Wir sind nicht getrennt von Gott, Gott wirkt in uns in jedem Moment unseres Lebens. Diesen göttlichen Kern in uns zu entdecken und uns nicht von allem, was uns umgibt, entmutigen zu lassen, ist unsere eigentliche Lebensaufgabe. Von uns allen. Es ist wichtig, dass wir diese beiden Aspekte in uns erkennen:

Einerseits den göttlichen Kern stärken und andererseits hinaus-gehen – zu den anderen Menschen und ihnen die Hand aus-strecken, ihnen Mut machen und trösten.

Also den anderen den Diamanten weitergeben, den man im Laufe der Prüfungen geschliffen hat.
Ja! Und umgekehrt wird man auf diesem Weg wieder andere Menschen treffen, die einen weiter bringen. Aber ich muss ehr-lich sagen, dass ich es mir nicht so schwer vorgestellt habe. Das war ein großer Lernprozess, zunächst sogar eine Enttäuschung. Aber dann habe ich erkannt: Es gibt eine große Familie, die sich nicht aus dem so genannten Blutsband speist, sondern die aus Seelenverwandten besteht. Auf meinen vielen Reisen durch die Welt habe ich immer wieder Menschen getroffen, die ich vorher gar nicht kannte, mit denen ich mich aber für einen Augenblick eins und verbunden gefühlt habe. Das sind meine wirklichen Brüder und Schwestern. Aber zu denken, dass den Weg der Lie-be, der Verbindung mit der göttlichen Kraft zu gehen ein leich-ter Weg ist, wäre die größte Illusion. Es gab Phasen, in denen ich sehr bedrückt und entmutigt war und mich dennoch letztend-lich dieser Kraft geöffnet habe und erkannt habe: „Ich bin am Ende meiner Kräfte, ich kann nicht mehr weiter gehen, ich weiß keinen Ausweg mehr." In meiner Hilflosigkeit vertraute ich mich dieser Kraft an und konnte wieder ein Stück weitergehen.

Die Fülle des Lebens und die Freude ausdrücken

Meinen Sie nicht, dass ein Lernprozess, sei es im Bereich der Hei-lung oder der inneren Entwicklung, sprunghaft und nicht linear vonstatten geht? Es ist wie ein Aneinanderreihen von Phasen des Stillstands und Phasen des Wachstums.

Ja, ich sehe, wie Sie es sagen, das Leben als eine Vielzahl von kleinen Geburten, von neuen Räumen, die es zu erobern gilt. Natürlich werden wir dabei die Erfahrung von Einsamkeit, Enttäuschung, Traurigkeit machen. Aber gerade in diesen Momenten, wo wir uns ganz verlassen fühlen, bekommen wir die göttliche Begleitung zu spüren. Ich bin vielleicht am Ende, aber ich weiß, dass es eine Kraft gibt, die viel größer ist als meine eigene und der ich mich anvertrauen kann. Ich weiß, dass es eine Kraft gibt, die immer für mich da ist und mit der ich mich austauschen kann. Das ist auch die Kraft, die mir die ganzen Jahre hindurch ermöglicht hat, meinen Weg zu gehen. Und letztendlich habe ich immer darum gebeten, dass ich den Weg mit Freude und Liebe gehen kann. Ich wünsche mir sehr, dass man es schaffen kann – und dies nicht als Bettler mit Asche umhüllt oder als Asket bzw. Märtyrer –, die Liebe, die in uns wirkt, in unsere alltäglichen, materiellen Verpflichtungen und Bedürfnisse einfließen zu lassen. Dass unser Leben diese Fülle, diese Freude im Innen wie im Außen ausdrückt.

Immer wieder werden wir in einen Zustand des Einswerdens geführt, meistens in einem Moment des Schweigens, meistens verbunden mit Naturerlebnissen: Ein Sonnenaufgang, das Flüstern des Windes, das Rauschen eines Bachs – in diesen Augenblicken sind wir Teil des Ganzen, dem wir uns staunend, dankbar, ehrfürchtig, verneigend anvertrauen. Diese Räume zu erfahren, gibt uns schließlich die Kraft, auf unserem Weg weiter zu schreiten.

Die Freude, von der Sie sprechen, ist sehr wichtig. Sie treibt uns vorwärts.
Ohne Freude geht nichts. Es fängt mit den kleinen Freuden beim Aufstehen an: Auf den Balkon gehen und den Tag begrüßen zum Beispiel. Oder im Wald spazieren zu gehen und einen Baum zu umarmen – das sind ganz konkrete Gesten, die es ermöglichen, sich mit seinem inneren Kern zu verbinden. Das

sind uralte Energien, mit denen die Menschen sich zu allen Zeiten verbunden haben. Solange hochentwickelte Menschen ihre Fähigkeiten auf die göttliche Kraft bezogen haben und sich als Diener empfunden haben, war diese Zivilisation in voller Blüte. Aber in dem Augenblick, als die Menschen sich von der göttlichen Kraft abkoppelten und sich als die eigentlichen Macher empfunden haben, ging sie zu Ende.

Wir haben so viele Waffen angehäuft, dass unsere Welt ein einziges Pulverfass geworden ist. Wir haben es verpasst, in der Schule unsere Kinder zu Liebe und Achtsamkeit zu erziehen. Stattdessen werden sie mit überflüssigem Wissen und einem ungeheuren Konkurrenzdruck überschüttet. Wir sind zu einer unterentwickelten, man könnte ja fast sagen zu einer Steinzeit-Gesellschaft rückverwandelt.

Spuren hinterlassen

Im Kleinen wie im Großen, egal was wir tun, sollten wir unsere Aufgabe erfüllen, unsere ganz persönliche, und uns gleichzeitig in den Dienst des Ganzen stellen.

Wir sind ein kosmisches Staubkorn und gleichzeitig sind wir Teil eines unendlich großen Netzwerkes, in dem alle Teile miteinander verbunden sind. Wir als einzelner Teil sind nichts, aber als Teil dieses universellen Netzes sind wir unendlich wichtig.

Alle Menschen haben Sehnsucht nach Liebe, auch die Goliaths. Dieser Mangel ist der Ausgangspunkt von so vielen Zerstörungen. Wenn wir nach Gemeinsamkeiten suchen würden, anstatt in der Konfrontation miteinander zu sein – auch auf der politischen Ebene – dann würde sich ein wunderbarer Austausch entwickeln, der in die Tiefe gehen würde.

Rückblickend kann ich wirklich sagen, dass ich mich im Laufe meiner Arbeit verändert habe. Ein großer Wandlungsprozess ist geschehen, worüber ich selbst staune. Ich habe mich verändert und habe andere an dieser Veränderung teilnehmen lassen. Ich möchte gern Spuren hinterlassen. Das möchte ich sehr gern. Aber nicht mit der Verbissenheit, mit der ich mich früher engagiert habe, sondern mit der Gelassenheit und dem Vertrauen, dass geschieht, was geschehen soll, auch mit mir.

Die größte Erfahrung für mich ist zu spüren, dass Gott in jedem Augenblick meines Lebens in mir gegenwärtig ist, dass ich nicht an einem bestimmten Tag an einen bestimmten Ort gehen muss, um ihm zu begegnen, sondern dass er durch mich und meine Arbeit wirkt.

Herr Fricke, herzlichen Dank für dieses Gespräch!

Heilung durch ein neues Miteinander zwischen Jung und Alt

Gemeinsam statt einsam

Der Krieg der Generationen, wie manche behaupten, findet nicht statt – und wird anscheinend zukünftig auch nicht stattfinden. Denn immer mehr zeichnet sich ein Trend nach Gemeinschaft und Kooperation zwischen Jung und Alt ab – in Form von Netzwerken, Tauschringen, Mehrgenerationenhäusern. Anstatt in die Isolation abzugleiten, möchten Alt und Jung ihre Zukunft gemeinsam gestalten.

Ruth Eder ist Organisatorin und Moderatorin des „Ottobrunner Kulturstammtisches" mit prominenten Kulturschaffenden sowie Autorin zahlreicher Bücher zum Thema Gesellschaft und Partnerschaft.

Frau Eder, Sie sind Autorin mehrerer Bücher, die mittlerweile Bestseller sind. In einem von ihnen haben Sie sich dem brisanten Thema des Konfliktes, der zwischen den Generationen herrscht, gewidmet. Wird es zukünftig einen Krieg der Generationen geben, wie manche befürchten?
Seit ein paar Jahren ist ein deutlicher demographischer Wandel zu verzeichnen: Es gibt immer mehr alte Menschen, die fit sind und dank der Errungenschaften der Medizin immer älter wer-

den, dafür aber immer weniger junge Menschen. Wir haben in Deutschland eine Geburtenrate von 1,2. Das bedeutet, dass jede Frau ein einziges Kind bekommt – wenn überhaupt. Gut ausgebildete Frauen bekommen in der Regel überhaupt keine Kinder mehr, und man kann sagen, je höher das Niveau der Arbeit ist, desto sicherer ist es auch, dass Frauen keine Kinder bekommen. In Deutschland haben wir also immer mehr alte Menschen, die durchaus einsatzfähig sind. Wenn sie mit ungefähr 60 Jahren in Rente gehen, haben sie meistens noch mindestens 20 wenn nicht 25 Jahre zu leben. Das Einstiegsalter in Alten- und Pflegeheimen ist heute 85! Das bedeutet, dass diese Menschen von 60 bis 85 Jahren in der Regel relativ selbständig leben. Bedenkt man, dass vor 100 Jahren die Lebenserwartung bei 50 lag, entsprechen die Jahre zwischen 60 und 80 wirklich einem neuen Lebensabschnitt.

Angesichts des zunehmenden Ungleichgewichtes zwischen Jung und Alt hört man tatsächlich immer wieder Stimmen, wie Frank Schirrmacher in seinem Bestseller „Krieg der Generationen", die von Verteilungskämpfen zwischen den Generationen sprechen und die die Alten als eine Art Schmarotzer der Gesellschaft betrachten und die Perspektivlosigkeit der jungen Generation betonen. Wie überrascht war ich, als ich im Laufe der Recherchen für mein Buch „Netzwerk der Generationen" im Internet bei Google unter dem Stichwort „Netzwerke Jung und Alt" nachschaute und Hunderte von Aktivitäten bundesweit, europaweit, ja sogar weltweit entdeckte. Ein Buch wie das von Schirrmacher hetzt nach meiner Ansicht nur die Generationen gegeneinander auf. Die Realität sieht aber anders aus: Die vielen Aktionen beweisen das Gegenteil, nämlich die Kooperation, die zunehmend zwischen Jung und Alt stattfindet.

Neue Entwicklung in Richtung Gemeinschaft

Was hat Sie zu diesen Recherchen motiviert?
Die Idee kam mir das erste Mal, als die Schauspielerin Michaela May in meiner Talkshow erzählte, dass ihre Tochter, die in London zur Schule geht, dort eine Pflichtfach belegt hat, das sich „social learning" nennt. Das beinhaltet, dass die Schüler einmal in der Woche für zwei Stunden in ein Altenheim gehen müssen – sie müssen! Am Anfang beschweren sie sich, aber dann entwickeln sich daraus Beziehungen zu den Senioren, die sie nicht mehr missen möchten.

Alt und Jung müssen zusammenhalten, da die Großfamilie, wie es sie früher gab, nicht mehr existiert. Jüngere und Ältere sollten zusammenkommen, wie früher in den Großfamilien, wo die Großeltern und die Enkelkinder sich meistens besser verstanden haben als die Eltern mit den Kindern. Die mittlere Generation, die im Arbeitsprozess steht, wird dadurch ebenfalls entlastet.

Ich komme selbst aus einer ungarischen Großfamilie. Wir waren vier Generationen in einem Haus: die Urgroßmutter, die Großmutter, die Mutter und das Kind. Deshalb bin ich jemand, der die Menschen eher zusammenbringen möchte als auseinander. Ich habe also die Recherchen dahingehend vertieft und war wirklich erstaunt. Im Grunde ist mein Buch nichts anderes als ein Plädoyer für dieses „Gemeinsam statt einsam". Es ist aber nicht nur ein Plädoyer, sondern es belegt auf vielen Seiten diese neue Entwicklung in eine gemeinschaftliche und partnerschaftliche Richtung.

In welchen Bereichen agieren diese Netzwerke der Generationen?
In Mainz zum Beispiel arbeiten ein Altenheim und ein Gymnasium zusammen. Seit fünf Jahren gehen junge Schüler aus der zehnten Klasse, also 14-15-Jährige, in ein Altenheim, in dem sie Senioren betreuen. Sie haben sich verpflichtet, zweimal in der

Woche für zwei Stunden hinzugehen. Es entwickeln sich richtige Freundschaften daraus. Inzwischen ist es so, dass alle Schulfeste in diesem Mainzer Gymnasium von alten Menschen überlaufen sind. Alle Lifte und Gänge sind von Rollstühlen verstopft! Die Situation ist so neu, dass man sich erst daran gewöhnen muss! Inzwischen unterstützt die Stadt Mainz dieses Projekt, weil sie das Prestige dahinter sieht, und stellt dafür einen Bus zur Verfügung. Die Jugendlichen fahren zum Beispiel mit den Alten in diesem Bus ins Hilton zum Kaffeetrinken – mit Rollstuhlfahrern, mit gehbehinderten und dementen Senioren. Sie schämen sich nicht, im Gegenteil: Sie machen es ganz selbstverständlich.

Innerer Halt durch Betreuung

Dass alte Menschen sich auf junge freuen, kann man verstehen. Aber wie erklären Sie sich, dass junge Menschen so viel Freude am Umgang mit Älteren haben?
Die Jugendlichen suchen regelrecht den Kontakt mit Älteren. Sie sind ganz wild darauf, sich mit alten Menschen zu treffen. Ich glaube, das entspringt der Einsamkeit der jungen Menschen. Die überwiegende Zahl kommt nach der Schule nach Hause und da wartet niemand auf sie. Meistens arbeiten beide Eltern, die Großeltern wohnen weit weg in einem anderen Bundesland, durch die steigende Mobilität im Job ist die herkömmliche Großfamilie, also die Blutsverwandten-Familie, in alle Winde zerstreut. Hinzu kommt, dass die Eltern sehr oft geschieden sind. In Großstädten haben wir eine Scheidungsrate von 50 Prozent, das heißt jedes zweite Kind pendelt zwischen der Mutter und dem Vater hin und her. Sie erfahren zu Hause keine richtige Orientierung. In dieser Situation können alte Menschen ihnen den Halt geben, den sie brauchen. Sie vermitteln den Jugendlichen eine Lebenserfahrung, die ihnen eine neue Sicht

der Dinge ermöglicht. Durch den Kontakt mit Senioren, die gelassener sind als sie selbst, sehen sie die Welt aus einer anderen Perspektive.

Die Senioren scheinen ihnen einen stabilen Boden im Leben zu geben, eine Art Fundament.
Absolut. Aber auch umgekehrt: Oft bekommen alte Menschen in Alten- bzw. Pflegeheimen keinen Besuch von ihren Kindern oder Enkelkindern, oder zumindest sehr selten. Die Jugendlichen füllen diese Lücke aus. Das Beeindruckende daran ist, dass die jungen Menschen weiterhin kommen, auch wenn die Alten immer schwächer und kränker werden. Sie begleiten manchmal sogar das Sterben – was ich für äußerst wichtig halte. Es kam schon vor, dass sie statt der Verwandten die Trauerfeier organisiert haben. Es ist, finde ich, ein ganz wichtiger Aspekt, dass die Jugendlichen eben nicht verdrängen wollen, dass sie auch einmal alt werden, dass der Mensch nun mal immer älter und gebrechlicher wird und eines Tages stirbt. Sich damit auseinander zu setzen, scheinen die jungen Menschen nicht zu scheuen. Das ist ganz neu.

„Alt hilft Jung"

Weitere Projekte werden entwickelt, bei denen Groß und Klein näher zusammen kommen. Es gibt zum Beispiel seit einiger Zeit Altenheime, die im Erdgeschoss einen Kindergarten beherbergen! Das muss man sich vorstellen! Das ist wirklich ganz neu! Und die Senioren erblühen! Vor manchen Altenheimen gibt es sogar Abenteuer-Spielplätze. Die Alten, die nicht mehr laufen können, werden auf den Balkon gefahren und schauen selig den Kindern beim Spielen zu. Diejenigen, die noch selbständig sind, setzen sich draußen auf eine Bank und freuen sich mit. Wenn dann Ferienzeit ist und die Kinder alle verreist sind, nimmt bei den alten Menschen die Krankheits- und Todesrate zu, sogar stark zu.

Vor kurzem habe ich mit Begeisterung einen Vortrag über dieses Thema gehalten. Der zweite Bürgermeister, der anwesend war, griff sofort diese Idee auf und nun ist bei der bevorstehenden Planung eines Alten- und Pflegeheimes in seiner Gemeinde ein Spielplatz vor dem Altenheim vorgesehen.

Es scheint der Puls der Zeit zu sein!

Ja, es entspricht wirklich dem Bedürfnis von allen. In Starnberg läuft zum Beispiel ein besonders erfolgreiches Projekt, das „Kleine Menschen brauchen große Freunde" heißt. Senioren treffen Kinder zum Spielen, Basteln, zu Ausflügen, sie bieten auch eine Nachmittagsbetreuung in der Starnberger Hauptschule an. Und beim „Generationsnetzwerk Umwelt" in Brandenburg bieten ältere Menschen Zeitzeugenarbeit in Schulen an. Die Schüler lernen dadurch von den Senioren erfahrbare Geschichte. In Berlin beispielsweise gibt es ein Erzähl-Café, in dem einmal im Monat alte Menschen aus allen Berufen Jugendlichen erzählen, wie es damals unter Hitler war, wie es mit den Bomben und dem Feuersturm und dann später mit dem Wirtschaftswunder war. Es gibt auch Tauschringe, wo zum Beispiel Babysitting gegen PC-Hilfe oder Nachhilfeunterricht gegen Handy-Hilfe angeboten wird. Senioren unterstützen Jugendliche auch beim Berufseinstieg mit Kontakten und ihrem Know-how. In Amerika zeichnet sich bereits eine Trendwende ab. Dort werden wirtschaftliches Coaching und Netzwerke angeboten, in denen ehemalige Spitzenmanager, die mit 60 ihren Job verlassen mussten, ehrenamtlich Jugendliche beim Starten ihres Unternehmens beraten. In Deutschland gibt es mittlerweile die bundesweite Initiative „Alt hilft Jung e. V.", die erfahrene Senioren aus Wirtschaft und Wissenschaft an junge Unternehmen vermittelt. Auch die Großkonzerne sind inzwischen am Umdenken. Sie fangen an, aus den Fehlern der Vergangenheit zu lernen und immer mehr

Jung und Alt in den Betrieben zusammenzuführen, um künftig eine permanente Verjüngung der Belegschaft zu vermeiden.

Durch die Kooperation zwischen den Generationen auch im Arbeitsbereich stellen die Senioren den Jungen ihre ganzen Ressourcen und Erfahrungen zu Verfügung. Dadurch entsteht doch eine ungeheuer kreative Synergie!

Zweifellos. Die Jüngeren können mit Hilfe solcher Netzwerke Ressourcen und Kontakte der Älteren „anzapfen", leichter berufliche Perspektiven entwickeln sowie deren Erfahrung und Überblick lernen und sich eventuell bei der Jobsuche unterstützen lassen. Der Erfolg eines Unternehmens beruht ja einerseits auf dem Wagemut und der Begeisterungsfähigkeit der Jungunternehmer und gleichzeitig auf dem Know-how und dem Durchhaltevermögen, die das Alter verleiht. Die jungen Menschen haben die Energie und den Schwung, aber es fehlt ihnen die Erfahrung und Geduld. Es ist menschlich, sozial und wirtschaftlich absolut unvertretbar, dass so viel Wissen und Können brachliegen – nicht nur bei Senioren, sondern auch bei den Millionen deutschen Frauen, die in Deutschland zu Hause bleiben müssen, weil es keine geeignete Infrastruktur für die Kinderbetreuung gibt.

Mehrgenerationenhäuser: Wohnform der Zukunft

In diesem Bereich liegt Deutschland hinter seinen europäischen Nachbarn wie Frankreich oder Italien weit zurück. Laut Umfragen haben zum Beispiel Französinnen mit hoher beruflicher Qualifizierung drei, sogar vier Kinder!

Ja, bei uns werden Mütter, die arbeiten, als Rabenmütter bezeichnet. Es gibt kein anderes Land in Europa, das diesen Begriff kennt. Wir können es uns nicht leisten, so viel Wissen in den Sand zu setzen, wir müssen dieses Potential vielmehr nutzen. Mit der Kinderbetreuung durch Senioren wäre dieses Problem gelöst, sie füllen mit viel Freude ihre Rolle als Ersatz-Omas und -Opas für die Kinder aus. Es gibt aber auch weitere Projekte, die dieser Kinderbetreuungs-Misere in Deutschland abzuhelfen vermögen – in Form von Mehrgenerationenhäusern, in denen besonderer Wert auf die Integration von Alt und Jung unter einem Dach gelegt wird. Diese generationsübergreifenden Baugemeinschaften, wo auch Behinderte einen Platz haben, stellen zusätzlich Gemeinschaftsräume und Nachbarschaftscafés zur Verfügung.

Das ist wirklich die Wohnform der Zukunft!
Absolut! Es gibt immer mehr Wohnprojekte, die die Alten aus Anonymität und Isolation holen. An 18 Standorten in Süddeutschland entstehen oder bestehen bereits Projekte mit 700 Wohnungen, die eine Vernetzung mit dem Ziel gegenseitiger Hilfe vorsehen oder praktizieren. Das war vor zehn Jahren undenkbar. In Heidelberg zum Beispiel entstehen gemeinschaftliche Wohnprojekte. In München gibt es ein Mehrgenerationen-Wohnprojekt, wo nicht nur Alt und Jung zusammen leben, sondern auch Sozialhilfeempfänger, Wohnungseigentümer, Alleinerziehende unter einem Dach leben – also bunt gemischt. Dort gibt es auch eine Tauschbörse, in der Angebote am schwarzen Brett angeheftet sind wie: „Biete Yogakurs an, wer bügelt mir dafür die Hemden?" oder „Wer bringt mir Schach bei, ich biete dafür Tanzstunden an?". Oder die Jüngeren nehmen die Alten mal mit ins Schwimmbad, oder sie grillen miteinander. Es entstehen echte Kontakte. Wunderbar!

Diese Wohnform ermöglicht wirklich ein Zusammenleben...
... von Nicht-Verwandten. Das ist das Neue daran. Es handelt sich also um die Renaissance der Großfamilie, aber anders als die herkömmliche Großfamilie, die auf Verpflichtung, Verstrickung oder gar Schuldgefühlen basiert, ist dies eine Lebensgemein-

schaft, die auf Freiwilligkeit und gemeinsamer Interessenlage beruht. Mit der Kooperation zwischen den Generationen wächst ein neuer respektvoller Umgang miteinander, abgesehen davon, dass sie die lang ersehnte Alternative zur Isolation vieler Menschen darstellt.
Die Mehrgenerationenhäuser sind sozusagen die Keimzellen der Netzwerke. Von dort aus geht es dann weiter...

Dialog statt Krieg

... in die Politik und das soziale Engagement zum Beispiel?
Ja! Greenpeace zum Beispiel scheint die Zeichen der Zeit erkannt zu haben: Immerhin beschäftigt die Umweltschutz-Organisation bundesweit 200 Aktivisten über 50 Jahre, die mit jungen Leuten zusammen arbeiten – ihr Motto: „Gemeinsam Zukunft gestalten". Das „Team 50 Plus" gilt als besonders aktiv.
Also egal, wo man auch hinguckt: Der angekündigte Krieg der Generationen findet nicht statt, im Gegenteil, anstatt sich zu bekämpfen, scheint Jung und Alt wieder aufeinander zuzugehen. Dieses neue Miteinander zwischen den Generationen ist nicht nur wünschenswert, sondern absolut notwendig. Und dabei spielen die Frauen, meiner Meinung nach, eine entscheidende Rolle. Denn die weiblichen Werte sind Miteinandersein statt Einsamkeit, Kooperation statt Isolation, Dialog statt Krieg. Diese Werte sind übrigens zutiefst christlich, aber auch buddhistisch. In allen Weltreligionen geht es eigentlich um die gleiche Botschaft, die beispielsweise in der Bergpredigt von Jesus nachzulesen ist. Wenn wir danach leben würden, hätten wir längst den Himmel auf Erden!

Frau Eder, herzlichen Dank für dieses Gespräch!

Teil III

DAS SEELISCHE

Kontakt zur inneren Weisheit

Heilung und Schamanismus

Heilung kommt von innen

Heilung hat mit Energiefluss zu tun. Gerät der Körper durch anhaltenden körperlichen oder emotionalen Stress in Anspannung, ist der Weg für Krankheiten frei, denn der Stress verursacht, dass wir jegliche Kommunikation mit unserem Körper und seinen Selbstheilungskräften unterbrechen. Stellen wir die Beziehung zwischen dem Körper und dem Geist wieder her, so kommt die Energie wieder in Fluss, und Heilung kann geschehen.

Dr. Serge Kahili King entstammt einer alten hawaiischen Familie und wurde von seinem Vater, der selbst Schamane war, in der Huna-Tradition Hawaiis ausgebildet. Später promovierte er an einer amerikanischen Universität in Psychologie. Dr. King bewegt sich also zwischen zwei Welten, der wissenschaftlich-westlichen und der schamanistisch-traditionellen Welt. Er ist der meistgelesene Autor für die Huna-Lehre und hat bereits sehr vielen Menschen diese praktische Lebensphilosophie in Seminaren näher gebracht.

Herr King, Sie sind als hawaiischer Schamane mit den Prinzipien der Heilung sehr vertraut. Was bedeutet für Sie Heilung?
In der hawaiischen Sprache ist das Wort „Heilung" das gleiche Wort wie „Leben" und „das Erreichen von Frieden"; und alle Wörter, die mit Heilung zusammenhängen, haben mit Energie-

fluss zu tun, mit fließender Energie, mit Energie, die nach innen und Energie, die nach außen fließt. Heilung unterliegt also dem Energieprinzip. Man ist gesund, wenn viel Energie vorhanden ist und wenn sie in Fluss ist. So ist Bewegung Leben und Leben ist Bewegung. Und heilen bedeutet, etwas oder jemandem dazu zu verhelfen, sich langsamer zu bewegen, wenn es zu schnell geht, oder schneller, wenn es zu langsam ist.

Um einen harmonischen Zustand herbeizuführen?
Ja, aber nicht im Sinne von Balance, Gleichgewicht, sondern im Sinne von Harmonie und Frieden. Das bedeutet, dass alles in Fluss, in Bewegung ist, mal freudvoll und aufregend, mal friedvoll und ruhig – das alles ist ein Produkt von Harmonie. Das ist wie in der Natur. Krankheit dagegen hat mit Spannung zu tun. Aus hawaiischer Sicht ist Stress die Hauptkrankheitsursache. Alle Krankheiten sind mehr oder weniger Folgen von anhaltenden stress-bedingten Zuständen. Heilung stellt sich demnach ein, wenn stress-bedingte Spannungen gelöst werden.

Die sieben schamanischen Prinzipien der Heilung

Der Huna- (oder Aloha-) Philosophie der Heilung liegen sieben Prinzipien zugrunde. Diese Prinzipien verdeutlichen, dass jeder von uns sich mit Hilfe seines Geistes und Körpers und auch seiner Gedanken selbst heilen kann.
1. Der erste und wichtigste Grundgedanke der Huna-Lehre lautet: *Die Welt ist, wofür man sie hält.* Das bedeutet, dass unsere Welt genau das ist, wofür wir sie halten. In Bezug auf Gesundheit und Heilung bedeutet das, dass die Art und Weise, wie wir über uns selbst und die Welt denken, einen direkten Einfluss auf unseren Gesundheitszustand hat. Nicht nur unsere Gefühle, Ängste, Erwartungen, sondern auch unsere

Erinnerungen spielen eine Rolle. Es ist daher sehr wichtig, sich seiner Glaubensmuster bezüglich seiner Gesundheit und seiner Heilung bewusst zu werden. Denn sie haben einen direkten Einfluss auf den Zustand unserer Körpers. Stressbedingte Gedanken und Emotionen lösen unmittelbar körperlichen Stress aus. Durch unsere Gedanken entsteht unser Verhalten, und von hier aus gehen Befehle an alle Zellen im Körper. Nur wenn die körperliche, geistige und emotionale Ebene integriert wird, kann man von wahrer Heilung sprechen.

2. Das zweite Prinzip besagt: *Es gibt keine Grenzen.* Das bedeutet, dass es keine Grenzen für das gibt, was wir tun können. In anderen Worten: Alles kann geheilt werden – vorausgesetzt wir finden die bestmögliche Methode für uns. Und es gibt viele verschiedene Wege, auf denen Heilung erreicht wird. Sie kann durch Arzneimittel, Heilpflanzen, Operationen, aber auch durch Gebete oder Rituale herbeigeführt werden. Das einzige, was wir tun müssen, ist die richtige Methode für uns herauszufinden, die uns am besten entspricht bzw. die Heilung für uns ermöglicht.

3. Das dritte Prinzip lautet: *Die Energie folgt der Aufmerksamkeit.* Im Bereich der Heilung spielt dieser Grundsatz eine sehr wichtige Rolle, denn je mehr wir mit unseren Gedanken bei der Krankheit, bei den Schmerzen oder bei vergangenen Traumata verharren, um so mehr erschwert es die Heilung. Auch wenn wir Angst davor haben, krank zu werden, ist es viel schwerer, gesund zu bleiben, denn jedes negative Gefühl produziert chemische und energetische Reaktionen im Körper, die ihn krank werden lassen.

Wenn wir aber unsere Aufmerksamkeit auf Gesundheit konzentrieren und auf alles Schöne, was damit zusammenhängt, wie Energie, Glücksgefühl und Ähnliches, dann verändern sich unser Verhalten und unser Körper in diese Richtung.

Wir fokussieren uns dann auf das, was wir möchten, anstatt auf das, was wir nicht möchten.

4. Im vierten Prinzip geht es darum, dass *jetzt der Augenblick der Macht ist*. Das bedeutet, dass jetzt der Augenblick der Heilung ist. Wir müssen hier und jetzt anfangen und nicht meinen, eine Krankheit dauere so und so viel Zeit. Sondern in jedem Augenblick besteht die Möglichkeit, unsere Glaubenssätze und mit ihnen unseren Körper in Richtung Gesundheit hin zu bewegen. Wir dürfen uns nicht von negativen vergangenen Erfahrungen bestimmen lassen, denn nicht die Vergangenheit an sich ist das Problem, sondern unsere Erinnerung daran. Die Vergangenheit ist vergangen. Genauso wie der Regen von gestern uns nicht nass macht, machen uns die Probleme von gestern nicht krank. Das sind unsere Reaktionen auf diese Erinnerungen heute, die Krankheit auslösen.

5. Das fünfte Prinzip lautet: *Lieben heißt, glücklich sein mit...* Liebe ist die Erfahrung von Glück mit etwas oder jemand. Das heißt, dass Liebe der glückliche Teil einer Beziehung ist. In Bezug auf die Heilung bedeutet das, dass Liebe heilt. Denn, wenn wir Glücksgefühle empfinden, verändert sich unser Körper in dem Augenblick, und er wird gesund proportionell zum Grad der Liebe. Die Möglichkeit, dieses gute Gefühl zu verstärken, besteht darin, mehr zu lieben, und die Möglichkeit, Liebe zu verstärken, ist, glücklicher zu werden. Beides arbeitet zusammen. In der hawaiischen Kultur bedeutet Liebe, eine Erfahrung zu teilen, mit anderen zu teilen und im Augenblick glücklich zu sein. Und es geschehen wunderbare Dinge, wenn wir das tun.

In der Liebe zu sein, heißt, dass wir die meiste Zeit darauf verwenden, zu schätzen, was gut ist. Das bedeutet nicht, dass wir, was uns nicht gefällt, verdrängen, sondern dass wir die meiste Zeit beim Positiven verweilen. Und das verändert den Zustand des Körpers. Liebe ist also nicht nur ein Zustand, sondern auch ein Weg. Das ist der Weg Richtung Gesundheit und Heilung – und Harmonie.

6. Das sechste Prinzip heißt: *Alle Macht kommt von innen*. Das bedeutet, dass die heilende Kraft aus einem selbst kommt. Aus dem Körper. Sie können aber auch sagen: Sie kommt aus dem Geist. Es gibt also keine Heiler in dem Sinne, sondern Katalysatoren, Helfer, und das ist jeder gute Mediziner: Er heilt nicht, sondern unterstützt die Heilung. Es gibt keine Heilung außer der, die vom Patienten kommt. Diese heilende Kraft ist sogar viel umfassender als er, deshalb wird sie durch vieles unterstützt: durch Menschen, Arzneien, Heilpflanzen, Sport, durch alles Mögliche.

7. Schließlich lautet das siebte Prinzip: *Wirksamkeit ist das Maß der Wahrheit*. Wirksamkeit bedeutet nichts anderes als das, was funktioniert. Wir sollen also alles, aber auch alles benutzen, was den Heilungsprozess unterstützt. Das heißt, wir sollten jede erdenkliche Methode anwenden, die den Prozess unterstützt. Nicht die Methode an sich ist wichtig, sondern das Ziel: die Heilung.

Die Huna-Lehre beruht auf Methoden, die einfach, leicht zu merken und äußerst wirksam sind. Eine hervorragende Technik ist die so genannte „Dynamind Technik", die ich auf der Basis von alten schamanischen Praktiken entwickelt habe. Mit dieser Technik ist es jedem, der sie anwendet, möglich, jedes beliebige Problem zu lösen oder Beschwerden zu lindern.

Die sieben Wege der Heilung

Jedem der Prinzipien, die wir gerade besprochen haben, entspricht ein Weg der Heilung. Es gibt also sieben Wege der Heilung und die Huna-Lehre hat dafür sieben Schlüsselworte, die lauten:

1. Sei aufmerksam!
2. Sei frei!
3. Sei konzentriert!
4. Sei hier!
5. Sei liebevoll!
6. Sei sicher!
7. Sei kreativ!

1. *Sei aufmerksam!* bedeutet in Bezug auf Gesundheit und Heilung, dass wir uns zunächst einmal bewusst machen müssen, was Gesundheit eigentlich für uns heißt. Denn gesund zu sein ist mehr, als nicht krank zu sein. Es kann bedeuten, sich sehr wohl zu fühlen, weil man viel Energie hat, sich energievoll zu fühlen.

2. *Sei frei!* bedeutet, dass wir über alle Begrenzungen, die wir bezüglich unserer Heilung haben, im Klaren sind. Das können Ängste, Unzufriedenheit, Zweifel sein, die uns daran hindern, gesund zu werden. Wenn wir gesund sein wollen, reicht es nicht, sich nur darauf zu konzentrieren, gesund sein zu wollen, wenn wir weiterhin unsere Ängste, Wut und Zweifel mit uns herumtragen.

Hierbei gibt es eine sehr schöne und wirksame Visualisierungsübung, die ich gern mache: Stellen Sie sich vor, Sie stünden auf einem Weg. Stellen Sie sich vor, wie Sie da stehen, und fühlen Sie, wie Ihre Füße den Boden berühren. Versuchen Sie dabei, so viel echte Empfindungen zu spüren wie möglich: Bilder, Klang, Berührung, sogar Geschmack und Geruch, wenn Sie möchten, so dass sich diese Vorstellung so real wie möglich anfühlt. Weiter vorne auf dem Weg befindet sich der Gesundheitszustand, den Sie anstreben. Sie können ihn sich als glühendes Licht vorstellen oder als wunderschönen kleinen Platz, auf den Sie zugehen. Machen Sie sich keine Gedanken darüber, wie exakt Sie sich alles bildlich vorstellen können.

Und während Sie den Weg entlang gehen, erhebt sich ganz plötzlich vor Ihnen eine große Barriere, die für alle Ihre Ängste, Zweifel und Wut steht, die mit dem Erreichen dieses Gesundheitszustands zu tun haben. Es kann sich dabei um eine Mauer handeln oder um einen Stacheldraht, um eine große Grube oder eine Schlucht. Diese Barriere steht zwischen Ihnen und dem Zustand, den Sie erreichen möchten. Nun kommt etwas Wichtiges: Mit Hilfe all Ihrer Imagination, Ihrer Fertigkeiten und Ihres Wissens durchbrechen Sie diese Barriere. Sie können über sie steigen oder unter ihr durchgehen, um sie herum gehen oder sogar durch sie hindurch. Überwinden Sie dieses Hindernis, egal wie. Und gehen Sie weiter auf dem Weg zu dem Gesundheitszustand, den Sie sich wünschen. Lassen Sie sich durch nichts aufhalten.

Es ist sehr wichtig, diese Übung mit so viel körperlicher und sinnlicher Wahrnehmung wie möglich zu machen, so dass das Unterbewusstsein und der Körper es als total real empfinden. Dafür ist es wichtig, sich soviel Zeit wie erforderlich zu nehmen.

Je mehr unsere Vorstellung körperlich spürbar ist, desto eher wird dies unser Unterbewusstsein und unseren Körper davon überzeugen, dass sie tatsächlich die Ängste und Zweifel überwunden haben.

Ich empfehle, diese Visualisierung so oft zu machen, bis Heilung eintritt. Manchmal wird es sehr leicht sein, das Hindernis zu überwinden, und bei anderen Malen wird es viel schwerer sein. Da darf man nicht aufgeben, denn das bedeutet nur, dass man zu einer tieferen Schicht des inneren Widerstands angelangt ist. Aber je öfter man diese Schicht durchbricht, desto näher rückt der Gesundheitszustand.

3. *Sei konzentriert!* bedeutet, dass wir uns auf das Thema des Nutzens der Gesundheit und Heilung konzentrieren sollten. Denn wir werden nicht heilen, wenn wir keinen Nutzen

durch die Heilung haben. Wenn der Nutzen, krank zu bleiben, größer ist, als der Nutzen, gesund zu werden, dann bleiben wir krank. Es gibt viele Gründe, warum Menschen krank werden und bleiben. Es gibt welche, die dadurch die Aufmerksamkeit bekommen, die sie sonst nicht erfahren würden, andere werden gezwungen, eine Pause einzulegen, Innenschau zu betreiben und ihr Leben zu verändern. Andere wiederum werden krank, um nicht arbeiten zu müssen. Also wie Sie sehen, erfüllen Krankheiten verschiedene Zwecke.

Und genauso wie es viele Gründe gibt, warum Menschen krank werden, gibt es viele Gründe, warum sie krank bleiben, es sei denn es gibt einen besseren oder wichtigeren Grund für den Körper, gesund zu werden. Also wenn wir gesund werden wollen, müssen wir uns davon überzeugen, dass der Nutzen der Gesundheit größer ist, als wenn wir krank bleiben. Wenn wir davon überzeugt sind, dass wir mehr davon haben, wenn wir gesund sind, dann kann uns nichts mehr aufhalten.

4. *Sei hier!* heißt, dass wir hier, an der Stelle heilende Übungen machen können. Sehr wirksam erweist sich die folgende Übung:

Stellen Sie sich vor, dass die Luft im Körperteil, der Ihnen weh tut oder nicht ganz funktionsfähig ist, dick und fast zäh ist. Die Luft ist hier dicker und bewegt sich nicht. Und diese Luft gilt es, in Bewegung zu bringen. Dazu benutzt man seine Hände und streift die Körperteile, als ob man sie reinigen möchte. Dabei berührt man den Körper aber nicht. Die Hände bleiben drei bis vier Zentimeter über dem Körper und streichen über ihn – nach unten, wenn man ruhiger werden will und den Bereich entspannen möchte, und aufwärts, um ihn zu stimulieren. Man führt schnelle Streichbewegungen aus, um die Energie in diesen Bereichen in Bewegung zu bringen. Sobald man ein Gefühl der Bewegung bekommt, lassen die Symptome nach. Vor allem dort, wo es schmerzt.

Je nach dem Grad der eigenen Konzentration und des allge-meinen Gesundheitszustands wird es mehr oder weniger lang dauern. Aber man sollte dran bleiben, denn Ergebnisse wer-den sich auf jeden Fall irgendwann zeigen.

5. *Sei liebevoll!* heißt, liebevoll zu sich und zu seinem Körper zu sein. Man kann sich Komplimente machen oder seinem Kör-per Lob aussprechen. Das ist eine Form des Segnens. Man kann seine Liebe und Dankbarkeit gegenüber jedem Teil sei-nes Körpers aussprechen oder gegenüber jenen, die Heilung brauchen. Das wirkt tatsächlich!

6. *Sei sicher!* bedeutet, dass man sich seiner Autorität sicher sein sollte. Unser Geist und Körper brauchen eine Führung und sind dankbar, wenn wir mit ihnen sprechen und ihnen Anweisungen geben. Wir können zum Beispiel sagen: „Kör-per, jetzt entspann dich, weg mit dem Stress, werde gesund!"

7. Letztlich *sei kreativ!* heißt, dass wir unsere kreativen Fähig-keiten benutzen sollten, und zwar, indem wir immer dann, wenn negative Gedanken kommen, sie sofort durch positive ersetzen. Das gilt auch für die Bilder, die wir in Bezug auf Gesundheit und Heilung haben. Tauchen negative Bilder auf, die aus der Vergangenheit stammen, dann sollen wir tief ein- und ausatmen und bewusst ein anderes Bild schaffen. Und weiter: Negative Körperhaltungen werden durch positive ersetzt. Denn, wenn wir anfangen, uns unwohl zu fühlen, dann ist auch unsere Haltung schlechter und unser Körper verspannt sich. Da wieder tief ein- und ausatmen und die Haltung ändern.

Körperliche Anspannung ist krankmachender Faktor Nr. 1

Es scheint, dass alle körperlichen, emotionalen oder mentalen Proble-me auf einer übermäßigen Anspannung im Körper basieren.

Ja, in der Regel fühlen sich die Menschen von Jahr zu Jahr schlechter und die Anspannung steigt ständig an. Und umgekehrt: Je angespannter sie sind, desto schlechter fühlen sie sich und werden krank. Wenn wir älter werden, sind es also nicht die Knochen oder Muskeln, die altern, sondern die stetig ansteigende Spannung ist das Hauptproblem. Und diese Anspannung findet im Körper statt. Emotionaler Stress, geistiger Stress spiegeln sich im körperlichen Stress, das heißt in körperlicher Anspannung, wider. Und das setzt die Heilungskräfte des Körpers herab, denn der Stress verursacht, dass wir jegliche Kommunikation mit unserem Körper und seinen Botschaften unterbrechen. Der Körper versucht, weiter zu kommunizieren, aber wir hören es nicht. So meldet er sich mit Ereignissen, wie Unfällen oder Krankheiten, um die Aufmerksamkeit wieder zu bekommen, die ihm zusteht.

Wenn Sie dann eine Entspannungsmethode benutzen, verschwindet die Spannung?
Ja, die Energie fließt wieder in den Körper. Die Energie ist wieder in Fluss, der Körper fängt an, wieder zu funktionieren, und Heilung kann geschehen.

Gute Beziehung zwischen Körper und Geist herstellen

Es ist auch wichtig zu verstehen, dass wir nicht den Körper heilen – der Körper heilt sich ja selbst –, sondern wir heilen bzw. versuchen, die Beziehung zwischen dem Körper und dem Geist zu heilen. Zwischen Mensch und Mensch, zwischen Mensch und Umwelt, zwischen Mensch und Ereignissen und schließlich zwischen Mensch und Geist gibt es eine Beziehung. Erst wenn eine gute Beziehung zwischen allen diesen Aspekten besteht, kann sich dann der Körper entspannen und seine Selbstheilungskräfte in Gang setzen.

In anderen Worten bedeutet Heilung, eine gute Kommunikation zwischen dem Körper und dem Geist herstellen.
Ja, das ist richtig. Und das geschieht mit Worten in Form von Affirmationen, mit Bildern in Form von phantasievollen Gedanken und Visualisierungen, mit Gefühlen in Form von Körperempfindungen und mit Bewegung in Form von Gesten. Das sind Mittel, die uns helfen, eine gute Beziehung zwischen unserem Geist und unserem Körper zu schaffen und die Veränderungen zu bewirken. Das Maß der Wirkung hängt von der positiven Kraft dieser Hilfsmittel ab. Wir sollten also keine negativen Worte verwenden, denn sie erschweren die Heilung, sondern negative Worte oder Bilder durch positive ersetzen. Diese Hilfsmittel sind an jeder Heilung beteiligt und je mehr wir uns dessen bewusst sind, desto effektvoller können wir sie einsetzen.
Aber vor allen Dingen ist Liebe die größte Heilungskraft. Denn Liebe ist nichts anderes, als eine gute Beziehung zu allem zu haben. Wir können eine liebevolle Beziehung zu uns selbst, zu verschiedenen Teilen von uns, zu verschiedenen Bereichen unseres Lebens, zu anderen Menschen, zu der ganzen Welt haben. In dem Maße, wie wir lieben, werden wir Energie und Gesundheit, Kreativität und Freude empfinden.

Die Antwort ist in uns

Viele westliche Ärzte wundern sich über das Phänomen der Spontanheilung, sie können schlecht nachvollziehen, dass Heilung ohne ihr Zutun geschehen kann.
Das Besondere an den Spontanheilungen ist, dass der Heilungsprozess sich eigentlich nicht absolut augenblicklich vollzog, son-

dern die Menschen, bei denen es vorkam, unglaublich viel Zeit und Energie darauf verwendeten, sich auf diesen einen Augenblick vorzubereiten, wo die Heilung sozusagen spontan einsetzen konnte. Es stimmt, dass da alles viel schneller als sonst ablaufen kann, aber man braucht sehr viel Konzentration, Energie und Entschlossenheit und nicht zuletzt die effektivste(n) Methode(n), um das zu verwirklichen.

Es scheint also nicht unbedingt notwendig, in den dunkelsten Ecken unserer Seele nach Ursachen zu suchen, um gesund zu werden.
Je nachdem, ob es sich um einen intellektuellen, gefühlvollen oder willensstarken Menschen handelt, kann die Heilung durch Verständnis, Gefühl oder Willensaufwand zustande kommen. Ein intellektueller Mensch hat zum Beispiel das Bedürfnis, die Ursachen seiner Erkrankung zu verstehen, und er würde nicht auf Suggestionen ansprechen. Auf der mentalen Ebene den Prozess zu verstehen, hilft ihm, seinen Körper zu entspannen, und der Geist beginnt, sich zu klären. Noch einmal: Heilung kommt von innen – durch Entspannung.

Wenn wir unsere Intuition anwenden, haben wir immer die Informationen für unsere Heilung?
Ja, wir können innere Führung, Inspiration erhalten, die uns auf dem Weg der Heilung effektive Hilfe bringen. Manchmal ist es eine innere Stimme, manchmal ein Impuls, eine Idee oder eine Erinnerung. Wenn eine Person sich auf eine Information oder auf das, was sie tun sollte, fokussieren möchte, sollte sie sich zunächst entspannen, dann ruhig fragen und empfänglich sein. Es kann dann passieren, dass sie den Titel eines Buches aus ihrer Bibliothek geflüstert bekommt, das sie vor Jahren gelesen hat. Und sie öffnet dieses Buch, und siehe – da steht die Antwort auf ihre Frage.

Wir sollten also unsere kreativen Fähigkeiten entwickeln.
Ja, denn die Informationen sind überall in uns und um uns herum. Das Einzige, was wir zu tun haben, ist uns in einen Zustand von entspannter Empfänglichkeit zu versetzen, was aber nicht bedeutet, passiv zu sein, in dem Sinn, dass wir nichts tun, sondern wir müssen eine Absicht haben, wir wollen ja etwas wissen, aber wir wollen es ohne Anspannung.

Man gibt also einen Impuls und lässt los...
Exakt, Sie geben den Impuls und Sie warten...

Herr King, herzlichen Dank für dieses Gespräch!

Heilung durch Erkenntnis

Heilung – das Wunder in uns

Selbstheilung – ganz egal ob im Großen oder im Kleinen – kommt immer einem Wunder gleich. Clemens Kuby, einer der bekanntesten deutschen Filmregisseure, dessen Dokumentarfilme mehrfach ausgezeichnet wurden, und Autor mehrerer Bestseller, unter anderem „Unterwegs in die nächste Dimension", ist selbst dafür ein beeindruckendes Beispiel. Vor 25 Jahren wurde er durch einen Unfall querschnittsgelähmt, die Diagnose lautete damals: Rollstuhl für immer. Aber dann begann etwas, was er in seinen Büchern den Dialog zwischen sich und seiner Seele nennt – und er wurde wieder gesund.

Clemens Kuby ist in Deutschland als Dokumentarfilmer sehr bekannt. Seine Filme wurden mehrfach ausgezeichnet, darunter „Das alte Ladakh", prämiert mit dem Bundesfilmpreis und „Living Buddha", für den er den Bayerischen Filmpreis erhalten hat. Aus tiefer Dankbarkeit für seine Heilung hat Clemens Kuby mit seiner Frau Astrid Kuby eine Stiftung, die „Europäische Akademie für Selbstheilungsprozesse" (SHP) ins Leben gerufen, nachdem an ihn verstärkt Anfragen nach Seminaren zum Thema Selbstheilung und Geistiges Heilen herangetragen wurden. Die SHP bietet Veranstaltungen für diejenigen an, die lernen wollen, sich aus eigener Kraft gesund zu erhalten oder gesund zu werden. Sie ist eine Plattform für Heilsuchende, Praktizierende und Wissenschaftler aus ganz unterschiedlichen Gebieten und vereint somit Wissenschaft und Spiritualität.

*Herr Kuby, Ihr letzter Film „Unterwegs in die nächste Dimension"
lief 2002 sehr erfolgreich bundesweit. Unter diesem Titel ist ein
Jahr danach auch das Buch im Kösel Verlag erschienen – ein Bestseller, der zwar genau so spannend wie der Film, aber doch ganz
anders Ihre Reise zu Heilern und Schamanen in 14 Ländern
erzählt. Dann ist Ihr zweites Buch „Heilung – das Wunder in uns"
erschienen, in dem Sie die Geschichte Ihrer Selbstheilung weiter ver-
tiefen.*

Als ich dem Wunsch des Verlages nachkam, parallel zu meinem
Film „Unterwegs in die nächste Dimension" ein gleichnamiges
Buch zu schreiben, dachte ich nicht, dass damit die eigentliche
Reise meines Lebens beginnen würde – nämlich Krankheit
nicht mehr als Leid, sondern als Entwicklungschance zu
betrachten. Ich dachte damals: „Ein Buch zum Film schreiben?
Kein Problem!" Denn ich hatte von den Filmaufnahmen lange
Protokolle, die schnell zu einem Buch zusammengefügt werden
konnten. Bis meine Frau zu mir sagte: „Du wirst wohl auch
über deine eigene Heilung schreiben müssen!" Ich dachte: „Das
interessiert doch niemanden, darum geht es doch in diesem
Buch gar nicht." Aber meine Frau war sich sicher: „Ich glaube,
du wirst nicht drum herum kommen." Und diese Formulierung: „Nicht drum herum kommen" hat in mir gearbeitet. Warum soll ich meine Spontanheilung erzählen. Wieso sei es so
zwingend? Dann bin ich doch tatsächlich um fünf Uhr in der
Früh aufgestanden und setzte mich an den Computer und dachte: „Na ja, du kannst ja aufschreiben, wie der Unfall, der zur
Querschnittslähmung geführt hat, passiert ist." Und in dem
Moment, als ich das schilderte, tauchten die Schmerzen wieder
auf, in der gleichen Intensität, als ob der Unfall gerade jetzt passiert wäre.

Je dramatischer eine Krankheit,
desto radikaler die erforderliche Lebensveränderung

Obwohl er 22 Jahre vorher stattgefunden hat!
Ja. Nach zehn Minuten lag ich da auf dem Boden und dachte, ich muss ins Krankenhaus. Meine Frau kam dann um sieben Uhr herunter und fand mich vor Schmerzen gekrümmt auf dem Boden. Dann ging es wieder besser. Am nächsten Tag schrieb ich ein bisschen weiter, wieder bis um fünf Uhr, bis die Schmerzen kamen. Es dauerte fast vier Wochen, bis das erste Kapitel wegen der großen Schmerzen immer nur in ganz kleinen Portionen geschrieben war. Erst durch dieses Niederschreiben kam mir ins Bewusstsein, warum ich überhaupt laufen kann. Mir war es bis zu diesem Augenblick nicht klar! Ich hielt es für eine Spontanheilung, ohne zu wissen, wie die zustande kommt.

Also auch nach Ihrer Heilung nicht?
Nein, 23 Jahre nicht. Ich sollte doch froh und dankbar sein, dass ich wieder laufen kann, und keine Fragen stellen. Heute weiß ich, Spontanheilung ist kein Wunder, sondern unterliegt geistigen, feinstofflichen Prozessen konzentrierter Bewusstseinsarbeit. Dies wurde mir in seinem vollen Ausmaß allerdings erst durch das Schreiben, das heißt durch das Reflektieren meiner Heilung, klar.

Diesen ganzen Prozess beinhalten ja Ihre beiden Bücher „Unterwegs in die nächste Dimension" und „Heilung – das Wunder in uns".
Ja, erst durch die Aufarbeitung konnte ich verstehen, was bei der so genannten Spontanheilung passiert. Zu erfahren, wie überhaupt Spontanheilung funktioniert, hat also über 20 Jahre gedauert mit all diesen Reisen und Recherchen!

Ich kann jetzt sagen, dass das, was in meinem Leben meine größte Katastrophe war – und worüber ich 23 Jahre nicht reden konnte, weil ich jedes Mal, wenn es zur Sprache kam, solche Schmerzen bekam, dass ich mich verzog – zu meinem größten Schatz geworden ist. Ich glaube, es geht vielen Menschen so, dass sie an Stärke gewinnen, wenn sie durch eine Katastrophe gegangen sind und sie überstanden haben.

Anscheinend brauchen wir Dramen, denn ohne sie würden wir uns nicht bewegen. Keiner schaut sich einen langweiligen Film an! Es gilt davor nicht zu erschrecken, dass offenbar Tiefen notwendig sind, damit wir unser Bewusstsein entwickeln. Denn wir sind an sich ganz bequeme Menschen. Und wenn wir nicht zur Veränderung gezwungen wären, hätten wir keine Veranlassung, es zu tun. Das Problem ist nur, dass es viel schwieriger ist, sein Bewusstsein radikal zu entwickeln, um aus einer schwierigen Lage heraus zu kommen, wenn man an einen Punkt angelangt ist, an dem es bereits sehr dramatisch geworden ist. Denn je dramatischer eine Krankheit verläuft, desto dramatischer ist die für ihre Heilung erforderliche Lebensveränderung.

Wie war es bei Ihnen?
Sieben Jahre lang habe ich vor meinem Unfall nicht auf meine Seele gehört. Ich habe ein Leben geführt, das mir nicht wirklich entsprach. Und wenn man sieben Jahre lang mit Vollgas in die falsche Richtung fährt, wird es dramatisch. Dann passiert ein Unfall. Sonst hätte ich nicht inne gehalten und mir überlegt, wozu ich eigentlich da bin. Die Seele hat dieses Ereignis produziert, damit ich aufwache. Der Weg, den ich die sieben Jahre vor dem Unfall gegangen bin, führte mich nicht zu dem, wofür ich mir dieses Leben ausgesucht habe. Die Seele sagte: „Moment, dieser Mann ist auf dem Irrweg. Er hilft Nachbarn bei der Heuernte, er baut fünf Jahre ein altes Fachwerkhaus aus, das ist nicht sein Job, der muss da weg." Ich wollte das nicht einsehen. Selbst der Unfall reichte noch nicht. Die Einsicht kam erst durch die

unerträgliche Dramatik in dem Rettungshubschrauber, der durch eine Gewitterfront fliegen musste und ich durch den drohenden Absturz Todesangst bekam. Genau in diesem Moment kam mir wie eine Detonation in Zeitlupe ein mich vollkommen, alles durchdringender Gedanke: „Ich trenne mich!" Erst da hatte ich den Mut zu sagen: „Jetzt ist Schluss! Das war alles verkehrt! Wir verkaufen das Haus, ich trenne mich von meiner Lebenspartnerin, ich trenne mich von meiner Mutter, die wir bei uns aufnehmen wollten, ich trenne mich von allen diesen Zwängen, den Bauschulden usw." Da hat die Seele gesagt: „Na, endlich!" In mir war plötzlich die Kraft da, mich ohne Wenn und Aber als Querschnittsgelähmter in eine vollkommen ungewisse, neue Zukunft zu stürzen. Die Heilung begann aber erst, als ich nach sechs Wochen eine Perspektive für meine Zukunft gefunden hatte.

Wenn Vergangenheit und Zukunft geklärt sind, dann braucht unsere Seele das Symptom, die Erkrankung nicht mehr. Dann hat der Schmerz seine Funktion erfüllt. Um es nicht zu solchen heftigen riskanten Symptomen kommen zu lassen, ist es also notwendig, eine hohe Sensibilität für seelische Prozesse zu entwickeln, das heißt sich den Bedürfnissen der Seele frühzeitig bewusst zu werden und danach zu handeln.

Eine neue Lebensperspektive als Motor für die Heilung

Dass Sie wieder laufen konnten, geschah aber nicht von heute auf morgen?
Nein, wie gesagt, erst als ich eine neue Lebensperspektive für die Zukunft gefunden hatte, bewegte sich auch das rechte Bein. Die erste hauchzarte Reaktion kehrte in das linke Bein schon sehr bald nach der Hubschrauberlandung zurück. Dass dies das Resultat meines Trennungsentschlusses war, verstand ich erst, als

ich das Buch geschrieben hatte und dadurch ausgiebig meinen Heilungsprozess reflektieren konnte. Prinzipiell entspricht die Bereinigung der Vergangenheit der linken Seite und die Findung einer Perspektive für die Zukunft der rechten Seite des Menschen. Das haben mir Schamanen unterschiedlicher Kulturen gesagt. Um Heilung zu erfahren, muss man also seine Vergangenheit regeln, und eine Perspektive für die Zukunft entwickeln, an der die eigene Seele gefallen findet, dann muss sie sich nicht so vehement, sprich mit Krankheiten, zu Wort melden.

Bei mir dauerte es noch ein Jahr, bis ich wieder laufen konnte. Denn die so genannte Spontanheilung bedeutete nur, dass ein Kontakt zwischen Gehirn und großem Zeh in Form einer subtilen Empfindung hergestellt wurde. Das allein hieß ja nicht, dass ich wieder laufen konnte. Das hieß nur, dass ich ganz leicht wieder etwas spüren konnte. Es war ein sehr hartes Training ein Jahr lang, bis ich meine Bewegungen wieder schmerzfrei koordinieren konnte. Ich musste laufen lernen, von klein auf wie ein Baby, schließlich mit einem Korsett, dann mit Stöcken. Jeden Tag schweißgebadet.

Das bedeutet, dass es bei einer Heilung um beides geht. Es geht nicht nur darum, die Vergangenheit zu bereinigen, sondern es muss, wie Sie sagen, eine neue Perspektive für die Zukunft geben.
Ja, eine hohe Motivation – je schwerer die Krankheit, desto höher die Motivation. Mich fragen oft Rollstuhlfahrer, was sie tun müssen, damit sie wieder laufen können wie ich. Ich frage sie dann: „Warum willst du wieder laufen lernen?" „Um wie ein normaler Mensch zu sein!" „Du bist doch ein normaler Mensch, wenn du im Rollstuhl sitzt! Warum musst du laufen können?" „Ich möchte mich bewegen, tanzen." „Glaubst du, dass du deshalb dieses Schicksal erfährst?" „Ich weiß es nicht warum? Vielleicht habe ich ein schlechtes Karma?" Ich frage: „Was heißt denn das? Karma ist doch nur das Gesetz von Ursache und Wirkung.

Wer eine solche Herausforderung erfährt, für den stellt sich die Seele mehr vor, als sich „nur" wie ein normaler Mensch zu bewegen und zu tanzen." „Was soll ich denn sonst wollen?" „Wenn du das herausgefunden hast, entwickelt sich bei dir was. Davon bin ich überzeugt." Nach einem solchen Gespräch fangen sie an, die große Herausforderung zu spüren, die ihr Zustand an ihre Bewusstseinsentwicklung stellt, und sie beginnen das Zwiegespräch mit ihrer Seele.

Wann ist bei Ihnen diese hohe Motivation entstanden?
Dadurch, dass ich still liegen musste, war ich in einer Art Zwangsmeditation, wochenlang, monatelang. Und plötzlich wurde mir die Perspektive klar: „Ich möchte ein neues Bewusstsein kennen lernen, und dafür muss ich Menschen treffen, die noch nicht zivilisiert wurden." Aber wo finde ich sie? Da war die verheißungsvolle Botschaft eines Freundes: „Die gibt es noch in Ladakh!" Er würde mich dahin führen. Mein Wunsch kann Wirklichkeit werden. Diese Perspektive brachte mich wieder zum Laufen. Der erste Kontakt zwischen Gehirn und großem Zeh entstand. Ein Jahr hartes Training und noch eineinhalb Jahre Geldsuche und ich kam in Ladakh an. Der erste Mensch, den ich dort interviewen konnte, war der Dalai Lama, der zu diesem Zeitpunkt auf einer geheimen Mission in Ladakh war und den wir auf der Straße kennen lernten, als sein Auto eine Panne hatte. Er lud mich spontan in sein Auto ein und so verbrachten wir zehn Tage gemeinsam.

Später war es mir ein Bedürfnis, mir auch andere Kulturen anzuschauen, um zu erfahren, dass es viele Wege auf den Gipfel des Glücks gibt. Bei diesen unterschiedlichen Gurus, Heilern und Schamanen konnte ich beobachten, dass das, was medizinisch abläuft, zu vernachlässigen ist. Da werden zwar Kräuter verabreicht – sie werden mal verbrannt, mal gerochen, mal in Getränke gemixt –, aber von der pharmakologischen Wirksamkeit her gibt es nichts, was den Heilprozess im schulmedizinischen Sinn rechtfertigen würde. Wir denken oft: „Es liegt am Trommeln, am Gebet, an verschiedenen Ritualen, wie sie von der jeweiligen Kultur ausgeführt werden." Aber das, was wirklich passiert, ist das Wunder, das in unserem Gehirn stattfindet. Und dafür brauchen wir nicht irgendwohin, weit weg zu reisen. Auch in Europa gibt es Menschen, die verstanden haben, dass man sich durch Bewusstseinsentwicklung selbst heilen kann. Das Wunder der Heilung kann sich in jedem Wesen auf geistigem Weg vollziehen. Manchmal braucht man einen Lehrer, der einem hilft, diese verschüttete Fähigkeit wieder zu entwickeln – deshalb haben Heiler eine hohe Berechtigung, weil sie uns die Fähigkeit lehren, unsere Selbstheilungskräfte zu aktivieren. Aber das Problem dabei ist: Werden sie „Heiler" genannt, so nennt sich der andere „Patient". Ein Gefälle entsteht da, wo der Heiler ein Heiliger wird und der Patient immer passiver, immer kleiner und in die Inkompetenz geschickt wird. Es entsteht ein Abhängigkeitsverhältnis zwischen Patient und Heiler. Das Heilungspotential liegt dann im Wesentlichen außerhalb von Einem. Das heißt, die Verantwortung bzw. der Teil meiner Göttlichkeit wird abgegeben und projiziert auf eine andere Person, die dadurch erhöht wird. Es geht also darum, die Göttlichkeit nicht in anderen zu suchen, sondern die eigene hervorzubringen.

Kontakt mit der Seele aufnehmen

Ihr großes Anliegen scheint zu sein, die Menschen in die Eigenkompetenz zu führen.
Ja, denn Selbstheilung ist eine der vielen Fähigkeiten, mit denen wir geboren werden. Mein Wunsch ist, dass Menschen kompetent werden, sich selbst zu heilen, dass sie erkennen, geistige Wesen zu sein, die sich für ihr körperliches und seelisches Wohlergehen von niemandem abhängig machen müssen. Krankheit

ist kein Fluch, sondern sollte als Geschenk gesehen werden, durch das wir überhaupt erst motiviert werden, um uns zu wahren Menschen zu entwickeln. Jeder Schmerz, jede Krankheit, jeder Unfall hat die Funktion, mir zu zeigen, was ich in meiner Lebensführung verändern muss, um wieder gesund zu sein. Das Bewusstsein entwickelt sich in dem Maße, wie wir die Geschichte entschlüsseln, die in jedem krankmachenden Faktor oder Schmerz steckt. Die Herausforderung einer Krankheit besteht darin, nicht ihrer Symptomatik zu verfallen, sondern sie als Ausdrucksform, Sprachrohr, Manifestation der Seele zu erkennen.

Das Tolle an dem Konzept der Eigenkompetenz ist, dass ich nicht zu warten brauche, bis die Gesellschaft sich geändert hat. Früher dachten wir: „Wenn wir uns befreien möchten, müssen wir zuerst die Gesellschaft ändern." Aber dann habe ich gemerkt: „Das ist gar nicht nötig! Ich kann jetzt sofort selbst damit anfangen. Und ich kann es mir jeden Tag beweisen, indem ich meinen Seelenzustand so genau wahrnehme, dass es zu heftigen körperlichen Symptomen erst gar nicht mehr kommen muss."

Und welche Methoden haben Sie, um zu unterscheiden, wann Ihre Seele und wann Ihr Ego sich meldet?
Es gibt mehrere Möglichkeiten, die uns helfen, im Alltag Kontakt zu unserer Seele und den Informationen, die sie für uns bereit hält, aufzunehmen. Fangen wir mit der so genannten Alpha-Arbeit an: Der Alpha-Zustand ist die Quelle zur Selbstheilung. Wenn die Aktivität des Gehirns unter 14 Hertz fällt, hat sich das Wachbewusstsein zurückgezogen, und wir befinden uns im Alpha-Zustand. Man braucht nichts Neues zu erlernen, um diesen Zustand zu erreichen, denn zweimal am Tag, kurz vor dem Einschlafen und kurz nach dem Aufwachen passiert man den Frequenzbereich des Dämmerzustands zwischen 7 und 14 Hertz. Im normalen Wachzustand denkt man mit 18 bis 25 Hertz. Die höheren Gehirnfrequenzen sind vornehmlich in der

linken Gehirnhälfte zu messen, die den Sitz unserer rationalen Fähigkeiten darstellt, und die niedrigeren hauptsächlich in der rechten Gehirnhälfte, die primär unsere intuitiven Fähigkeiten beinhaltet. Das bedeutet, dass sich im Dämmerzustand die Aktivität des Gehirns von der linken auf die rechte Hemisphäre verlagert, also von der Ratio zur Intuition. Und diesen Bereich nutzen wir, um an die Weisheit der Seele zu gelangen. Denn in der Intuition äußert sich die Seele.

Aktiver Alpha-Zustand bedeutet: Informationen durch Reflexion zu gewinnen. Eine sehr gute Möglichkeit, sich an diese hochsteigenden Informationen zu erinnern, ist, sich neben sein Bett einen Schreibblock zu legen und die Worte aufzuschreiben, die das Gehirn auf diesem energetisch niedrigen Niveau produziert. Es geht bei diesen Aufzeichnungen nicht darum, etwas nach den Regeln des Wachbewusstseins zu formulieren, sondern nur darum, dem, was hochkommt, Ausdruck zu verleihen, vollkommen unzensiert. Auf diese Weise entsteht ein innerer Dialog zwischen Ihnen und Ihrer Seele, der aber nicht im Inneren bleibt, sondern mit jedem Wort sichtbar wird. Man dringt so immer mehr in die Botschaft der Seele, die dann ganz klar auf dem Papier steht.

Wenn man mindestens zweimal pro Woche in den Alpha-Zustand geht und mit seiner Seele in Kommunikation kommt, dann ist das so eine Art „Seelenhygiene". Und wenn man sie regelmäßig betreibt, dann kommt es nicht zu diesen Aufstauungen, die daraus resultieren, dass die Seele über Monate, Jahre, Jahrzehnte maltraitiert wird, weil sie sich nicht verwirklichen kann. Wenn wir Seelenhygiene richtig betreiben, also die in uns vorhandenen Lebensimpulse ausleben, dann brauchen wir keine Notfälle körperlicher Art mehr.

Alpha-Arbeit ist eine alte, seit Menschheitsgedenken erprobte Methode der Wahrheitssuche. Jede Kultur und Religion verfügt über Methoden im Halbschlaf, mit der rechten Gehirnhälfte intuitive Erkenntnisse zu gewinnen.

Eine weitere Möglichkeit, die der Seele hilft, sich leicht zu Wort zu melden, ist das, was ich „Alpha-Joggen" nenne. Man benutzt die körperliche Belastung beim Dauerlauf als Seismograph für unerledigte Probleme. Durch die erhöhte Anstrengung sind die Auswirkungen negativer Gedanken sofort als körperliches Symptom wahrzunehmen und umgekehrt. Durch das Joggen stelle ich schneller fest, was meine Seele will und wie sie möchte, dass ich zum Beispiel über andere Menschen denke. Ich überwinde die körperlichen Probleme beim Dauerlauf nicht mit erhöhter Leistungsbereitschaft durch Zielorientierung, sondern durch Denkhygiene. Es geht immer wieder um die Frage, worauf wir unseren Fokus richten. Es ist allein unsere Verantwortung, von welcher Qualität unsere Gedanken sind. Deshalb sollten wir schlechte Gedanken einfach abschneiden, sobald sie kommen! „Cut"!

Sehr effektiv ist auch, täglich mit positiven Affirmationen zu arbeiten. Sie wirken sich spürbar auf unsere Lebensqualität aus. Ein sehr wirksames Mantra ist zum Beispiel: „Ich liebe mich, ich liebe mich, ich liebe mich so, wie ich bin."

Glaubensysteme steuern die Heilung. Sie gebärden sich in unserem Gehirn wie eine Zensurbehörde! Deshalb ist es wichtig herauszufinden, welche Informationen Leid und Schmerz verstärken und welche sie lindern.

In lebendiger Kommunikation mit allem sein

Unsere Gedanken können ja im EEG (Elektro-Encephalographie) gemessen werden. Man hat Geräte entwickelt, die Gedanken bis zu einem Abstand von zwei Metern messen können! Das bedeutet also, dass der Denkprozess nicht in mir isoliert, getrennt vom Universum stattfindet, sondern meine Gedanken produzieren eine Frequenz oder, anders gesagt, eine Schwingung. Gedanken sind also eine geistige Tätigkeit, die ein materielles Output, eine Wirkungsweise hat. Gemäß herrschender Meinung der Physiker und Ärzte bestehen wir aus Zellen, die wiederum aus Molekülen, und Moleküle aus Atomen. Wie sieht nun ein Atom aus? Genauso wie unser Kosmos besteht ein Atom zu 99,9 Prozent aus so genanntem Vakuum. Der Abstand zum Beispiel vom Atomkern zum Elektron ist ähnlich wie der Abstand von der Sonne zum Rand des Sonnensystems. Dazwischen ist gähnende Leere, nichts als All. Aber nur scheinbar. Denn die neue Physik hat nachgewiesen, dass in diesem so genannten Vakuum doch etwas vorhanden ist, nämlich die Eigenschwingung des Kosmos.

Wenn ich also im Kosmos, da wo angeblich nichts ist, eine Frequenz messen kann – genauso wie bei meinen Gedanken –, dann ist da etwas. Ich kann es Intelligenz nennen, ich kann es Geist nennen, Weisheit oder auch Liebe. Auf jeden Fall ist es Bewusstsein. Mit diesem Bewusstsein stehen wir in Resonanz. Wir aber blenden das aus und fixieren uns nur auf die materialistische Seite. Wir sind fixiert auf die 0,1 Prozent unseres Seins und die 99,9 Prozent vernachlässigen wir, weil wir denken, da ist ja nichts. Die Seele hat in der Medizin keinen Platz mehr. Wir wissen, dass Einstein am Ende seines Lebens bereut hat, dass er den Begriff „Äther" aus der Physik gestrichen hat, weil er etwas Seelenhaftes darstellte. Es passte nicht in das descartsche-materialistische Weltbild – und wurde Vakuum genannt.

Ununterbrochen, von Geburt an erneuern sich diese Atome, Moleküle und Zellen in unserem Körper. Gerade in diesem Moment werden vielleicht gerade wieder 100.000 Zellen neu geboren. Und was sagen wir ihnen? „Ihr seid wie eure Eltern, ihr habt die und die Krankheit, ihr braucht das und das Medikament! Ihr seid chronisch krank. Ihr habt eine Erbkrankheit!" Ständig wird ein geistiges Programm abgefahren, mit welchem diese neuen Lebewesen vom ersten Augenblick an bombardiert werden. Es wird ihnen nicht die Chance gegeben, sich als willkommene Lebewesen zu betrachten und sich neu entwickeln zu dürfen.

Es gibt im Grunde nichts Nicht-Lebendes. Alles hat ein Leben. Aber bei vielen Menschen hört irgendwo dieses lebendige Denken auf und sie verfallen der rein materialistischen Betrachtungsweise der Zelle als chemisches Labor. Aus diesem Grund kann man es als einen enormen Fortschritt betrachten, wenn Pflanzen zu Lebewesen erklärt werden, mit denen man sprechen kann. Diese Kommunikation kann weit gehen. In meinem Film über die Todas, ein Volk von tausend Menschen in Südindien, das ich jahrelang besucht habe, kann man sehen, wie sie mit den Bäumen, aber auch ihrem See und ihren Steinen sprechen. Jeder Berg hat sogar einen persönlichen Namen und wird bei wichtigen Fragen um Rat gefragt.

Wenn ich mich mit den lebendigen Wesen so verbinden kann, dann habe ich unglaubliche Weisheitsressourcen um mich herum!

Genau das geht uns abhanden. Wir haben große Schwierigkeiten, mit der Mutter Erde zu kommunizieren. Wenn man das sehr lange nicht mehr gemacht hat und die Erde nur als ausbeutbares Ding betrachtet und sie an allen Ecken und Enden verstümmelt, dann sollte man sich nicht wundern, wenn sie sich dagegen wehrt. Offenbar sind wir immer erst in der Lage zu lernen, wenn das Kind in den Brunnen gefallen ist. Aber das Bewusstsein, dass die Erde, der gesamte Kosmos nicht ein Chaos, sondern ein harmonisches wunderschönes Wesen ist, bei dem alles ineinander passt, fehlt uns noch weit. Deshalb fühlen wir uns nicht eingebettet und eins mit dieser Welt. Wir bekämpfen sie, wollen sie uns untertan machen. Das ist dann auch das Programm für unser gesellschaftliches Leben. Zum Glück gibt es unter uns bereits viele Menschen, die sich selbst als geistige Wesen wahrnehmen und ihre Göttlichkeit nicht abgegeben haben. Um sich selbst zu heilen, bedarf es dieses Bewusstseins, dass ich nicht diese oder jene Nationalität habe, sondern ein kosmisches Wesen bin, eins mit dem Kosmos – wie es eigentlich alle Philosophien von Anfang an schon immer gesagt haben. Erst in dieser Verbindung können wir gesund werden. Denn wenn wir uns zwischen Kosmos und Erde stellen, zwischen Yin und Yang oder Männlich und Weiblich, Plus und Minus, und uns dadurch in die Harmonie bringen, dann wird auch unser Inneres geregelt. Das ist eigentlich das Wunder der so genannten Spontanheilung. Wir fragen: „Wie hast du es gemacht? Wie hast du plötzlich deinen Krebs geheilt?" „Ich habe mich wieder geregelt. Ich habe mein Leben so eingerichtet, dass es nicht nach irgendwelchen Egovorstellungen ausgerichtet ist, sondern dass es wirklich in ein harmonisches Ganzes kommt und ich endlich das erfülle, was meine Seele sich wünscht." Und das Wunderbare bei einer Selbstheilung ist die Freiheit, die man erlangt – eine Freiheit, die einem niemand mehr nehmen kann. Denn wenn ich zu meinem Wohlsein einen eigenen Zugang bekomme, dass ich selbst Herr im eigenen Haus werde, was soll mir dann passieren?

Heilung durch Bewusstsein

Was würden Sie nun sagen, wer oder was im Endeffekt heilt?
Bewusstsein! Gesundheit ist in erster Linie eine Frage des Bewusstwerdens und das geschieht durch Reflexion, die auf ganz unterschiedlichen Wegen erfolgen kann (zum Beispiel durch Schreiben, Alpha-Joggen, bestimmte Therapiearbeit). Es ist die Bereitschaft und der Mut zur Veränderung des eigenen Lebensweges, die den Heilungsmoment ausmachen. In den 14 Ländern, in denen ich gereist bin, habe ich ungezählte Heilungsprozesse gesehen, gehört, gefilmt – dabei geschah keine einzige Heilung, die nicht ohne eine Lebensveränderung einher gegangen wäre.

Gleichgültig welches Vehikel wir benutzen – ob Arzt, Medikament oder Placebo –, das Wichtigste ist stets, dass unser Glaube daran ungebrochen ist und wir ihn mit der höchsten Autorität für unsere Genesung ausgestattet haben. Die Heilung ist wie das Leben kein geradliniger Prozess, sondern eine Exponentialfunktion, das heißt, sie macht Sprünge und staut sich, sie steigt jäh an und fällt sanft ab.

Das eigene Weltbild wirkt gravierend auf Genesungsabläufe – sowohl im Positiven wie im Negativen. Deswegen ist es meine Verantwortung, worauf ich meinen Fokus richte. Denn er wird Wirklichkeit.

Herr Kuby, herzlichen Dank für dieses Gespräch!

Heilung durch potentialorientierte Psychotherapie

„In der Hingabe an das Leben, das uns will, heilen wir"

Menschliche Gesundheit ist nicht nur die Abwesenheit von Krankheit, sondern zeigt sich in der Art und Weise, in der eine Person anwesend, in Kontakt mit sich und mit ihrem Lebensauftrag ist. Das ist die Auffassung von Wolf Büntig, Arzt für Psychotherapie, der an der Entwicklung einer potentialorientierten Psychotherapie arbeitet, deren Schwerpunkt die Verwirklichung des im Menschen innewohnenden Potentials ist.

Dr. med. Wolf Büntig ist Arzt für Psychotherapie und Lehrtherapeut für tiefenpsychologisch fundierte Psychotherapie, Gestalttherapie und Bioenergetik sowie der Mitbegründer und Leiter von ZIST, Zentrum für Individual- und Sozialtherapie, in Penzberg. Seit 35 Jahren arbeitet er an der Entwicklung einer potentialorientierten Psychotherapie, die über die Bewältigung von Trauma und Mangel hinaus die Verwirklichung des im Menschen angelegten Potentials anstrebt.

Herr Büntig, Sie kommen aus einer in Deutschland bekannten Familie, Sie sind nämlich der Neffe einer großen Persönlichkeit der Spiritualität, Karlfried Graf Dürckheim. Was hat Sie dazu bewogen, Arzt zu werden?
Vorbild! Unsere Fähigkeiten und Neigungen sind als menschliches Potential angeboren – inbildhaft, wie Graf Dürckheim sag-

141

te. Zur Aktualisierung dieses Potentials brauchen wir ein Vorbild. An diesem Vorbild erkennen wir dieses Potential und erleben es als Bedürfnis, als Wert und als Auftrag zur Verwirklichung. Mein Vorbild war ein Arzt bei uns im Dorf, ein Freund meiner Mutter, mit dem ich, als ich 16 Jahre alt war, viel musiziert und Schach gespielt habe. Er war ein wunderbarer Mann.

Was hat Sie an ihm so inspiriert?
Seine Begeisterung für seinen Beruf. Und auch sein Ruf als guter Arzt. Das Ansehen, das er im Dorf genossen hat, war sehr motivierend. Es könnte sein, dass es auch eine Rolle gespielt hat, dass meine Mutter gerne Ärztin geworden wäre und diesen Berufswunsch weitergegeben hat. Aber das ist nur eine Vermutung.

Sich in den Dienst der Sache stellen, für die man berufen ist

Sie haben sich dann im Laufe der Jahre auf Humanistische Psychotherapie spezialisiert...
Nein, das war anders. Unter dem Einfluss von Graf Dürckheim, der der älteste Bruder meiner Mutter war und den ich als Vaterersatz adoptiert habe, als mein Vater aus dem Krieg nicht mehr zurückkam, wollte ich Psychosomatiker werden. Ich habe Dürckheim kennengelernt, als er 1947 aus Japan zurückkam, und ihn von da an mehrmals im Jahr besucht. Ich wurde von ihm sehr beeinflusst. Ich war nie sein offizieller Schüler, aber mit 40 habe ich plötzlich gemerkt, dass er eigentlich mein erster Lehrer war. Um als Psychosomatiker zu arbeiten, meinte ich damals, man müsste Psychoanalytiker sein, also studierte ich Psychoanalyse. Dann glaubte ich, man müsste dazu Internist sein.

Um in München an der Universität – mit weniger wollte ich mich nicht begnügen – als Assistent genommen zu werden, musste man Grundlagenforschung gemacht haben. Wieder beim Musizieren hat mir ein Kollege gesagt, dass in der Physiologie eine Stelle frei würde. Fünf Jahre lang habe ich mich dann mit der Physiologie, der Erforschung der physikalischen Funktionen des Organismus an Ratten, beschäftigt und dabei vergessen, dass ich eigentlich mit Menschen arbeiten wollte. Schließlich bin ich auf diesem Weg in die USA gekommen, wo ich dann mit der Humanistischen Psychologie in Kontakt kam. Ich habe dort ein ganz bemerkenswertes Jahr erlebt, bin in Ausbildungen zugelassen worden, die eigentlich voll waren, ich bin zu einem sehr guten Therapeuten gekommen, der von sich sagte, er hätte zwei Jahre Warteliste ...

... das hat sich gefügt ...
Ja, es hat sich sehr viel gefügt. Ein Jahr lang gingen alle Türen auf, bevor ich überhaupt anklopfte. Nachdem ich die Entscheidung zum Karrierewechsel getroffen und das Alte losgelassen hatte, ergab sich eins nach dem anderen.

Es scheint ein universelles Prinzip zu sein, dass, wenn die Bestimmung stimmt und man sich auf seinem Weg befindet, die Türen sich ganz von selbst öffnen.
Das scheint in meinem Fall so gewesen zu sein, ja. In diesem letzten Jahr in den USA habe ich hervorragende Lehrer und einige der wichtigsten Vertreter der Humanistischen Psychologie der sechziger Jahre kennengelernt. Es war alles sehr inspirierend. Zurück in Deutschland habe ich dann zusammen mit meiner Frau Christa ZIST, das „Zentrum für Individual- und Sozialtherapie e.V." gegründet. Meine Frau und ich wollten zunächst nur auf dem Land leben und, als wir hier über die Hügel fuhren, nachdem wir zwölf andere Höfe angeschaut hatten, sagten wir gleichzeitig: „Das ist es!" Wir wussten gar nicht,

was „es" ist. Wir wollten damals noch kein Zentrum aufmachen, aber bald haben wir gesehen, dass die Scheune eigentlich einen wunderschönen Gruppenraum ergeben könnte. Dann haben wir sie ausgebaut und der Rest ist uns so zugewachsen... und ich bin ganz gehorsam gefolgt.

Das sind dreißig Jahre mittlerweile...
Fünfunddreißig! Als ich den Film „Amadeus" sah, habe ich mich als einen gehorsamen Menschen verstanden. Im Gegensatz zu Salieri, der etwas Besonderes werden will, schreibt Mozart einfach die Musik auf, die Gott ihm diktiert. Er schreibt da nur mit. So habe ich mich verstanden ich bin dem gefolgt, was getan sein wollte.

... sich in den Dienst der Sache begeben, für die man berufen ist...
Ja. Da gibt es auch keine Fragen mehr, das ergibt sich, und man erkennt: „Aha, da gibt es etwas, das kann ich machen." Das geht aber nicht immer konfliktfrei vonstatten. Manchmal braucht man eine Weile, bis man die Entscheidung trifft, die längst gefallen ist. Die deutsche Sprache ist ja sehr präzise: Wir machen keine Entscheidung, sondern die Entscheidung fällt. Wir treffen sie, wir begegnen ihr – oder vermeiden sie. Wir müssen uns treu bleiben, und so müssen wir manchmal Entscheidungen treffen, die schmerzlich sind. Wenn sie dann getroffen wird, wird plötzlich alles wieder leicht.

Zu werden, wer wir von Anbeginn sind

Durch Sie und Ihre Konferenzen hat sich der Begriff der Humanistischen Medizin immer mehr eingeprägt. Wie würden Sie definieren, was Humanistische Medizin ausmacht?

Humanistische Medizin ist eine Medizin, die die Erkenntnisse der Humanistischen Psychologie berücksichtigt, nämlich dass der Mensch auf Transzendenz angelegt ist, wie Viktor Frankl – und vor ihm schon C. G. Jung – gesagt hat. Dass der Mensch eine Neigung zur spirituellen Hingabe hat, um mit Roberto Assagioli zu sprechen. Die Menschen sind nicht nur durch Gene und Geschichte festgelegt, sondern haben eine Entscheidungsfähigkeit, die natürlich entwickelt sein will – nämlich zwischen gut und böse zu entscheiden, zwischen nützlich und unnütz, zwischen heilsam und schädlich. Sie haben also eine Wahl, eine eigene Absicht, eine Intention – „intentionality", um einen Begriff von Rollo May aufzugreifen. Humanistische Medizin berücksichtigt den wesentlichen Punkt, dass menschliche Gesundheit mit transzendenten Erlebnissen verbunden ist. Je gesünder jemand ist, umso häufiger kann er aus der normierten Bewusstseinslage aussteigen und das große Ganze sehen.

In der Humanistischen Psychotherapie wird ein grundsätzlicher Unterschied zwischen dem Charakter und dem Wesen des Menschen gemacht.
Das Wort „Charakter" kommt aus dem Griechischen und bedeutet „das Geprägte". Während unser Wesen – das heißt auf althochdeutsch „Sein" – bestimmt, wer wir von Anbeginn sind, definiert unser Charakter, wer wir unter dem Einfluss dieser Welt zu sein glauben. Im Charakter leben wir an unserem Wesen vorbei.

Ist es nicht so, je mehr man seinen Lebensauftrag lebt, desto geringer wird die Kluft zwischen Charakter und Wesen, also zwischen Eigenwille und Hingabe?
Indem wir unseren Auftrag erkennen, also „Was will mich?" – anstatt „Was will ich?" – nähern wir uns dem, der wir immer waren. Durch außergewöhnliche Erfahrungen – „Gipfelerlebnisse", wie Abraham Maslow, einer der Gründerväter der Humani-

stischen Psychologie, sie beschrieben hat, oder „Seinsfühlungen", wie Graf Dürckheim sie nannte – können wir allmählich von den Haltungen ablassen, mit denen wir unseren Charakter und seine Gewohnheiten in Wahrnehmung, Fühlen, Denken und Handeln aufrechterhalten, und dann immer mehr so leben, wie es uns selbst entspricht. Wenn wir einen Geschmack für die Wirklichkeit jenseits der Konsensus-Realität, jenseits der Normen, bekommen haben, dann lässt einen dieser Geschmack nicht mehr los. Bei manchen passiert es auf einen Schlag. Von ihnen sagt man, sie seien erleuchtet.

Für die meisten von uns ist es jedoch ein ganz allmählicher Weg – der für viele seine Erfüllung im Sterben erfährt. Ich habe als Student viele Menschen sterben sehen, weil ich auf Intensivstationen Nachtwache gehalten habe. Dort habe ich diese Menschen beobachtet. Als sie starben, trat eine tiefe Stille ein, obwohl die Maschinen natürlich weiter ächzten und klackten. Da war eine sehr dichte Präsenz im Raum und ein tiefer Dialog mit diesen Menschen stellte sich ein, natürlich ohne Worte, denn sie waren im Koma. Man konnte beobachten, wie die ganze Anstrengung, eine gute Miene zum bösen Spiel des Lebens zu machen, und wie die ganzen Sorgen von ihnen abfielen und eine große Schönheit sie durchdrang, einfach weil im Sterben die Kraft nicht mehr reichte, so zu tun, als wären sie jemand anderes, als sie ursprünglich gemeint waren.

Man hat auch gemerkt, dass die Menschen, die ein erfülltes Leben gelebt haben, viel souveräner sterben als diejenigen, die nicht in Übereinstimmung mit ihrer Bestimmung gelebt haben.

Ja! Und ich sehe das heute als eine geglückte Therapie, wenn Verwandte schreiben: „Er (oder sie) ist jetzt gestorben. Er hat aber, bevor er starb, eine tiefe Wirkung auf die ganze Familie gehabt. Durch die Art und Weise, wie er mit dem Sterben umgegangen ist, haben wir viel gelernt. Wir haben Frieden machen können und er ist friedlich heimgegangen." Ich finde das viel gesünder, als wenn jemand in der gleichen Haltung wie zuvor noch viele Jahre weiterlebt.

Heutzutage wird aber durch die Apparatemedizin das Leben um jeden Preis verlängert.
Ich halte das für schädlich, weil viele Menschen dadurch gehindert werden, mit ihrem Leben bewusst abzuschließen, diesem Leben einen Sinn zu geben, ein Einverständnis mit ihrem Leben, zu dem der Tod ja gehört, zu entwickeln. Ich glaube, dass durch die Verlängerung des Lebens um jeden Preis Menschen um die Chance gebracht werden, sich bewusst mit diesem wichtigen Abschnitt des Lebens auseinanderzusetzen.

Präsenz als Voraussetzung für Gesundheit

Es gibt im Leben weitere Übergänge wie zum Beispiel Krisen...
Ja, sie stellen genau so wie Krankheiten eine Chance dar. Sie sind Gefahr und Wendepunkt zugleich. Es gibt die therapeutische Arbeit mit dem Krankheitsgewinn, die die Frage aufwirft: „Was hat sich mit der Diagnose positiv geändert?" Einmal war in einer meiner Gruppen eine einfache Frau aus Oldenburg, die plötzlich sagte: „Das ist es, Doktor!" Als ich fragte: „Was denn?", antwortete sie: „Die Krankheit war mein Wecker! Vorher habe ich versucht, alles richtig und es allen recht zu machen: Ich habe meinem Mann die Hemden gebügelt und meinen Söhnen die Schuhe geputzt, aber worum es wirklich in meinem Leben ging, hatte ich keine Ahnung. Und jetzt komme im Zweifelsfall erst mal ich!" Und ich dachte: „Das klingt ein bisschen egoistisch, aber so ist es doch gar nicht gemeint." Und sie sagte fast gleichzeitig: „Das klingt vielleicht ein bisschen egoistisch, aber so ist es gar nicht! Ich bin gern für andere da. Ich bügle auch meinem Mann die Hemden und putze meinen Söhnen die Schuhe. Aber die,

die das tut, das bin ich." Sie gab die Opferhaltung auf und erkannte: „Niemand macht meine Gefühle, das sind meine. Meine Emotionen sind meine, und das sind meine Reaktionen auf das, was ist. Und solange ich nicht weiß, was ist, weil ich dauernd in Gedanken bei dem bin, was sein sollte und wie es nicht hätte sein sollen, kann ich nicht selbstverantwortlich handeln." Wenn wir nicht anwesend sind, wenn wir keine Präsenz üben, dann können wir nur auf die Vergangenheit reagieren.

Für Sie ist also Gesundheit eng mit der Präsenz, mit der eine Person da ist, in Kontakt ist, wahrnimmt, fühlt, denkt und handelt, verbunden.
Ja, ich glaube, dass Präsenz eine wesentliche Voraussetzung für Gesundheit ist. Nur wenn ich präsent bin, kann ich das, was ich empfinde, der Situation angemessen deuten. Das ist das, was ich als „fühlen" bezeichne. Fühlen heißt, einer inneren Erregung, die man mit Sinnen – also, was ich rieche, schmecke, spüre – wahrnimmt, eine der Gegenwart angemessene Bedeutung zu geben. Wenn ich nicht präsent bin, dann sind meine Emotionen und meine Gefühle Reaktionen auf die Vergangenheit – weil ich die Gegenwart mit der Vergangenheit verwechsle.

Präsenz ist also ein In-sich-angekommen-sein.
Ja! Bei sich zu Hause sein!

Die Botschaft von Krebs

Im Rahmen Ihrer Tätigkeit in der Psychosomatik haben Sie viel mit Krebskranken gearbeitet.
Ja, ich habe vor bald 25 Jahren angefangen, mit Krebskranken zu arbeiten. Auch das wollte ich nicht, sondern eines Tages kam eine Krebskranke zu mir. Als ich sie fragte, was sie wollte, ant-

wortete sie: „Ich habe noch zwei Jahre zu leben und ich will wissen, was ich für eine Person bin, dass so etwas in mir wachsen kann." Ich war damals schockiert, weil sie zu glauben schien, dass ihre Krebserkrankung etwas mit ihrer Lebensweise zu tun hatte. Ich habe dann mit ihr bioenergetisch gearbeitet, um mit Hilfe spezieller Körperübungen blockierte Körperenergie wieder zum Fließen zu bringen. Anderthalb Jahre später stand sie vibrierend im Raum vor mir und fing an zu lächeln. Und als ich sie fragte: „Was ist denn?", antwortete sie: „Ich habe keinen Krebs mehr!". Worauf ich sagte: „Wieso? Den haben Sie doch vor anderthalb Jahren herausschneiden lassen!" Dann antwortete sie: „Das ist nicht der Krebs, das war der Tumor!" Als ich dann fragte: „Und was ist Krebs?", sagte sie: „Krebs ist, wie ich lebe!" Sie war die erste von sehr vielen Krebskranken, die mir nahe brachten, dass sie eigentlich nicht wussten, worum es in ihrem Leben geht, weil sie immer versucht hatten, alles richtig und es den anderen recht zu machen. Daraufhin habe ich den Begriff der „Normopathie" entwickelt, um die Dynamik zu benennen, die meines Erachtens psychosomatischen Krankheiten zugrunde liegt. Das bedeutet, den kollektiven Normen unterworfen zu sein und nicht auf sein Wesen, auf seinen inneren Auftrag zu hören. Es wird viel Energie in den Versuch verschwendet, so zu sein, wie man nicht ist. Vorheriges Jahr habe ich entdeckt, dass Viktor von Weizsäcker diesen Begriff bereits benutzt hat, der aber in der Zwischenzeit völlig verschwunden war.

Kann man von einer Krebspersönlichkeit sprechen?
Nein! So darf man es nicht sagen, weil es wissenschaftlich untersucht worden ist, dass Symptome wie larvierte Depression und pathologischer Altruismus nicht spezifisch für Krebs sind. Man findet sie meines Erachtens eigentlich bei allen psychosomatischen Krankheiten. Aber man kann natürlich sagen, dass psychische Komponenten auf alle somatischen Faktoren, wie geneti-

sche Veranlagung, karzinogene Reize aus der Umwelt, Stoffwechsel, Immunsystem, dergestalt einwirken, dass Krankheit entstehen kann. Als uns die Naturfarben zum Beispiel nicht mehr bunt genug waren, haben wir synthetische Farben entwickelt, um 20 Jahre später zu erkennen, dass die Arbeiter in den Fabriken Blasenkrebs bekamen. Wir wollten, dass die Butter länger hält und haben das Buttergelb erfunden, nur um Jahrzehnte später festzustellen, dass das krebsauslösend ist.

Die Motivationen, Karzinogene zu produzieren, sind psychische Faktoren – nach dem Motto: Wir wollen alle zurück zur Natur, aber nicht zu Fuß! Also fahren wir mit dem Auto, machen Ozonlöcher in der Atmosphäre und dann müssen wir uns vor dem hüten, was in allen Ländern als das höchste Symbol für Gott gehalten wird, nämlich der Sonne, um kein Melanom zu bekommen!

Der zweite seelische, krankmachende Faktor ist Stress. Wir wissen heute, dass verlängerter und intensivierter Stress das Immunsystem schwächt. Der größte Stress entsteht aber, wenn wir an uns vorbei leben und unser Leben unerfüllt bleibt, weil wir uns furchtbar bemühen, etwas darzustellen, etwas zu leisten, was uns gar nicht entspricht. Dass das ein verbreitetes Elend ist, kann man beobachten, wenn man sich im Kaufhaus an eine Rolltreppe stellt und den Menschen ins Gesicht schaut. In einem Land, wo es alles gibt und das zu den Ländern mit dem größten Wohlstand zählt, sehen die Menschen durchweg unzufrieden, unglücklich, missmutig und ängstlich drein. Das liegt nicht daran, dass sie arm sind oder etwas nicht haben, sondern daran, dass bei dieser ganzen materiellen Ausrichtung niemand mehr danach fragt, welches Leben der Seele gemäß wäre.

Welches Leben wäre der Seele gemäß?
Für Mozart war es Mozart gemäß, Mozarts Musik zu schreiben. Ich glaube, dass jeder von uns eine bestimmte Musik zu schreiben hat.

Seine Lebensmelodie.
Seine Lebensmelodie, ja!

Unbändiger Drang zur Selbstheilung

Was würden Sie sagen, was heilt?
Eine schöne Frage! Was heilt? Alexander Lowen sagte einmal, Weinen heilt. Ich glaube auch, Lachen heilt. Jeder Organismus heilt sich selbst. Ich glaube nicht, dass ein Arzt jemals jemanden geheilt hat. Wenn ich stürze und mir eine Platzwunde zulege, dann näht der Chirurg die Wunde zu. Er heilt sie damit aber nicht, sondern unterstützt nur die Selbstheilung der Wunde. Ich glaube, dass die Menschen einen unbändigen Drang zur Selbstheilung haben, eine unglaubliche Fähigkeit zur Selbstreparatur. Es gibt wiederum Faktoren, die diese Selbstheilung behindern, das ist vor allem Stress. Ein übermäßiger und andauernder Stress, also ein unrhythmisches Leben, indem wir nicht loslassen können, nachdem wir etwas geleistet haben, sondern dauernd unter Stress bleiben.

Also festhalten.
Ja. Das erschöpft unsere Selbstheilungskräfte. Stress ist ja prinzipiell etwas Gutes. Es ist die Fähigkeit, Kräfte zu mobilisieren für eine anstehende Auseinandersetzung. Wenn der Fuchs zum Beispiel den Hasen jagt, so ist der Hase im Stress. Aber wenn er die Jagd überlebt und den Fuchs abgeschüttelt hat, dann macht er sechs Haken extra, um das Adrenalin wieder abzubauen. Und dann grast er weiter. Wir hingegen halten aus. Wir haben uns daran gewöhnt, die Kampf- oder Fluchtreaktion einzufrieren. Dann wird der Stress und manchmal der Schock zum Trauma, zum eingefrorenen Schock. Wenn wir ihn die ganze Zeit eingefroren halten, können wir daran erkranken. Wenn wir aber die

Gelegenheit bekommen, ihn abzuschütteln, dann können wir wieder Kontakt zu unseren eingefrorenen Emotionen bekommen.

Wie wird der Schock abgeschüttelt?
Es gibt eine sehr feine Methode von Peter Levine, das so genannte „Somatic Experiencing". Sie bedient sich der Entladung von gehaltener Energie in ganz kleinen Dosen, so dass es nicht zu einer Re-Traumatisierung kommt. In den letzten Jahren ist Folgendes entdeckt worden: Wenn man sich an schlimme Dinge erinnert und dadurch in Emotion gerät und in diesem emotional übererregten Zustand keine Alternativen sieht, dann gräbt sich die Erinnerung noch tiefer ein, als wäre das Schlimme noch einmal geschehen. Man sollte also sehr aufpassen, welche traurigen Geschichten man sich immer wieder mit emotionaler Beteiligung erzählt, weil man sie sonst immer mehr glaubt...

... und die Rille in der Platte wird immer tiefer... Ist die Levine-Methode eine Körperarbeit?
Das ist Bewusstseinsarbeit, die am Körper ansetzt.

Weil die Emotionen in den Muskeln gespeichert sind?
Die chronischen Verspannungen dienen der Verdrängung von Erinnerungen und der Unterdrückung von Emotionen. Die Erinnerungen sind im Hirn gespeichert. Wilhelm Reich meinte, die Emotionen wären in den Muskeln gespeichert, doch die Muskeln führen nur aus, was das Hirn sagt. Wenn es befiehlt: „Reiß dich zusammen oder bleib still oder halt aus", dann hält man mit den Muskeln aus. Ein ganz unspezifischer Reiz kann den Selbstschutzreflex aus der frühen Zeit wieder auslösen. Und dann fühlt man sich so wie damals, obwohl die Welt sich verändert hat. Deswegen reicht es nicht, die alten Emotionen wieder zu mobilisieren – was man früher glaubte –, sondern es muss

jemand anwesend sein, der den Patienten in der Gegenwart hält, damit er wahrnehmen kann, dass sich die Welt geändert hat, dass er nicht mehr ausgeliefert ist.

Heilsame Beziehungen

Nun zurück zu Ihrer Frage: „Was heilt?" Ich glaube, dass Beziehungen heilen. In einer gelassenen Beziehung kann ein Kranker die Haltungen loslassen, die er von einem anderen bzw. anderen zuliebe angenommen hat, um mehr zu sich zu kommen und damit seiner Neigung zur Selbstheilung eine Chance zu geben.

Das bedeutet, dass man in einer heilsamen Beziehung immer in Kommunikation mit dem anderen bleibt.
Das ist vorzugsweise der Dialog mit anderen. Denn was hat einer in der Kommunikation mit sich selbst gelernt, wenn er bis jetzt auf eine Weise gelebt hat, die ihn krank gemacht hat? Das Potential zur Selbstheilung ist in ihm als Inbild angelegt, aber Gesundheit erkennt er am Vorbild. In der Ich-Du-Beziehung kann er wahrnehmen, wenn er zum Beispiel einer gelassenen Person gegenübertritt, dass er viel zu sehr in Spannung ist, und erkennen: „Oh, ich möchte loslassen können!" Oder wenn einer in Groll lebt, kann er an einem liebevollen Menschen, der sich selbst und die anderen so nimmt, wie sie sind, und sich so zeigt, wie er ist, erkennen: „Ah, so sieht Liebe aus. Das möchte ich auch können!" Erich Fromm hat ja die Kunst zu lieben als ein genuines menschliches Bedürfnis beschrieben – nicht nur einfach geliebt zu werden wie ein Kind, sondern selbst zu lieben, das heißt, die andere Person zu sehen, zu nehmen, zu lassen, wie sie ist, und sich für sie zu interessieren und sie in ihrer eigenen Entwicklung zu unterstützen.

Wenn man sich aber anderen zuliebe zu etwas verpflichtet, das einem nicht entspricht, dann ist man nicht in der Präsenz. Man ist unfähig zur Verantwortung, das heißt zu antworten auf das, was das Leben in diesem Moment will. Ich glaube wirklich, dass jemand krank werden kann, wenn er seinen Auftrag nicht erfüllt. Da gibt es keine Verpflichtung. Das ist eine Notwendigkeit. Es ist notwendig, durch all diese Konflikte hindurchzugehen.

Sonst gerät man in Not, wenn man es nicht tut.
Ja! Aber auch, wenn man es tut, gerät man in Not. Denn um sich selber treu zu bleiben, muss man manchmal dem Papst und dem Kaiser untreu werden.

Das verlangt viel Mut!
Das verlangt die Bereitschaft, viel Angst zu haben. Die Mutigen sind ja nicht mutiger als die Ängstlichen, sondern nur ein bisschen länger mutig als die Ängstlichen. Sie gehen mit Angst weiter.

Sie lassen sich von der Angst nicht stoppen.
Nein, sie lassen sich von der Angst nicht abhalten.

Aber jedes Mal, wenn ein neuer Bewusstseinsschritt angesagt ist, taucht die Angst auf...
... und jedes Mal, wenn man diesen Schritt getan hat, ist man wieder mal über seinen eigenen Schatten gesprungen. Das ist auch, was das Menschsein definiert. Viktor Frankl hat es so formuliert: „Mensch sein ist die Neigung oder das Bedürfnis, über sich selbst hinauszuwachsen."

Man muss bereit sein, ins Wasser zu springen.
Ja, man muss Brücken abbauen. Man kann nicht auf Nummer sicher gehen, sonst kommt nichts Neues.

Die Seele verkörpern, den Körper beseelen

Sie haben den Satz geprägt: Die Seele verkörpern und den Körper beseelen. Ist es eine Art Grundsatz für Sie?
Ja, aber der Gedanke kommt von C. G. Jung. Er hat in den 20er Jahren noch vor Wilhelm Reich geschrieben: Wir müssen uns mit dem Mysterium aussöhnen, dass die Seele das innerlich angeschaute Leben des Körpers und der Körper das äußerlich offenbarte Leben der Seele ist. Dass die beiden also nicht zwei sind, sondern eins.

Es geht also in unserem Leben darum, den Auftrag der Seele durch den Körper zu manifestieren?
Ja!

Und umgekehrt.
Ja, darum geht es. Das ist auch eine uralte Botschaft. Schon Jesus hat gesagt: „Ich bin nicht von dieser Welt, aber ich bin in dieser Welt." Dürckheim spricht vom doppelten – bedingten und unbedingten – Ursprung des Menschen: Jenseits dieser Welt sind wir unbedingt, aber wir begeben uns in diese Dinglichkeit, um dort von der unbedingten Welt zu zeugen. In der Hingabe an das Leben, das uns will, verwirklichen wir den Auftrag der Seele.

Herr Büntig, herzlichen Dank für dieses Gespräch!

Heilung und Psychosomatik

Körper und Seele im Dialog:
Das Feld ansteckender Gesundheit aufbauen

Die alte Idee des Paracelsus von Körper und Seele als Einheit hatte Ruediger Dahlke bereits aufgegriffen, als er sich vor mehr als 30 Jahren für eine ganzheitliche Medizin stark machte. Diese benutzt Krankheitssymptome und -bilder als wertvolle Wegweiser für die Heilung und betrachtet Krankheiten als Chance zum inneren Wachstum. Seitdem haben die Psychosomatik und die Krankheitsbilder-Deutung einen ihnen gebührenden Platz innerhalb der Medizin gefunden, und es öffnen sich dieser Sichtweise immer mehr Kreise, die die dringende Notwendigkeit einer ganzheitlich orientierten Psychosomatik erkennen.

Dr. med. Ruediger Dahlke, Arzt für Naturheilkunde und Psychotherapie und Mitbegründer des „Heilkunde-Zentrums Johanniskirchen", ist einer der bekanntesten Vertreter der ganzheitlichen Medizin im deutschsprachigen Raum. Er hat mit seinen zahlreichen, erfolgreichen Büchern und seiner Seminartätigkeit weitgehend dazu beigetragen, die ganzheitlich orientierte Psychosomatik nicht nur in Heilpraktiker-, sondern auch in Ärztekreisen zu verbreiten.

Herr Dahlke, Sie gelten als Vordenker auf dem Gebiet der Psychosomatik und sind mit Ihrer Arbeit über ganzheitliche Krankheitsdeu-

tung – unter anderem durch Ihre Bücher „Krankheit als Weg“ und „Krankheit als Symbol“ – einem großen Publikum bekannt. Inwieweit ist die Sichtweise, dass Körper und Seele ständig im Dialog sind, wichtig für die Heilung?

Aus meiner Sicht ist dieser Dialog unerlässlich, sonst ist es lediglich Symptomtherapie – was wir von der Schulmedizin kennen. Reihenweise werden hier Symptome unterdrückt, aber irgendwann melden sie sich wieder. Es ist unübersehbar, dass die Schulmedizin viele Erfolge bei Menschen in jungen Jahren bei akuten Krankheiten zu verzeichnen hat. Werden sie aber älter, leiden sie an chronischen Krankheiten, wogegen die Medizin nicht mehr viel ausrichten kann. Für einen psychosomatisch arbeitenden Arzt oder einen Homöopathen ist es leicht ersichtlich, dass die chronischen Krankheiten das Ergebnis der unterdrückten akuten Krankheiten sind. Wenn man die Kluft zwischen Körper und Seele anschaut, aus der so viele Krankheiten entstehen, wird einem klar, dass es eine viel bessere Methode ist, die Symptome nicht erst aufzuschieben. Diese Vorgehensweise ist anspruchsvoller für die Menschen, der Mehrheit ist es ja immer noch lieber, krankgeschrieben zu werden und Unterdrückungsmedikamente einzunehmen. Und trotzdem – wenn ich auf die letzten 20 Jahre zurückblicke – ist die Haltung schon anders geworden, auch seitens der Ärzte. Es gibt inzwischen viele Ärzte – ich mache auch Ärztefortbildungen für die Ärztekammer –, die wirklich verstanden haben, dass es so nicht weiter geht.

Altes Wissen wieder ans Licht gebracht

Die Schulmedizin stößt also zunehmend an ihre Grenzen und immer mehr Ärzte öffnen sich einer ganzheitlicheren Sicht der Behandlung.

Ja, aber auch bei den Patienten verändert sich etwas. Vielen ist, glaube ich, inzwischen die Idee der „Krankheit als Symbol" sehr vertraut. Wenn man sich vorstellt, dass dieses Buch bereits in der 15. Auflage erschienen ist und dass inzwischen von meinen Büchern 170 Übersetzungen in 22 Fremdsprachen existieren – das ist schon ein Beweis, dass der medizinische Blickwinkel sich erweitert hat. Vom Körper über die Seele reicht die Perspektive bis in archetypische und spirituelle Bereiche, die neue Lebenspläne umfassen. Ich muss aber zugeben, dass das Wissen, das ich verbreite, nichts Ungewöhnliches ist. Ich habe lediglich einer Selbstverständlichkeit in der Medizin wieder Geltung verschafft. Einmal habe ich mitbekommen, wie Frédérick Leboyer, der am Anfang über seinen Erfolg mit seinem Buch „Geburt ohne Gewalt" sehr erstaunt war, sagte: „Eigentlich habe ich gar nichts anderes gemacht, als zu sagen, man soll einen Neuankömmling auf Erden mit Respekt und Liebe empfangen, anstatt ihn unnötig zu quälen." Dass es so ein Erfolg wurde, lag damals an der absurden Situation in der Geburtshilfe. Und dieses Buch, gefolgt von den Werken von Michel Odent, hat dazu geführt, dass die Geburtshilfe eine völlig andere Richtung genommen hat.

Auch mein gerade neu erschienenes Buch „Der Körper als Spiegel der Seele", in dem es um Körperformen und -figuren geht, vermittelt eigentlich nichts Neues. Die darin enthaltene Botschaft ist, dass alles, was Form und Gestalt in dieser Welt hat, auch Inhalt ausdrückt. Ein Magengeschwür zum Beispiel, das sich wie ein Krater in die Magenwand frisst, oder ein wachsender Tumor, der wie ein Blumenkohl aussieht, hat eine Gestalt, eine Form und damit eine Bedeutung. Dass die Form keinen Inhalt, keinen Sinn haben soll, wie es die Schulmedizin behauptet, ist absurd. Ich habe also eigentlich nur das alte Wissen aufgegriffen, das bereits ein Paracelsus oder eine Hildegard von Bingen angewendet haben. Sie sind zwar nicht so systematisch vorgegangen, aber die Kunst der Krankheitsdeutung beherrschten sie damals allemal.

In die Selbstverantwortung gehen

Inwieweit spiegeln äußere Merkmale die inneren wider? Besteht nicht die Gefahr, zu schnell Schlüsse zu ziehen und Verallgemeinerungen zu äußern, die schädlich sein können?

Es besteht natürlich eine große Gefahr. Nehmen wir an, es kommt jetzt ein 1,60 Meter großer und 90 Kilo schwerer Mann in die Praxis. Die Vermutung liegt nahe, dass er an Übergewicht leidet, dass er also eine äußere Fülle zugelegt hat, anstatt in die innere Erfüllung zu gehen. Die Wahrscheinlichkeit ist groß, aber es könnte auch ein Buddha sein. Und dann würden sich innen und außen widerspiegeln, also die innere Erfüllung würde sich in der äußeren Fülle ausdrücken. Das zentrale Thema ist hier die Fülle, wobei wir nicht sagen können, ob es erlöst oder unerlöst ist. Es ist wichtig, sich darüber im Klaren zu sein.

Mein Hauptanliegen als psychosomatisch arbeitender Arzt ist es, den Patienten anzuregen, wieder in die Verantwortung zu gehen, also selbstverantwortlich zu werden. Dafür muss er auch Verantwortung für seinen Körper übernehmen, auch für seine Figur. Denn der Körper ist die Bühne für seelisches Geschehen. Wenn uns bewusst wird, welche Aufgabe in unserer Körperform bzw. -figur liegt, dann können wir uns dem anstehenden Thema zuwenden und uns damit Irrwege und Sackgassen ersparen. Das würde unseren Körper sofort entlasten.

Ist es nicht eigentlich die größte Aufgabe des Arztes, den Patienten anzuregen, in die Selbstverantwortung zu gehen?

Ja, aber es wird, ehrlich gesagt, immer weniger gemacht. Mein Großvater war Arzt und Sätze wie „Primum nil nocere" – „Hauptsache nicht schaden!" oder „Medicus curat, natura sanat" – „Der Arzt behandelt, die Natur heilt" waren ihm näher als irgendeinem Arzt heutzutage, obwohl es nur zwei Generationen zurück liegt. Er übte seinen Beruf also in einem anderen Bewusstsein aus. Er sagte auch: „Du musst am Patienten sehen und riechen, was er hat." Heute fassen die Ärzte die Patienten gar nicht mehr an und nehmen sich kaum noch Zeit für sie. Vor nicht langer Zeit fragte mich ein Patient: „Sind Sie Heilpraktiker?" Ich: „Nein, wie kommen Sie da darauf?" – „Weil Sie sich so viel Zeit für mich nehmen!" Das heißt, der Patient definiert bereits den Arzt als denjenigen, der keine Zeit hat, und den Heilpraktiker als denjenigen, der sich Zeit für ihn nimmt.

Versöhnung zwischen altem Wissen und Wissenschaft

Wenn die Schulmedizin nicht völlig den Zugang verlieren möchte, dann muss sie sich umorientieren. Aber zum Glück kann man den Trend schon jetzt spüren. Bei meinen Fortbildungen für die Ärztekammer in Niedersachsen meldeten sich beispielsweise 34 Ärzte an. Immerhin! Wenn ich aber bei Heilpraktikern eine Fortbildung ausschreibe, dann sind es 400, sofort! Die Ärzte müssen den Anschluss wieder finden, und das hoffe ich auch. Mein Buch „Das große Buch der ganzheitlichen Therapien" ist ein Beweis dafür, dass die verschiedenen Fachrichtungen sich mischen können: Beiträge von Ärzten sind dabei, aber auch von Heilpraktikern und Heilern. Der Gedanke war, sie alle zusammen zu bringen, und das hat geklappt.

Ab und zu gibt es natürlich auch die Konfrontation mit der Wissenschaft, wobei ich in meinen Seminaren versuche, eine Brücke zwischen alter Medizin und hermetischer Philosophie und der Wissenschaft zu schlagen. Die Psycho-Neuroimmunologie bestätigt beispielsweise den psychosomatischen Ansatz, den ich schon seit 30 Jahren praktiziere. Wird zum Beispiel ein Lächeln in ein Organ geschickt, nimmt dessen Durchblutung zu und die Heilung wird gefördert. Heutzutage besteht die Tendenz, das alte Wissen und die moderne Wissenschaft zu versöhnen. Dafür gibt es viele Hinweise auch seitens großer Wissenschaftler wie Heisenberg, der so einen Satz geäußert hat: „Wenn du den Becher der Naturwissenschaft ansetzt, wirst du Atheist. Wenn du ihn bis auf den Grund austrinkst, findest du Gott." Einerseits fühle ich mich auf dem Gebiet der Philosophie, die auf den Prinzipien der hermetischen Philosophie beruht (wie oben so unten, wie innen so außen usw.), sicher. Andererseits ist es jetzt doppelt gesichert, weil die Wissenschaftler nun diese Sichtweise bestätigen. Aber am Schönsten für mich – denn ich bin primär Arzt und nicht Autor – ist die Bestätigung, wenn Patienten mir mitteilen: "Die Rückenschmerzen sind weg. Die Allergie ist weg. Die Kopfschmerzen sind weg!"

Krankheit als Symbol und Weg zugleich

Das ganzheitliche Verständnis ermöglicht es uns, ein Körpersymptom als Hinweis für ein Lebensthema und gleichzeitig als Wegweiser für die Schritte der Heilung zu betrachten. Ist das eine immer an das andere gekoppelt?

Ich denke, dass in einer guten Medizin die Diagnose und die Frage: „Was mache ich daraus?" immer zusammengehören. Eine Diagnose zu stellen, um dann die Symptome zu unterdrücken, macht für mich keinen Sinn. Mein Anliegen ist es, durch die Diagnose (von „Dia" = hindurch und „Gnosis" = Wissen), also durch die Befunde hindurch, zu wissen, was auf der körperlichen, physiologischen und biochemischen Ebene stattfindet, um dann Rückschlüsse auf das seelische Befinden zu ziehen. Da bei einer Krankheit der Körper für das innere Geschehen zur Bühne wird, kann der Schlüssel für eine echte Heilung einzig darin liegen, die Be-Deutung der Krankheit zu erfassen und den Patienten anzuregen, die erforderlichen Entwicklungsschritte im Alltag bewusst umzusetzen.

Eine Allergie beispielsweise wegzubringen, wäre den meisten Menschen schon genug. Aber letztlich findet dabei ein Bürgerkrieg im Körper statt, der sehr viel Energie verschlingt. Wenn die Symptome unterdrückt werden, steht mir keine zusätzliche Energie mehr zur Verfügung. Schaffe ich es aber herauszufinden, wogegen ich eigentlich kämpfe, und höre damit auf, dann gewinne ich viel Energie zurück und ich bekomme einen ganz anderen Zugang – zum Beispiel im Falle einer Pollenallergie – zur Sexualität und Sinnlichkeit. Es gibt immer diesen Doppeleffekt: Krankheit als Symbol ermöglicht die Diagnose, das heißt die symbolische Entschlüsselung der Krankheitssymptome, und als Weg zeigt sie uns: „Ich kann daraus wachsen." Aus dem Zusammenhang eines Krankheitsbildes werden innere und äußere Wege aufgezeigt, die zu innerem Wachstum führen.

Ich habe in meiner langjährigen Erfahrung als Arzt bei vielen Patienten ein starkes Bedürfnis nach Sinn beobachtet. Viktor Frankl sagte so treffend: „Der Wille zum Sinn liegt im Leben. Wenn die Sinndeutung gelingt, wird die Krankheit besser bewältigt." Gehen Patienten dieser tiefen Sehnsucht nach Lebenssinn nach, dann passiert etwas Grundsätzliches in ihnen, sie sind ihrem Kern näher als vorher.

Zurück zur Mitte

Leben ist ständige Bewegung. Ohne Bewegung würde es kein Leben geben. Gleichzeitig ist das Bedürfnis eines reifen Menschen, wieder zur Mitte zurück, also in die Zentrierung zurück zu gelangen. Wie vereinbart sich dieses ständige In-Bewegung-Sein mit dem Streben nach Zentrierung?

Bereits Heraklit hat es mit „panta rei": „Alles fließt", ausgedrückt, oder Ram Dass mit: „Alles Leben ist Tanz", oder auch Rudolf Steiner: „Alles Leben ist Rhythmus". Und die moderne

Physik hat es wieder entdeckt, indem sie sagt: „Alles ist Schwingung". Alle diese Aussagen sagen eines: Alles ist ständige Bewegung in der Polarität. Der Gegenpol zur Polarität ist die Einheit. Das entspricht in einem Mandala dem Mittelpunkt, alles andere, also die Peripherie ist Wirbel, Chaos. Es geht darum, die Mitte zu finden, ähnlich wie bei einem Derwischtanz. Der Derwisch wirbelt um seine Mitte, um die Ruhe zu finden. Dieses Drehen um die eigene Weltachse bringt eine unglaubliche Zentrierung.

Durch die Vertikalität...
Ja, durch den Bezug zwischen oben und unten. Die Zentrierung in der eigenen Mitte ist beim Derwischtanz sicher der entscheidende Punkt. Übrigens im Wort „ Medi-zin", ebenso wie in „Medi-tation" steckt die „Mitte". Das rechte Maß und die Mitte waren eigentlich die zentralen Themen einer Medizin, die das Heil-mitte-l noch „re-medium" nannte, also „zurück zur Mitte". Die Bachblüten-Notfallmischung „Rescue remedy" bringt dies heute noch zum Ausdruck. Der ganze Anspruch der alten Medizin war, kranke Menschen wieder zu ihrer Mitte zu führen. Man ging davon aus, dass Krankheit entsteht, wenn man die Suche nach dem Lebenssinn aus den Augen verloren hat.

Krankheit als Suche nach sich selbst

Es gab im Mittelhochdeutschen das Wort „Suht" für Krankheit, das „Sucht" ausgesprochen wurde. Mein Großvater zum Beispiel hat noch von „Schwindsucht", also Tuberkulose, gesprochen. Wenn man dann noch eine Generation weiter zurückgeht, hieß die Anämie „Bleichsucht", die Ödemneigung „Wassersucht" usw. Wir haben heute noch die Gelbsucht, die Hepatitis. Für die älteren Ärzte war das Thema „Sucht" noch ganz zentral. Man ging davon aus, dass es immer darum geht, auf der Suche zu sein, und dass, wenn man nicht mehr auf der Suche ist, Krankheit zur Sucht wird. Mein Großvater hat diesen Anspruch gehabt, Leute wirklich zu sich selbst zurück zu bringen.

Es sollte für uns Ärzte darum gehen, dem Patienten das Gefühl zu geben: „Sie sind in Ordnung. Tief im Inneren ist alles in Ordnung und das Außen, das regeln wir jetzt." Darum geht es: Zurück zur Mitte, raus aus dem ganzen Wirbel, den es da draußen gibt. Leider wird er aber immer schlimmer. Über Tinnitus und Hörsturz zum Beispiel habe ich im Studium gar nichts gelernt. Diese Krankheitsbilder gab es damals nicht. Heute haben die Menschen soviel um die Ohren, was sich akut durch den Tinnitus äußert. Aber er zwingt uns – und da sind wir wieder bei „Krankheit als Weg" –, nach innen zu hören. Ein Hörsturz erst recht, denn er fordert uns auf, auf uns und unsere innere Stimme zu hören.

Das Krankheitsbild der Depression zum Beispiel zwingt den Menschen dazu, sich mit seiner Sterblichkeit auseinanderzusetzen. Die Antriebshemmung nimmt ihm aber die Möglichkeit, sich umzubringen. Die Depressiven nehmen sich das Leben nicht in der tiefsten Depression. Die Gefahr besteht eher, wenn sie Medikamente nehmen. Da müssen wir sehr aufpassen. Die Logik der Krankheit hat also etwas Geniales: Durch die Antriebshemmung nimmt der Mensch sich nicht das Leben, aber er wird – durch seine Selbstmordgedanken – gezwungen, sich mit dem Sterben und dem Tod auseinanderzusetzen, aber auf einer unerlösten Ebene. Es wäre viel besser, sich auf eine philosophische bzw. religiöse Ebene zu begeben. Wenn ein Mensch seine Depression wirklich verarbeitet, indem er sich durch die tiefe Nacht der Seele zum Beispiel durch Psychotherapie begleiten lässt, ist er danach ein gereifter Mensch, der Abschied nehmen gelernt und Trauer integriert hat, der dieses Hier und Jetzt in einer zwar ganz negativen Form erlebt, aber doch durchlitten hat.

Die Krankheit korrigiert uns also. In der Bibel steht: „Seht die Vögel des Himmels an! Sie säen nicht und ernten nicht, sie sammeln auch nicht in die Scheunen, und euer himmlischer Vater ernährt sie doch." Das wäre die christliche Verpflichtung für den Augenblick und die Aufforderung zu Gottvertrauen. Die Buddhisten wiederum sagen: „Ganz entspannt im Hier und Jetzt." In unserer modernen Gesellschaft dagegen, in der der Mensch völlig verkrampft im Wenn und Aber ist, werden wir gezwungen, über Depression oder chronische Schmerzen in den Augenblick zu kommen.

Das Spezielle und Individuelle herausfinden

Daher ist es wünschenswert, dass der Behandler einen ganzheitlichen Ansatz hat. Denn der Dialog mit dem Arzt ist in diesem Fall äußerst wichtig.

Das ist bei jeder Heilung für mein Gefühl wirklich notwendig. Wir unterhalten uns manchmal darüber, was heilt eigentlich? Der bekannte Homöopath Adolf Voegeli hat beispielsweise die Patienten an den Hochpotenzen riechen lassen – wie Hahnemann übrigens auch. Voegeli hat sich also in die Situation des Patienten so einfühlen können, dass er ihn dort abgeholt hat, wo er gerade war, und ihn dann einen Schritt weiter begleitet. In einem homöopathischen Mittel gibt es ja keinen Stoff mehr. Es geht also auf jeden Fall um Felder, Schwingungen. Wenn ich als Psychotherapeut, Berater oder Psychosomatiker ein bis zwei Stunden mit einem Patienten zusammen in seine Situation eintauche, ist es bereits Therapie. Ich begleite ihn, dann entwerfe ich mit ihm zusammen ein Konzept, wie das Krankheitsbild auf einer anderen besseren Ebene bearbeitet oder sogar erlöst werden kann. Aber wir wissen nicht wirklich, was heilt. Ich kann dennoch immer wieder spüren, dass es bei den entscheidenden

Prozessen, bei denen etwas geschieht, um ein Feld, um die darin enthaltene Ladung geht. Dann passiert etwas Energetisches, das wir noch nicht richtig erfassen können. Diese Begegnung mit dem Patienten ist also etwas ganz Wichtiges, vor allem, wenn er von dem Gespräch berührt wird. Dann finden wir die springenden Punkte heraus, an denen eine Veränderung möglich ist. Das ist in der Medizin immer der entscheidende Punkt.

Krankheitsbilder haben zwar etwas Mustergültiges, aber gleichzeitig gibt es nie zwei gleiche Erkrankungen. Der Psychosomatiker muss genau wie der Homöopath das Spezielle, Individuelle, Besondere, Ungewöhnliche herausfinden – bis zum Schlüsselpunkt, an dem die richtige Information den Schlüssel im Schloss umdreht: „Ah, jetzt habe ich es verstanden!" Und dazu ist diese Begegnung notwendig.

Nehmen wir das Bild der Lungenentzündung. Die Lunge hat mit Kontakt, Kommunikation, Freiheit zu tun. Hier geht es also immer um einen Kommunikationskonflikt. Aber der ganzheitlich arbeitende Arzt muss tiefer gehen und fragen: „Warum gerade jetzt, gerade das, gerade bei Ihnen, in dieser Zeit Ihres Lebens?" Also versucht man in der Krankheitsdeutung anhand der Symptome herauszufinden, was die Lebensaufgabe ist. Was im Endeffekt heilt, ist schwierig zu sagen. Paracelsus hat es einmal so ausgedrückt: „Die beste Arznei für den Menschen ist der Mensch. Die höchste Arznei ist die Liebe." Die Schwingung muss auf jeden Fall stimmen.

Ein Feld ansteckender Heilung aufbauen

Wenn in der Homöopathie das richtige Mittel in der richtigen Potenz im richtigen Augenblick gegeben wird, dann ist ein Feld für Heilung geschaffen.

Nicht nur in der Homöopathie sind diese drei Punkte wichtig, sondern prinzipiell müssen alle drei zusammen kommen. Das ist die Fähigkeit, die ein Behandler im Laufe seiner Auseinandersetzung mit seinem Therapeutsein und seinen Patienten mit der Zeit entwickelt. Die Systeme, die wir erfunden haben, sind Krücken, Hilfsmittel. In diesen Systemen kann man aber reifen. Es geht prinzipiell darum, ein Feld für die Heilung aufzubauen. Das ist eine alte Lieblingsidee von mir, ein Feld ansteckender Gesundheit aufzubauen und zu verfestigen. Das schafft man, indem der Patient ins richtige Licht gestellt wird. Das ist überhaupt unsere Aufgabe als Therapeut, Patienten ins rechte Licht zu setzen, damit ihr Licht innerlich aufgeht und sie spüren können: „Ja, ich kann's! Und ich mach's jetzt!" Solange ein Patient glaubt, dass er gesund werden kann, kann dieser Funke in ihm angefacht werden. Wenn die Mediziner aber sagen: „Sie haben nur noch ein Jahr zu leben", schafft dies auch ein Feld, leider im Negativen. Sie beschneiden die Patienten enorm in ihrer Lebenserfahrung. Und meistens sterben sie im Rahmen der sich selbst erfüllenden Prophezeiungen innerhalb eines Jahres. Also funktioniert es in beiden Richtungen.

Meine Grundidee ist, dass wir ein Feld aufbauen, in dem viele Menschen angestoßen werden, in die eigene Verantwortung zu gehen und aus dieser Selbstverantwortlichkeit heraus Schritte zu sich, zu ihrer Mitte zu unternehmen. Und dafür muss man mit den Symptomen als wertvollen Hinweisen arbeiten und sie nicht unterdrücken.

Die Ärzte sind aber fokussiert auf Krankheit, also dass Krankheit ansteckend ist. Sie regen sogar Krankheit an, indem sie Ängste produzieren und damit ein negatives Feld aufbauen. Aus positiven Erfahrungen kann man ein positives Feld aufbauen – wie Mütter, die mehrere Kinder haben. Sie machen oft einen Reifungsprozess durch. Beim ersten Kind folgen sie noch allem, was der Kinderarzt sagt: x-fach Impfungen, sofort zu Antibiotika greifen bei jedem Infekt usw. Und dann haben sie ein kränkliches Kind. Im Hintergrund haben sie vielleicht eine eigene Mutter, die dann sagt: „Du, versuch es mal mit Wickeln wie wir früher." Und dann wird die junge Mutter beim nächsten Kind ein bisschen mutiger: Sie drosselt nicht jedes Fieber, sondern macht Wadenwickel und Einläufe. Sie macht auch nicht jede Impfung mit, sondern nur die, die für sie wichtig sind. Und sie stellt fest, dass das zweite Kind einfach gesünder und vitaler ist. Und daraus entwickelt sie – falls sie noch ein drittes Kind bekommt – den Mut zu sagen: „Und jetzt mache ich es ganz, wie meine Mutter es empfohlen hat!", das heißt nichts unterdrücken, sondern Abwehrkräfte steigern, Wickel und Tee machen usw. Und dann trifft sie ihre Nachbarin, die jetzt ihr erstes Kind bekommen hat und die den Gesundheitsunterschied zwischen den Kindern bemerkt, und gleich die Maßnahmen wie beim jüngsten Kind ihrer Nachbarin ergreift. Das wäre der Effekt ansteckender Gesundheit.

Mütter schaffen also öfters aus ihrer Erfahrung heraus ein ganz positives Feld. Das zu unterstützen, wäre eigentlich sinnvoll und hilfreich.

Dies ist leider ein langwieriger Prozess, denn es ist schwierig, sich gegen die Flut von negativen Meldungen zu wehren. Dagegen ein positives Feld aufzubauen, ist mühsam, aber äußerst notwendig. Unsere Zeit braucht es! Wir müssen gemeinsam ein Feld für eine andere Gesundheitssicht aufbauen, für eine andere Körpersicht, für eine andere Menschheitssicht. Wir müssten die Menschen dazu bewegen, in ein anderes Bewusstsein einzutreten, um sich für eine Lebensführung zu entscheiden, die alle Ebenen integriert.

Herr Dahlke, herzlichen Dank für dieses Gespräch!

Heilung durch Homöopathie

„Wage es, Dich Deines Verstandes zu bedienen!"

Eine neue Dimension der Medizin stellt die Homöopathie dar, denn sie wirkt nicht nur auf den Körper, sondern auch auf die feinstofflichen Bereiche des Geistes und der Seele. Die Homöopathie erfordert nicht nur äußerste Sensibilität für die Geschichte und den vordergründigen Zustand des Patienten, sondern auch ein tiefes Wissen über die Materia Medica und die Gesetze, die eine Heilung bewirken. So geht es darum, entlang der Empfindungen des Patienten den roten Faden zu erkennen, der zum Zentrum des Problems und somit zum richtigen Mittel führt. Der Patient wird dann mit viel Feingespür in das Reich seiner inneren Energie geführt.

Anne Schadde ist eine weltweit anerkannte Homöopathin und leitet seit mehr als 21 Jahren eine Praxis für klassische Homöopathie und Psychotherapie. Sie ist Mitbegründerin des Homöopathie-Forums in Gauting sowie des European and International Council for Classical Homeopathy (ECCH/ICCH) und Autorin zahlreicher Veröffentlichungen über homöopathische Studien.

Anne Schadde, Sie sind eine international anerkannte Homöopathin, die seit mehr als 21 Jahren in eigener Praxis tätig ist. Wann

hat sich in Ihrem Leben der Entschluss herauskristallisiert, Homöopathin zu werden?

Ich war Lehrerin an einer Schule. Damals hat sich mir ein türkischer Junge sehr eng anvertraut. Er hatte ein Problem, das die Schule aber nicht lösen konnte. Eines Tages brachte er sich um. Daraufhin beschloss ich, mit der Schule aufzuhören und Psychotherapeutin zu werden, um Menschen, vor allen Dingen junge Leute auf den Stufen ihrer Entwicklung, die sie zu gehen haben, zu begleiten. Ich habe dann eine psychotherapeutische Ausbildung am Institut für Angewandte Psychologie und Psychotherapie abgeschlossen und – um unabhängig arbeiten zu können – die Josef Angerer-Schule in München besucht und die Heilpraktikerprüfung gemacht. In diesen Jahren bin ich der Homöopathie begegnet und dachte mir: „Das ist ja wunderbar, dass die Homöopathie genau die Brücke zwischen der körperlichen und der geistigen Erkrankung schließt." Ich glaube, der wesentliche Punkt bei allen Erkrankungen ist, dass sie im energetischen Bereich beginnen und sich dann in der Manifestation des Körpers zeigen.

Und die Homöopathie ist dafür eine hervorragende Heilmethode, denn sie ist Energie-Medizin, wie Georges Vithoulkas sagt...

Ja! Dem Homöopathen stehen keine „materiellen" Mittel zur Verfügung, sondern nur „energetische". Das heißt ein homöopathisches Mittel wird hergestellt, indem die Energie einer Substanz durch Verdünnen, Verreiben und Verschütteln von winzigen Mengen der Ausgangssubstanz aus den verschiedenen Naturreichen (Mineralreich, Pflanzenreich, Tierreich etc.) auf die Trägersubstanz Milchzuckerkügelchen aufgesprüht wird.

„Similia similibus curentur" – „Ähnliches werde mit Ähnlichem geheilt", lautet der Grundsatz der Homöopathie. Wir müssen also die kranke Energie im Patienten finden und diese mit der Energie des Naturreiches, mit welcher sie in Beziehung steht, verknüpfen. Es geht in der Homöopathie nur um Energie: um die Energie, in der und durch die der Patient erkrankt ist und die Energie des Heilmittels.

Jede körperliche Erkrankung hat ein energetisches Muster. Es ist die Aufgabe des Homöopathen, genau dieses Muster, den „roten Faden", aufzugreifen und in ein passendes Mittel umzusetzen. Das homöopathisch korrekt gewählte Mittel ist eine Möglichkeit, eine Brücke zu schlagen, dem Menschen zu helfen zu gesunden und ihn zusätzlich auf seinem inneren Weg der Entwicklung zu unterstützen.

Sobald das richtige Mittel verabreicht wird, tritt eine Beruhigung im Nervensinnessystem auf. Wir legen überhaupt sehr viel Wert darauf, dass eine innere Entspannung eintritt – was sich durch größeren Frieden, innere Ruhe und Balance im Menschen ausdrückt. In der Folge können sich die Symptome, die ja nur ein Ausdruck dieser inneren „Verspannung" sind, auflösen, weil sie nicht mehr nötig sind.

Das Prinzip der Resonanz

Alles, was uns umgibt, enthält Informationen, mit denen wir umgehen müssen. Was passiert in einem Menschen, wenn er zu lange negativen Reizen ausgesetzt ist?

Je nachdem wie aufnahmebereit ein Organismus oder ein energetischer Bereich ist, reagiert er mehr oder weniger auf innere und äußere Reize. Also, nicht jede Energie trifft jeden. Das hat mit dem Resonanz-Prinzip zu tun. Natürlich gibt es ganz starke Reize bzw. plötzliche Ereignisse, Epidemien, die die Menschen stärker ergreifen und damit aus der Balance bringen. Aber prinzipiell muss eine innere Bereitschaft vorhanden sein.

Das heißt, dass hier die Prädisposition der Person, also das, was sie von Geburt an als Erbe mitbringt, eine wesentliche Rolle spielt.

Ja. Diese Prädisposition hängt wiederum ab von den Faktoren, in die man in dieses Leben hineingeboren wurde, und von der Lebenssituation in der Kindheit. Die ersten sieben Jahre des Lebens eines Kindes sind rein vom Sensorium bestimmt. Das bedeutet, dass der Mensch ungeheuer aufnahmebereit ist und zwar über das Nervensinnessystem, das wie ein Schwamm alles aufnimmt und stets auf seine Umgebung reagiert. Viele Verhaltensmuster, Empfindlichkeiten und natürlich Dispositionen zu Erkrankungen werden also bereits in sehr frühen Jahren gebildet.

Evolution – auch in der Homöopathie

Wenn wir die Homöopathie zur Zeit Hahnemanns mit jetzt vergleichen, was hat sich verändert bzw. weiterentwickelt? Warum verlangt unsere Zeit eine neue Art, Homöopathie zu betreiben?
Menschsein bedeutet Evolution. Betrachten wir das evolutionäre Prinzip: Wir haben den Vater und die Mutter, sie bekommen ein Kind und das Kind hat Teile vom Vater und Teile von der Mutter und muss nun etwas Neues daraus machen. Und wie Goethe so schön sagt: „Was du ererbst von deinen Vätern, erwirb es, um es zu besitzen." Das heißt jeder Mensch ist einmalig und es entsteht immer etwas Neues, alles muss und wird sich weiterentwickeln. Denn nur der Geist des Menschen ist fähig, sich zu befreien. Dieses Jahrtausend beinhaltet genau die Möglichkeit für den Menschen, diese Freiheit bewusst zu erfahren. In den letzten Jahrhunderten wurden wir dazu immer und immer wieder durch die großen Philosophen und Erkenntnisse von Freud, Jung, Steiner aufgefordert. Auch Hahnemann stand vor mehr als 200 Jahren am Anfang einer sehr großen Entwicklung. Es war die Zeit, als die Menschen nach der Oberherrschaft des Klerus im Mittelalter die Welt verstehen wollten. Ebenso wollte

Hahnemann die Welt verstehen, und darin war er ein Pionier. Folglich gab er uns seine Maxime mit auf den Weg: „Werdet Pioniere! Folgt diesen Schritten, folgt dem, was ich da tue!" „Aude sapere!" – „Wage es, dich deines eigenen Verstandes zu bedienen!"

Das innere Lied

Was hat sich in der Entwicklung der Homöopathie in den letzten Jahren getan?

Dr. Rajan Sankaran, der Gründer der Bombay-Schule, hat in den letzten Jahren die Homöopathie durch das fortwährende kreative Weiterentwickeln seiner Ideen sehr bereichert. Er geht nicht nur nach Hahnemanns Vorbild konstant weiter, sondern ist auch sehr kreativ in der Entwicklung seiner Methode und der Entwicklung der Homöopathie. Es geht darum, herauszufinden, was die Hauptbeschwerde des Patienten ist. Warum er überhaupt in unsere Praxis kommt. Diese Hauptbeschwerde wollen wir versuchen, in der Tiefe energetisch zu verstehen. Wie ist die Energie beschaffen, die in diesem Menschen krank ist? Wie ist die *Empfindung* in dieser Erkrankung? Denn diese Empfindung bringt uns immer tiefer in das Zentrums des Seins und somit auf das richtige Mittel.

Wir gelangen in dieses Zentrum, indem wir den Patienten immer wieder ermuntern: „Spüren Sie in sich hinein, wie fühlt es sich an?"

Und diese Energie hat einen Klang, trägt ein Lied, wie Sankaran sagt. Wenn wir lange genug beim Patienten bleiben, dann kommt er an den Punkt seines inneren Liedes, an dem er sagt: „Genau! Das ist es, was ich immer gespürt habe!" Unsere Aufgabe als Homöopath ist es, den Patienten an die Stufe heranzuführen, auf der er diese Energie in sich selbst wahrnimmt.

Die 180-Grad-Drehung

Sie sagten, dass das, was ein Mensch in seiner Kindheit erlebt hat,
ihn sein ganzes Leben lang prägt.
Absolut. Es wird zum Beispiel berichtet, dass Hahnemanns
Vater seinen Sohn in ein dunkles Zimmer eingesperrt hat, damit
er denken lernt – und das hat er definitiv getan, allein in einem
dunklen Zimmer! Hahnemanns spätere Botschaft an uns war
dann auch: „Denkt selber, denkt nach! Versucht, selber weiter zu
kommen!"

Das, was sich also ursprünglich wie ein Gefängnis angefühlt hat,
führte ihn zu seiner Bestimmung. Da ist immer dieses Paradoxon!
Ja. „Ich bin ein Teil von jener Kraft, die stets das Böse will und
doch das Gute schafft", wie Goethe so schön im Faust sagt. Das
stellt für mich in der Praxis einen der wichtigsten Punkte dar:
Das, was wir als Problem haben, besitzen wir eigentlich auch als
Geschenk. Dazu braucht es aber eine 180-Grad-Drehung – und
sie ist nicht als Qual zu sehen, sondern als Geschenk.

Aber haargenau an dem Punkt dieser Drehung braucht man Hilfe!
Richtig!

Und darin stellt die Homöopathie eine unvorstellbar tiefe Hilfe dar!
Unbedingt!

Dem Patienten Raum und Zeit geben

Was passiert an diesem einen Punkt genau?
Das ist ähnlich wie beim Kompost: Wenn wir Gartenabfälle auf
einem Komposthaufen abladen, dann wird nicht sofort gute

Erde daraus. Sondern wir müssen ihn nach geraumer Zeit umdrehen. Er braucht Zeit, er muss gären, er muss reifen und vor allen Dingen, er muss um 180 Grad gedreht werden. Überhaupt spielt das Gespür für den richtigen Augenblick eine entscheidende Rolle in der Homöopathie. Es ist eines der großen Geheimnisse der Homöopathie, dass man warten können muss. Aber nicht nur nach einer Mittel-Gabe, sondern auch auf den Augenblick, in dem sich etwas offenbart, Und dazu braucht der Patient Raum und Zeit. Das ist es, was wir Homöopathen heutzutage tun: Wir versuchen, dem Patienten Raum und Zeit zu geben, damit er sein Inneres entfalten kann. Dazu gibt es wieder eine sehr schöne Stelle im Faust:

„Der Geist der Medizin ist leicht zu fassen;
Ihr durchstudiert die groß' und kleine Welt,
Um es am Ende gehn zu lassen,
Wie's Gott gefällt.
Vergebens, dass Ihr ringsum wissenschaftlich schweift,
Ein jeder lernt nur, was er lernen kann;
Doch der den Augenblick ergreift,
Das ist der rechte Mann.“

Stellt nicht die Tatsache, dass der Patient ernst genommen wird in dem, was er über seinen augenblicklichen Zustand erzählt, bereits den ersten Schritt in Richtung Heilung dar?
Das ist richtig, aber ich wage zu behaupten („Aude sapere!"), dass das System, das im Inneren energetisch das Problem kreiert hat, eben dieses Problem nicht lösen kann. In anderen Worten: Wenn ein Problem beginnt, sich im Inneren zu formen, dann hat es einen energetischen Faktor, und dieser energetische Faktor erzeugt die Erkrankung. Selbst wenn der Patient einen noch so großen Raum beim Homöopathen bekommt, ist die Energie, die das System krank gemacht hat, nach wie vor da. Diese Energie kann es nicht heilen. Das Geniale an der Homöopathie ist ja,

dass wir etwas nehmen, das überhaupt nichts mit dem Patienten zu tun hat, womit er aber energetisch in Resonanz steht.

Was passiert da genau?

Nehmen wir ein einfaches Beispiel: Ein Kind spielt in einer Pfütze, wird kalt und bekommt Fieber, vielleicht auch eine Halsentzündung. Jetzt schauen wir, welches Bild dieses Kind zeigt: Es hat Halsschmerzen, einen roten Kopf, ist gestaut, es schwitzt, die Extremitäten sind kalt – und wir geben ihm dafür „Belladonna", die Tollkirsche, weil die Arzneimittelprüfung, das heißt die Prüfung am Gesunden, herausgefunden hat, dass die Tollkirsche ähnliche Symptome zeigt. Das Kind hat natürlich mit der Tollkirsche überhaupt nichts zu tun. Allerdings geben wir dem Kind die Tollkirsche in homöopathischer Verdünnung, Verreibung und Verschüttelung.

Bei akuten Erkrankungen kann sich der Organismus natürlich rasch erholen. In einem solchen Fall geben wir das passende homöopathische Mittel und die Heilung erfolgt schnell.

Diese homöopathische Prüfung ist ein wichtiger Teil der Homöopathie. Hahnemann gab klare Anweisung für die Einnahme eines homöopathisch aufbereiteten Mittels (also eines potenzierten Mittels) von einem gesunden (das heißt zurzeit nicht erkrankten) Menschen. Der Zustand, der dann entsteht, nannte er Kunstkrankheit, deren Symptome wir Homöopathen sorgfältig aufzeichnen und als Mittelprüfungen bezeichnen. Dies ist über die letzten Jahrhunderte von vielen Homöopathen so gemacht worden. Gibt man nun dem erkrankten Menschen das homöopathische Mittel, das diese Symptome zeigte, dann sagt der Organismus: „Moment mal!" und aktiviert sofort die Selbstheilungskräfte. Je präziser das Mittel den Symptomen der Erkrankung entspricht, umso schneller geht die Heilung. Hahnemann hat es mit zwei Dreiecken verglichen, die man übereinander deckt. Das erste Dreieck ist die energetische Erkrankung des Menschen, das zweite Dreieck ist die Energie des Heilmittels, und je klarer sie sich überdecken, um so präziser geht die Heilung vonstatten.

In chronischen Fällen ist es viel schwieriger. Chronische Fälle, das ist auch Hahnemanns Kommentar, heilen aus sich selbst heraus nicht, weil sie immer wieder auf denselben krankmachenden Mechanismus zurückgreifen.

Die Integration der kranken Energie

Hilft gerade hier nicht die Homöopathie, in die tieferen Schichten des Menschen einzudringen und zu heilen?

Mit jedem homöopathischen Mittel nimmt man eine Energie auf, die – wenn sie durch den Homöopathen gut ausgesucht wird – einen Teil der kranken Energie heilt. Ideal ist natürlich, nach den exakten Anweisungen des „Organons" das Similimum zu suchen. Das ist ein edler Anspruch, der uns Homöopathen alle einigt. Realität ist aber, dass wir uns oft über verschiedene Mittel diesem Similimum nähern. Da müssen wir Homöopathen auch gnädig mit uns sein und die Patienten bitten, mit uns diesen Weg zu gehen. Denn es ist ein Weg, ein Prozess. Jedes Mittel macht ein Stückchen reifer, ein Stückchen weiter, weil man damit eine Energie aufnimmt, die einem fehlt.

Handelt es sich nicht eher um eine Energie, die blockiert ist?

Es ist beides das Gleiche. Denn, wenn die Energie blockiert ist, steht sie uns nicht zur Verfügung. Sie muss integriert werden, wie C. G. Jung sagt: „Das Krankhafte kann nicht einfach wie ein Fremdkörper beseitigt werden, ohne dass man Gefahr läuft, zugleich etwas Wesentliches, das auch leben sollte, zu zerstören. Unsere Aufgabe besteht nicht darin, es zu vernichten, sondern wir sollten viel mehr das, was wachsen will, hegen und pflegen,

179

bis es schließlich seine Rolle in der Ganzheit der Seele spielen kann."

Er sagt also, die Probleme der Menschen müssen in die Gesamtheit der menschlichen Existenz integriert und nicht einfach weggenommen werden. Jung war kein großer Freund der Homöopathie, denn er hat die Homöopathen so gesehen, dass sie dem Patienten das Problem wegnehmen und dass es keine innere Entwicklung gibt. Es geht aber meines Erachtens nicht ohne einen inneren Entwicklungsprozess. Denn sonst bleiben die Symptome weiter bestehen, sie schieben sich lediglich auf eine andere Ebene. Wenn man dann den Patienten tief hinterfragt, merkt man, dass das Problem energetisch dasselbe geblieben ist, dass es sich lediglich auf eine tiefere Ebene verlagert hat.

Kürzlich habe ich in Berlin auf einem Seminar einen Versuch gemacht und habe gefragt: „Stellen Sie sich einmal vor, Sie sind ein Tiger im Käfig. Wie fühlt sich der Tiger im Käfig?" Dann bin ich durch die Reihen gegangen. Daraufhin sagte eine Frau: „Oh, ich bin so traurig! Ich bin gefangen und ich komme nicht heraus." Und ein Mann protestierte sofort und sagte: „Ich habe Wut, ich schlage gegen die Gitterstäbe!" Das heißt, jeder hat seine individuelle Art der Reaktion. Und dieses Individuelle ist das, was den Menschen bestimmt. Wir müssen also herausfinden, was das Individuelle eines Menschen ist. Dies wird als die „individualisierende Untersuchung" eines Krankheitsfalles bezeichnet, wie Hahnemann im § 83 des „Organon" formulierte.

Es verlangt aber eine sehr große Sensibilität seitens des Homöopathen, um die Einzigartigkeit der Person, die vor ihm steht, zu erfassen!

Es geht gar nicht so sehr um uns, sondern um den Patienten. Er muss uns in das Reich seiner inneren Energie führen und wir dürfen ihm nur folgen, so wie uns jemand mit einer kleinen Laterne in eine Höhle hineinführt.

Die Homöopathie versteht die Sprache des Unbewussten

Stellt nicht jede Krankheit die Möglichkeit dar, sich weiterzuent-wickeln?

Ich würde es eher so formulieren: Jede Krankheit zeigt, dass im Inneren eine Energie aufgebaut wurde, die integriert gehört. Denn Krankheit ist ein energetisches Phänomen. Je weiter die Krankheit ins körperliche Feld eingedrungen ist, umso weiter ist natürlich der Weg zurück. Aber die Aufgabe ist, die Energie der Erkrankung zu verstehen. Deshalb kann eine körperliche Erkrankung sich auf einer bestimmten Stufe abspielen, aber die Energie, die dahinter steht, kommt aus einer ganz anderen Ebene. Wir müssen es lernen, diese Zusammenhänge zu verstehen.

Aber bedeutet nicht eine Krankheit eine Störung der Lebenskraft? Sankaran spricht von einem umfassenden Aufruhr im Menschen. Dass etwas in ihm durcheinander gebracht worden ist.

Ja, das ist das, was Hahnemann sagt: Dass die Lebenskraft fehl-geleitet worden ist. Dass die Lebenskraft nicht entsprechend zum Wohle des Menschen agiert. Nun müssen wir dieses Ideal aber einmal zur Seite stellen. Wenn wir es ganz realistisch anschauen, dann ist der Weg des Menschen von der Geburt bis zum Tod der Weg eines Aufbaus und eines Abbaus. Das ist die Realität. Der Tod ist nicht vermeidbar. Krankheit ist auch nicht vermeidbar. Es ist mir sehr wichtig, dass wir von der Überzeu-gung wegkommen, dass wir die Krankheit selbst verschulden. Krankheit ist eher die Möglichkeit, etwas zu integrieren, das aus der Balance geraten ist. Über ein homöopathisches Mittel wird es integriert und die Erkrankung ist damit überflüssig gewor-den.

Ich nenne es das 18. Kamel. Es ist die Geschichte eines Großvi-siers, der 17 Kamele hatte. Er wollte seinen drei Söhnen die Kamele mit folgendem Testament vermachen: Der Erste erhält die Hälfe der Kamele, der Zweite ein Drittel der Kamele, der Dritte ein Neuntel der Kamele. Er fragte alle Mathematiker, aber keiner konnte das Problem lösen. Dann fragten sie einen Weisen. Was war die Antwort des Weisen? Die Antwort eines Weisen lautet immer: „Ich weiß es auch nicht!" Denn Weisheit ist, es nicht zu wissen, sondern zu handeln. Also sagte er: „Ich weiß es auch nicht, aber ich handle. Ich besitze ein einziges Kamel und gebe es euch dazu. Dann hatten sie 17 + 1 = 18 Kamele, und so konnten sie besser teilen: Die Hälfte von 18 ist 9, ein Drittel von 18 ist 6 und ein Neuntel von 18 ist 2, dann addierten sie 9 + 6 = 15 + 2 = 17." Und sie konnten am Ende das 18. Kamel dem Weisen zurückgeben.

Das homöopathische Mittel ist für mich das 18. Kamel. Es wird gebraucht, um den energetischen Prozess zu vollziehen, und dann geht das Leben weiter. So geht man in eine neue Entwicklung, in eine veränderte, integrierte Entwicklung.

Je mehr wir wissen, wer wir sind und was wir tun, umso klarer können wir in die Zukunft blicken. Jung hat es wie folgt formuliert: „Die Menschen, die am wenigsten von ihrem Unbewussten wissen, sind am meisten von ihm beeinflusst." Die Homöopathie ist imstande, die Sprache des Unbewussten zu verstehen, und zwar durch die Symptome der „Krankheit" des Menschen auf körperlicher, geistiger und seelischer Ebene. Je mehr wir uns mit unseren unbewussten Anteilen beschäftigen, um so mehr Möglichkeiten haben wir, weiterzugehen.

Und der zu werden, der wir in unserem tiefen Wesen sind...
Ja! „Werde, der du bist" stand auf der Tafel des Tempels in Delphi. Es stand nicht: „Werde anders, als du bist", und auch nicht: „Werde besser, als du bist", sondern nur: „Werde, der du bist", das heißt „Sag endlich Ja zu dir!"

Anne Schadde, herzlichen Dank für dieses Gespräch!

Heilung durch Kommunikation

Heilsame Gespräche

Heilung findet statt, wenn es dem kranken oder dem in seiner Gesundheit beeinträchtigten Menschen gelingt, die eigenen vitalen Selbstheilungskräfte in dem Maße zu mobilisieren, dass sie mit dem Krankheitsprozess in Resonanz treten und sich in Richtung Gesundung bewegen. Dies zu fördern, ist die Aufgabe eines jeden Therapeuten. Ein Gespräch, das den Patienten ernst nimmt und seine Heilungsbereitschaft unterstützt, kann Wunder bewirken. Ein Gespräch mit all seinen Facetten als Energie-Bewegung zu verstehen und dabei den Fokus auf den Energiefluss in Richtung Heilung zu legen, eröffnet ganz neue, kreative und effiziente Möglichkeiten.

Stèphano Sabetti, Direktor des „Institute for Life Energy", entwickelte eine Gesprächsführungsmethode, die genau auf diesem Energieverständnis basiert: „Process Inquiry", auch die „Kunst essentieller Kommunikation" genannt. Darin geht es darum, jede Art von Kommunikation in ihrer Bewegung zu verstehen und durch spezielle Interventionstechniken dem Gesprächspartner ein tiefgreifendes inneres Erforschen der jeweiligen Lösung zu ermöglichen.

Echte Kommunikation basiert auf Resonanz

Herr Sabetti, Sie sind Direktor des „Institute for Life Energy" und haben mehrere Bücher über Lebensenergie und die Rhythmen des Wandels veröffentlicht. Jetzt liegt Ihr Schwerpunkt in der Kommunikation. Inwieweit hat Kommunikation mit Lebensenergie zu tun?

Sehr viel, denn, damit überhaupt Kommunikation stattfindet, müssen mindestens zwei Teile zusammen kommen; es muss also etwas geben, das sich zusammen bewegt. Das Wort Komm-uni-kation heißt ja „zusammen kommen". Gehen wir davon aus, zwei Personen unterhalten sich und verstehen sich nicht wirklich, der Versuch zu kommunizieren wird zu keiner wirklichen Kommunikation führen, weil beide Gesprächspartner sich auf unterschiedlichen Ebenen bewegen. Sie stehen nicht in Resonanz miteinander. Wirkliche, essentielle Kommunikation bedeutet dagegen, dass wir auf einer Ebene in Resonanz sind. Dies gelingt zum Beispiel durch aktives Zuhören und Sich-Einlassen auf das, was der andere wirklich meint, und eindeutig darauf zu antworten, anstatt reaktiv zu sein oder sich zurückzuziehen.

Das bedeutet, dass wirkliche Kommunikation mit tiefer Übereinstimmung mit der Person, mit der man spricht, zu tun hat.

Nicht nur mit dem Gesprächspartner, sondern auch mit sich selbst. Denn unsere Art zu kommunizieren verrät sehr viel über uns selbst. Es ist wichtig zu erforschen, wie sehr und ob man überhaupt im Hier und Jetzt mit seinem Gegenüber ist, ohne Beurteilung oder falsche Ausreden. Es geht einfach darum, wahrzunehmen, was ist, und sich dem zu stellen. So können – im Falle eines Konflikts – Lösungen gefunden werden, die über das punktuelle Problem hinausgehen.

Dabei machen die ausgesprochenen Worte meiner Erfahrung nach nur 10 bis 20 Prozent der eigentlichen Kommunikation aus. Ton, Mimik und Gestik spielen eine viel größere Rolle, denn daran kann man erkennen, wie die Energie ist und wie sie fließt. Auch üben Licht, Farben und Atmosphäre einen positiven oder negativen Einfluss auf den Verlauf einer Kommunikation aus. Eine ruhige Atmosphäre und ein warmes Licht zum Beispiel vermitteln ein Gefühl der Geborgenheit, und in dieser Stimmung kann ein Gespräch ehrlicher ablaufen und mehr in die Tiefe gehen, weil wenig Abwehr gebraucht wird.

Kommunikation hat mit „miteinander rollen" zu tun, und wenn man dagegen arbeitet, wird es zu Kont-rolle. Man arbeitet also gegen eine natürliche Bewegung. In Resonanz zu sein, bedeutet somit, miteinander zu rollen.

Sie haben anhand dieser ganzen Überlegungen eine Methode entwickelt, „Process Inquiry", die in der menschlichen Kommunikation auf vielfältige Art und Weise eingesetzt werden kann: in Therapie, Beratung, Unternehmen, mit Kindern und sogar alleine im Sinne einer Selbsterforschung. Was ist mit „Process Inquiry" gemeint?

Prozess bedeutet für mich Bewegung. Alles ist Bewegung: Die Wörter, die man benutzt, die Art, wie man sie verwendet, sind energetische Prozesse auf verschiedenen Ebenen. Process Inquiry (P. I.) ermöglicht auch dem Einzelnen die Erforschung (inquiry) seiner inneren Prozesse, das heißt wahrzunehmen, was gerade passiert, auf der körperlichen, emotionalen, mentalen und spirituellen Ebene. Im therapeutischen Bereich bedeutet es, im Gespräch mit dem Patienten all die von ihm ausgesandten Informationen aufzunehmen und die im Augenblick wesentlichsten herauszufiltern, um anschließend hilfreich zu reagieren. Es geht also darum, auf den „Punkt" zu kommen, zu erkennen, welche der vielfältigen Botschaften die größte Ladung enthalten.

Der Punkt der größten Ladung

... die größte Ladung, also die größte Energie?
Ja, die Basis eines guten P.I.-Gespräches ist, immer mit dieser Energie, mit dieser Hitze zu arbeiten. Für den Klienten kann dies eine heftige Konfrontation sein, denn das Erforschen dieses „heißen Punktes", dieses Focus, deckt verborgene Emotionen und Probleme auf. Es ist sehr wichtig, sich auf diese Hitze einzulassen, weil gerade da die Veränderung stattfindet. Für den Therapeuten gilt es aber, sehr liebevoll damit umzugehen, damit der Klient die Auseinandersetzung als Unterstützung und nicht als Bedrohung erlebt. Harte Konfrontationen können ihn nämlich so unter Druck setzen, dass er nicht mehr in der Lage ist, dem Energiefaden zu folgen, und sich herauszieht. Wenn es jedoch nicht warm genug ist, also lauwarm, wird es wiederum langweilig, da findet auch kein Lernen statt.

Die Aufgabe des Therapeuten ist, mit dem richtigen Maß an Energie zu intervenieren, das heißt dazwischen zu kommen. Minimale Interventionen, wie beispielsweise das Hochziehen der Augenbrauen oder eine Handbewegung, unterstützen den Fluss des Forschens seitens des Klienten, ohne ihn zu unterbrechen. Eine zu starke oder zu direkte Intervention kann dazu führen, dass der Klient kein Vertrauen entwickelt und erst recht ausweichen will; der Energiefluss in Richtung Heilung wird dann unterbrochen. Besonders, wenn es um Gefühle geht, kommt es zu Vermeidung. Deshalb muss der Therapeut zunächst ein Stück Weg mit dem Klienten gehen, um sich mit dessen Art, in der Welt zu sein, vertraut zu machen, und ihn entlang des Energiefadens zu einer Lösung des Problems zu führen.

An diesem Punkt ist es wichtig zu verstehen, dass ein Problem keine Blockade an sich darstellt, sondern dass es sich da auch um eine Bewegung handelt, nämlich eine Bewegung, die nicht weiterkommt, eine statische Energie. Zu erkennen, was das Problem ist und warum es entstanden ist, bringt wieder das Ganze in den Fluss. Dabei ist es sehr hilfreich zu wissen, dass ein Problem bereits die Lösung parat hält, dass viele Botschaften in dem Problem enthalten sind. Mit anderen Worten: Die Lösung ist mit dem Problem verbunden. Es ist wie ein Faden, der durch alle Dinge geht, die wir tun.

Den Fokus legen auf das „Wie" und nicht auf das „Was"

Wie kommt man aber zu dieser Lösung? Wird ein Problem auf der Inhaltsebene gelöst, klebt es an den Worten fest, und die Energie bleibt gebunden. Meistens geht es um Altballast aus der Vergangenheit, den der Klient nicht ablegen kann oder will. Viele tragen ja dieses massive Gepäck aus anderen Zeiten und sind überhaupt nicht frei. Wenn wir uns also nur auf den Inhalt konzentrieren, auf das „Was", wird die Vergangenheit wiederholt und die Zukunft mehr oder weniger nach dem gleichen Muster gestaltet. Diese „pastfuture"-Linie muss unterbrochen werden. Es ist nur möglich, wenn wir eine kleine Schleife aus diesem (Teufels-) Kreis machen, damit Energie freigesetzt wird. Und da sind wir beim „Prozess", also bei dem „Wie". Deshalb ist es sehr wichtig, prozess- und lösungsorientiert zu arbeiten. Indem wir nicht auf den Inhalt fokussieren, wird ihm keine Energie zugeführt, sondern diese Energie wird in die Lösung investiert.
Nehmen wir ein Beispiel: In einer Beratungsgruppe kommt eine Frau zum dritten Mal zu spät zu einer Sitzung. Ihr Thema in der Gruppe ist, dass sie ihrem Gefühl nach nicht genug gesehen wird. Liegt die Aufmerksamkeit auf dem „Wie", bedeutet das in diesem Fall, die Frau zu fragen, *wie* ihr heutiges Zuspätkommen zu ihrem Gefühl „nicht gesehen zu werden" passt. Würde sich der Therapeut stattdessen auf die Inhaltsebene konzentrieren, würde sie Erlebnissen aus der Vergangenheit die Tür öffnen.

Dies würde Energie an Ereignisse binden, die nicht mehr zu ändern sind, da sie in der Vergangenheit liegen.

Bereit sein, die volle Verantwortung zu übernehmen

Damit eine Wandlung möglich ist, muss ich also zunächst erkennen, wo die Energie festgehalten wird, wo ich die brennenden Punkte vermeide und meiner wirklichen Situation nicht ins Auge schauen möchte. Der Klient muss bereit sein, ehrlich mit sich selbst zu sein und den Weg in die Freiheit zu gehen. Viele meinen, sie wollen frei sein, aber scheuen sich eigentlich vor der Ver-antwort-ung, vor der endgültigen Entscheidung.
Nachfolgend ein Fall aus der Praxis, der dies sehr gut erläutert. Es geht um einen Dialog zwischen einem Klienten und einem Therapeuten:

Klient: "Mein Chef hat meine Arbeit nie wirklich geschätzt."
Therapeut: "Was würde geschehen, wenn er es täte?"
Klient: "Das würde ich nicht glauben."
Therapeut: "Wenn Sie es glauben würden?"
Klient: "Dann müsste ich meine Vorstellung über meinen Selbstwert ändern."

Dieses Beispiel zeigt sehr deutlich, dass der Klient bereit sein muss, die volle Verantwortung für sich und sein Leben zu übernehmen und sich seinem Wesenskern zu stellen – mit all den Konsequenzen. Alle Probleme und Hindernisse, die man angeblich hat, sind im Grunde eine Widerspiegelung der Angst vor der endgültigen Konsequenz, diesen Einen Weg zu gehen.

Krankheit ist ein Heilversuch

Man kann jeden Menschen als ein Energiesystem betrachten. Jedes System weiß, was ihm gut tut und wie es wachsen kann. Das System möchte sich in eine bestimmte Richtung entwickeln, um mehr zu sich selbst zu kommen und um alle seine Fähigkeiten einzusetzen. Wir haben aber meistens nicht gelernt, wie wir unser System unterstützen können, sondern eher wie wir es stören können. Die Störung ebnet der Krankheit den Weg, also die Trennung von der Ganzheit. Aber genau wie ein Problem bereits die Lösung enthält, beinhaltet Krankheit auch Heilung. So ist auch Krankheit keine blockierte Energie, sondern sie ist eine statische Bewegung, ein starrer Prozess, der sich immer wieder in den gleichen Rillen verfängt. Und die Symptome sind auch Bewegung, sie stellen den Versuch dar, dem Körper ein Signal in Richtung Heilung zu geben. Krankheit ist also an sich ein Heilversuch.

Das größte Problem ist aber, dass die meisten Menschen unter Holophobie leiden, das heißt, sie haben Angst, in die Ganzheit zu gehen, und Angst führt zu Vermeidungen. Doch jeder Mensch trägt in sich das Wissen um die Ganzheit, auch wenn er sich momentan vor diesem Wissen verschließt. Aber das kann er nur bis zu einem gewissen Grad tun, denn er ist in seinem Wesen ununterbrochen mit der Ganzheit verbunden.

Herr Sabetti, herzlichen Dank für dieses Gespräch!

Heilung durch Psychokinesiologie

„Lieber leichter leben"

Das Leben weist uns unaufhörlich auf Ungelöstes, noch zu Klärendes hin, das wir bereinigen müssen, damit es auf unserem Weg gut weiter gehen kann. Ausgehend von der Psychokinesiologie hat Hans Stöberl das Modell des Seelen-Coaching entwickelt. Das kinesiologische Coaching gibt ganz gezielt die Möglichkeit, in heiklen Lebenssituationen beim Unterbewusstsein nachzufragen und Klarheit über Zusammenhänge zu bekommen. Dies ermöglicht, unser Reisegepäck neu zu ordnen und es leichter zu machen. Indem wir Altlasten loslassen, das Jetzt annehmen, uns für das Neue öffnen, leben wir leichter und glücklicher.

Hans Stöberl ist einer der erfahrensten psychologischen Kinesiologen im deutschsprachigen Raum. Er leitet sein eigenes Institut für die Ausbildung zum Kinesiologischen Berater, Kinesiologie-Therapeuten und zum Coach.

Sie haben ein Buch veröffentlicht, dessen Titel ein schönes Programm für uns beinhaltet, nämlich „Lieber leichter leben"! Haben wir wirklich die Wahl, ob wir leicht oder voll bepackt durch das Leben schreiten?
Ja, und das ist die Hauptbotschaft, die hinter dem Titel meines Buches steht: Ich kann mich entscheiden. Es darf auch leichter

gehen. Wenn ich einen Blick zur Seite wende oder zurück, wo ich herkomme, und beobachte, wo ich stehe, kann ich erkennen, wie es leichter weiter gehen kann. Wenn ich aber blind vorangehe, dann nehme ich zu wenig wahr. Dieses „Lieber leichter leben" ist also ein Angebot für eine Selbstbesinnung, für ein Innehalten, das mir die Gelegenheit gibt, mir die Fragen zu stellen: „Wo stehe ich gerade? Wo kann es leichter weiter gehen? Was kann ich tun?"

Und was kann ich tun, um leichter zu leben?
Wichtig ist zunächst, dass ich Probleme nicht als Probleme betrachte, sondern als Angebote des Lebens an mich. Das Leben macht mir ja ständig Angebote. Wenn sie aber in Form von Hindernissen oder Widerständen auftauchen, will mir das Leben zeigen, dass ich an einer Stelle angekommen bin, wo es nicht gut weiter geht. Das Problem gibt mir also die Möglichkeit, mich zu fragen: „Was ist denn in meinem Leben nicht in Ordnung? Was kann ich tun, um es wieder in Ordnung zu bringen?" Wehre ich mich gegen dieses Problem, dann geschieht keine Öffnung in mir, sondern im Gegenteil: Ich mache zu.
Alles, was mich aus der Ordnung bringt, schadet mir. Bei einer Krankheit gerät der Körper aus der Ordnung. Dies hängt vom Energiekörper ab. Dieser wiederum wird durch Emotionen, also durch den Emotionalkörper regiert. Und der Emotionalkörper wird durch Gedanken bestimmt, also durch den Mentalkörper. So kann mich, vereinfacht gesagt, falsches Denken krank und positives Denken wieder gesund machen. Es geht also darum, dass ich mir meiner selbst bewusster werde, meine Wahrnehmung schule – zunächst für mich selbst, dann für meine Umwelt. Der Weg führt immer nach vorne. Manchmal muss man im hinteren Streckenteil etwas klären, damit es vorne weiter geht: „Was hält mich noch fest? Was habe ich nicht erfahren? Was habe ich nicht aufgeräumt in meinem Leben?" Es geht darum, dass ich Klarheit schaffe, damit der Weg nach vorne frei ist.

Das ganze Leben ist eigentlich ein Erkennen: „Worum geht es bei mir selbst?" Habe ich dies erkannt, dann kann ich mich entscheiden. Aber ich muss nicht! Das ist das Schöne daran, dass wir nicht gezwungen werden. Denn unser größtes Geschenk ist der freie Wille, und wir können entscheiden: „Will ich oder will ich nicht?"

Und was passiert, wenn ich nicht will?
Dann spüre ich zunächst eine Blockierung. Alles wird schwerer. Ich kann natürlich auch den Kopf in den Sand stecken und vor mich hin dümpeln. Aber dann passiert nichts, es geht nichts weiter. Dagegen: Je bewusster ich mir werde, umso klarer wird die Antwort, die ich bekomme. Denn, wenn ich mir meiner Lage bewusst bin, wird mir das Leben etwas entgegenbringen, das zeigt: „Ah, du hast verstanden, und jetzt geht auch dein Weg weiter."
Einer meiner Lieblingssprüche ist: „Ich will, ich kann, ich tue." Erst muss ich wollen. Wenn ich will, dann kann ich auch. Und wenn ich kann, dann muss ich es auch tun. Erst das Tun verändert etwas. Nur wenn ich aktiv werde, gestalte ich mein Leben selbst.

Der freie Sprung in das Netz der Liebe

Anscheinend gibt es im Leben bei jedem von uns einen entscheiden-den Punkt, an dem man alles loslassen muss, wo man springen muss – in die Freiheit. Wie würden Sie diesen Prozess beschreiben?
Es geht wieder um den freien Willen. Wir werden an eine Situation herangeführt, in der wir selbst spüren: „Dies ist ein ganz großer Augenblick. Wenn ich jetzt etwas tue, entscheidet sich etwas Wesentliches in meinem Leben. Wenn ich jetzt springe, passiert etwas Grundsätzliches." Wir sind nie allein, wir werden

immer begleitet, aber an diesem ganz bestimmten Punkt werden wir allein gelassen. Da werden wir geprüft: „Springst du wirklich? Oder hast du noch Angst? Wenn ja, dann darfst du noch ein bisschen schlummern." Aber wenn wir springen, in dieses Nichts, ohne Netz und doppelten Boden, dann entfalten sich Flügel. Plötzlich entsteht Freiraum, alles ist offen, besonders nach oben. Nach einer gewissen Zeit spürt man wieder den festen sicheren Boden unter seinen Füßen, aber man spürt ihn anders als vorher. Man spürt nun das wirkliche Fundament, das einen trägt. Je größer das Nichts ist, in das man springt, desto tiefer ist die Erfahrung. Denn auf einmal wird einem klar: „Es kann mir ja gar nichts passieren!"

Erst wenn man springt, öffnet sich ein Netz der Liebe, das uns auffängt. Aber zunächst ist es ein Sprung in die eigene größte Angst hinein...

Ja. Wir sind hier, um uns zu entwickeln. Entwickeln heißt Fortschritt. Fortschritt heißt, wir können nicht da stehen bleiben, wo wir sind. Es soll einen Schritt weiter gehen. Aber dieser Schritt weiter ist mit Angst verbunden. Wenn ich aus früheren Zeiten erlebt habe, dass ich zum Beispiel nicht in Sicherheit lebe, habe ich Angst. Ich schaffe mir dann im Laufe des Lebens Sicherheiten um mich herum, das heißt, ich gehe auf Krücken. Eine Frau zum Beispiel sucht einen Mann, der viel Geld hat und ihre Sicherheit durch das Geld gibt. Oder ich schaffe mir einen Beruf beim Staat, wo ich nicht gekündigt werden kann. Aber irgendwann stirbt man in dieser Sicherheit, weil man merkt, dass es nicht mehr weiter geht. Das Loslassen dieser Sicherheit ist der große Sprung ins ungewisse Neue.

Aber um sich vollkommen darauf einzulassen, braucht es Vertrauen, Gottvertrauen. Das hat viel mit Lebensphilosophie zu tun. Deshalb rate ich jedem, sich eine eigene Lebensphilosophie zu erarbeiten. Es ist egal, welche wir haben, aber wir brauchen eine. Wir brauchen das Gefühl, dass es etwas Höheres, Größeres gibt. Und dieses Große ist wie ein großer Schirm um uns herum, unter dem alles in Geborgenheit existiert. Kosmos heißt übersetzt Ordnung. Das heißt, der Kosmos ist eine Ordnung in sich. In einer Ordnung hat alles seinen Sinn und alles funktioniert bestens. Wenn man eingreift, wenn man sie stört, dann gerät sie durcheinander. Unser Körper ist auch ein Kosmos für sich. Wenn wir krank sind, heißt es, dass wir aus der Ordnung gefallen sind. Dann sollen wir schauen: „Was hat uns aus der Ordnung fallen lassen?", damit wir wieder dahin zurück finden. Wenn alle diese Ordnungskriterien stimmig sind, dann verfüge ich über eine Energie, die frei für mich und meinen Weg fließt. Jetzt möchte ich sogar springen, weil ich soviel Power und so viele Ideen habe, dass ich nicht weiß, wohin damit. Ich bin frei von Ängsten, ich fühle mich leicht. Genau das möchte ich bei meinen Klienten bewirken. Dass sie von den ganzen Lasten der Vergangenheit befreit sind und den Drang nach vorne spüren – und das Beste daraus machen.

Ich habe ein Modell entwickelt, das sich das „Vierbein der Persönlichkeit" nennt. Dabei denke ich an die berühmte Proportionsstudie nach Vitruv von Leonardo da Vinci mit den vier Beinen. Unsere Persönlichkeit sollte wie ein Stuhl ganz sicher auf vier Beinen stehen, das sind das Selbstbewusstsein, die Selbstsicherheit, das Selbstwertgefühl und das Selbstvertrauen. Das ist die Grundstruktur. Wenn sie stimmig ist, können wir nach vorne gehen.

Ein Baby bekommt im Bauch der Mutter alles mit. Dessen sollten sich Eltern bewusst werden. Es bekommt alles mit, auch wenn der Vater in Amerika ist, Tausende von Kilometern weit weg. Denn es gibt ein morphisches Feld zwischen diesen wichtigen Personen, in dem jede Information jederzeit verfügbar ist. Die Defizite, die von der Zeit der Zeugung bis zur Geburt auftreten, können zum Glück im Nachhinein wieder geheilt werden. In diesem Zusammenhang sind die Probleme, die im Leben auftauchen wie Blinklichter oder Bojen, die zeigen: „Pass auf, da ist noch etwas, das dich stört. Löse das!" Wenn wir aber an diesen Anzeige-Instrumenten herummanipulieren oder etwas wegschneiden, ist das, was sich darunter befindet, nicht gelöst. So sind die Probleme, die jeder hat, immer kleine oder große Signale: „Tu etwas! Auf deinem Weg ist etwas, was dich hindert, und du kannst es erkennen!" Das Schöne an meiner Arbeit ist, dass der Klient selbst es ganz deutlich erkennen kann.

Dialog mit dem inneren Ratgeber

Sie haben eine Methode entwickelt, die Seelen-Coaching mit Kinesiologie heißt. Wie definieren Sie diese Arbeit?
Die Seele kommt auf die Erde, um sich zu entwickeln. Die Seele ist nie krank, aber sie hat einen Schutzmantel: die Psyche. In der Psyche sind alle unsere Verletzungen verankert. Eigentlich arbeite ich mit der Psyche, aber die Seele steht dahinter. Um zu erkennen, was der Seele weh tut, kann mit der Methode der Kinesiologie ein Dialog mit dem Unterbewusstsein des Klienten geführt werden. Das Unterbewusste ist der Bereich, in dem alles gespeichert ist, was wir vom ersten Lebensfunken an erlebt haben. Ab dem Augenblick der Zeugung sind alle Informationen vorhanden, alle Geschichten, alle Hintergründe. Um mit diesem Bereich kommunizieren zu können, gibt es die einfache aber sehr effektive Methode der Kinesiologie. Man stellt eine Frage an die andere Person und testet mit dem Muskeltest ihren Körper. Stresst die Frage ihren Muskel oder stresst sie ihn nicht? Wenn ein Muskel gestresst ist, ist er schwach. Warum ist dies so? Wir sind ein Universum von zweihundert Billionen Zellen. Wenn wir in Stress geraten, verliert jede Zelle an Energie. Dann können wir einen Muskel nicht mehr halten. Zum Testen nehme ich meistens den Armmuskel, den so genannten Delta-Muskel, weil er ein gutes Anzeige-Instrument ist. Dann stelle ich eine

Frage an den Körper und schaue, ob sie ihn stresst oder nicht. Ein seelischer Konflikt, der hinter einem Problem steht, ist immer ein großer Stressor, also eine Schwächung. Alles, was mit diesem Konflikt zu tun hat, wirkt schwächend, wenn ich diesbezüglich Fragen stelle.

Ich habe ein Modell mit bestimmten Fragen entwickelt, um zügig auf den jeweiligen Konflikt zu kommen. Mein Ausgang war damals meine Ausbildung bei Dr. Klinghardt, der den Zusammenhang zwischen unerlösten seelischen Konflikten und einer Organerkrankung klarstellte und der im medizinischen Bereich arbeitet. Ich habe durch meine Arbeit sehr früh erkannt, dass die Probleme, die zu einer Krankheit führen, lange vorher existieren, bevor wir krank werden. Jedes Problem, das ich habe, führt letztlich zur Krankheit, wenn ich es nicht löse, weil der Körper das letztmögliche Instrument ist, das laut schreien kann: „Tu endlich was!" Darum habe ich mich entschlossen, nicht auf der medizinischen Ebene zu arbeiten, sondern den Bereich des Seelen-Coaching auszubauen. Denn auf der Ebene der Psyche ist jeder, der ein Problem hat, erreichbar.

Durch den kinesiologischen Test, der den psychischen Hintergrund aufzeigt, kann die Geschichte hinter dem Konflikt aufgedeckt werden. Der Test ermöglicht, in das Alter zurück zu gehen, in dem der Konflikt entstanden ist. Er befragt den Muskel auch über die Personen, die an dem Konflikt beteiligt waren, und über die Gefühle der Einzelnen. Durch das Ansammeln der Gefühle des Klienten zu den jeweiligen beteiligten Personen formiert sich die Geschichte, sie wird ganz klar.

Ist die Geschichte einmal klar aufgedeckt, ist der Konflikt damit aber noch nicht gelöst. Jetzt wird nämlich eine Klopf-Akupressur an bestimmten Gehirn-Arealen angewendet, um die gestaute Energie zu lösen. Erst dann findet wirkliche Heilung statt.

Also führen Sie zunächst einen Dialog mit dem Unterbewussten, das aufdeckt, welche Problematik überhaupt vorhanden ist...

Ja, ich frage, wann der Konflikt angefangen hat, die ganzen Umstände, um was es überhaupt ging. So erfährt man die ganzen Einzelheiten, wo ein Fötus oder ein Embryo die Einschränkungen erlebt hat. Aber es gibt noch verzwicktere Zusammenhänge, wenn zum Beispiel ein Zwilling vorhanden war, er aber nicht überleben konnte oder freiwillig wieder ging. Das ist oft ein Problem für den anderen überlebenden Zwilling, der dann allein auf die Welt kommt.

Wie wirkt sich das genau auf sein Leben aus?
Das kann sich so auswirken, dass der überlebende Zwilling sein ganzes Leben lang Schuldgefühle hat nach dem Motto: „Mir darf es nicht gut gehen, weil der andere Zwilling ja nicht leben durfte, während ich leben darf." Dann zeigt sich eine Negativprogrammierung, die ihn hindert, in diesem Leben wirklich glücklich zu sein. Oder dass er immer etwas für einen anderen erledigt, bevor er an sich selbst denkt.

Sozusagen für zwei trägt...
Ganz genau.

Sie arbeiten nicht nur mit Erwachsenen, sondern haben auch sehr großen Erfolg bei Kindern.
Ja, ich bin sogar froh, wenn Kinder kommen. Denn wenn ein Klient mit 65, 70 Jahren zu mir kommt und ein Thema aus der Schwangerschaft löst, dann hat er sein ganzes Leben lang dieses Problem mit sich getragen. Das ist schade. Wenn ich aber erlebe, dass eine Mutter mit ihrem Baby, das drei Wochen alt ist und schon seit zwei Wochen Durchfälle hat, in die Praxis kommt und während der Sitzung herauskommt, dass bei dem Baby ein Vater-Thema vorliegt und am nächsten Tag ist der Durchfall weg, dann ist es ein Geschenk.
Ich habe auch viele Kinder, die Lernschwierigkeiten haben. Diese armen Kinder werden in Institute geschickt, um Nachhilfe zu

bekommen. Aber die ganze Paukerei hilft nichts. Denn man muss den Konflikt, der dahinter steht, aufdecken.

Wenn ein Kind Lernschwierigkeiten hat, ist meist entweder ein Mitschüler im Spiel, der Stress auslöst, oder eine Lehrkraft. Es geht immer um Personen. Aber es geht eigentlich gar nicht um diesen Lehrer oder diesen Schüler an sich – also hat es keinen Sinn, das Kind aus der Schule heraus zu nehmen –, sondern der Lehrer bzw. der Schüler tritt bloß als Spiegel für eine Person – den Vater, die Mutter oder ein Geschwister – auf, mit der das Kind bereits ein Erlebnis, meistens in der frühkindlichen Zeit, hatte. Diese Person erinnert das Kind sofort an eine alte Geschichte und dann macht es zu, es kann nicht lernen. Mit der Lösung des ursprünglichen Problems sind dann die ganzen Lernschwierigkeiten erledigt.

Ich würde auch sehr gerne mit Menschen arbeiten, die im Koma liegen. Das Unterbewusste schläft nie, es ist nie bewusstlos, es ist immer hellwach. So könnte man bei jemandem, der im Koma liegt, fragen: „Was ist mit dir los? Was brauchst du? Oder willst du gar nicht mehr kommen?" Wir könnten mit ihm einen Dialog führen. Es könnte für den Arzt eine große Hilfe sein zu testen, ob ein Medikament oder eine medizinische Maßnahme hilft oder nicht. Es wäre sehr schön, wenn die Medizin dafür offen wäre.

Das Unterbewusste ist immer hellwach. Es ist vom ersten Augenblick der Zeugung genauso funktionsfähig wie heute, wo ich schon ein Erwachsener bin. Deshalb ist es immer derjenige Bereich, mit dem wir kommunizieren. Das ist das Schöne an der Arbeit. Der Ratsuchende hat alle Antworten bereits in sich. Man braucht nur geschickte Fragen zu stellen und die Lösungen zu finden. Man kann nichts Falsches machen, denn es ist unser Inneres, das die Antwort gibt. Es würde nie zulassen, dass irgendetwas geschieht, mit dem wir nicht umgehen können. Es bringt die Geschichte so hervor, dass wir sie auch verarbeiten, umsetzen können. Dadurch ist alles in Ordnung. Wir können uns getrost darauf einlassen. Was stört, sind immer die Gedanken. Wenn wir den Kopf ausschalten, kann das Innere sich mitteilen und alles herauskommen, was wichtig ist.

Die sichtbaren und unsichtbaren Hinweise der Seele

Es geht um diese intuitive Wahrnehmung...
Ja, dieses Spüren, Hinfühlen...

Sie schreiben, dass wir über verschiedene Möglichkeiten verfügen, diese Wahrnehmung zu schulen. Das geht auch durch Träume.
Ja, das ist eine weitere Möglichkeit, Informationen aus dem Inneren zu bekommen. Ein Traum heißt immer: Die Hinweise im Alltag können mich nicht erreichen, weil mein Kopf so voll ist. Ich bin blockiert. Im Schlaf bin ich im Unbewussten, ich muss meinen Kopf loslassen. In diesem unbewussten Bereich können mich Botschaften erreichen. So schickt mir das Leben, oder meine geistigen Helfer, meine innere Führung – wie immer man es auch nennen mag – Hinweise auf der Traum-Ebene. Ich halte nichts von diesen Lexika über Träume. Es geht darum, dem Traum nachzuspüren: „Wie hat er sich angefühlt? Wie fühle ich mich danach. Was will er mir sagen?" Es tauchen vielleicht Personen darin auf, aber es muss nicht unbedingt um die Personen an sich gehen, sondern es geht um die Botschaft dahinter. Dann kann ich erkennen, was Sache ist.
Eine weitere Möglichkeit, unseren inneren Ratgeber zu befragen, ist das automatische Schreiben. Jeder, der schreibt, auch wenn es bloß ein Brief ist, wird erkennen, dass sich beim Schreiben etwas öffnet. Durch das Schreiben machen wir eine Tür auf, durch die Botschaften kommen können. Jeder kann es tun. Wenn man sich nämlich schlecht fühlt, keinen Ausweg mehr sieht, dann sollte man ein Blatt Papier nehmen und einfach

schreiben. Ohne auf die Gedanken zu achten oder auf die Satzzeichen. Man schreibt, schreibt, schreibt und auf einmal merkt man, dass sich eine Geschichte bildet. Auf einmal verändert sich etwas, auf einmal erkennt man, dass man die Lösung geschrieben hat. Meine Hand wurde geführt und eine Lösung wurde mir gezeigt.

Prinzipiell werden wir immer geführt und begleitet. Das Schönste ist, überhaupt zu erkennen, dass wir nicht allein auf unserem Weg sind. Wir haben sozusagen ein Coach-Team um uns herum, unsere geistigen Helfer. Da gibt es zum Beispiel ganz viele Menschen, die uns stupsen, uns etwas einflüstern, damit wir erkennen, worum es geht. Aber im entscheidenden Moment, wenn die Entscheidung zum Loslassen ansteht, dann werden wir ganz allein gelassen. Denn jetzt sollen wir zeigen, dass wir uns entschieden haben, und dann geht es auf dem Weg weiter, für den wir uns entschieden haben. Es gibt keinen falschen Weg. Jeder kennt den Spruch: „Alle Wege führen nach Rom." Und so ist es auch. Darum ist es egal, welchen Weg wir gehen. Wir werden auf diesem einen Weg immer die Erfahrung machen, die wir brauchen.

Das gibt sehr viel Vertrauen. Denn immer wieder zweifelt man gerade in schwierigen Phasen. Da hat man das Gefühl, man sei von allen Göttern verlassen.

Ja. Unser größtes Hindernis ist die Angst. Wir sollten uns bewusst machen, dass die Angst keine Realität ist. Die Angst ist etwas, was kommen könnte. Wenn ich Angst vor etwas habe, nimmt es alle Energie und bringt mich nicht weiter. Es hält mich eher zurück, am Boden. Es ist viel besser, einen Schritt weiter zu gehen, und wenn dann etwas auftaucht, was ich vielleicht befürchtet habe, kann ich entsprechend reagieren. Aber wenn ich schon vorher Angst habe, dann bin ich gelähmt. Also hat die Angst keine Berechtigung.

Sie wird aber immer weiter und weiter genährt durch alles Mögliche!

Ja. Eigentlich geht es um Urvertrauen oder Gottvertrauen. Wenn ich das Bewusstsein habe, dass ich nicht allein bin, dass ich von meinen sichtbaren und unsichtbaren Begleitern umgeben bin, was kann mir überhaupt passieren? Mir kann in diesem Leben nichts passieren. Wir können uns auf alles in diesem Leben einlassen. Alles hat seinen Sinn. Aber wenn ich die Erfahrung machen soll, dass es mir mal schlecht geht, dann bedeutet das, dass ich diese Erfahrung brauche, und dann gehe ich auch da durch. Aber ich weiß, dass es nur eine Erfahrung ist. Wer die Lebensschwingung kennt, die so genannte Sinusquote, weiß, dass das Leben nicht linear verläuft, sondern wie eine Art Welle, rauf und runter. Es gibt die Aktivitätsphase und die Erholungsphase, dann wieder die Aktivität und die Erholung, und so geht es im Leben immer weiter. Wenn ich das erkannt habe, weiß ich, wenn es mir einmal ganz schlecht geht und ich ganz unten bin, dass ich aber nicht an diesem Punkt bleiben kann, weil es wieder aufwärts gehen wird.

Ein gelungener Start in den Tag

Was empfehlen Sie Ihren Klienten, um einen guten Tag zu starten?
Energie ist alles, was uns ausmacht. Wenn wir morgens energielos sind, dann ist der Tag schon gelaufen. Wenn wir dagegen Power für den Tag haben, gut drauf sind, kann alles kommen, was für uns wichtig ist. Es gibt sehr einfache und wirksame Energieübungen, um gut in den Tag zu starten. Eine erste Übung zur Kräftigung des Immunsystems ist das Beklopfen der Thymusdrüse mit den Fingern oder Fäusten. Die Thymus-Drüse im oberen Brustbereich ist überhaupt ein ganz wichtiger Bereich meiner Arbeit, denn an dieser sehr sensiblen Stelle kann

ich testen, welche Substanzen dem Körper gut tun oder ihm schaden.

Einen Energieschub erhalte ich auch, wenn ich mit zwei Fingern die Grübchen rubble, die sich unter dem rechten und dem linken Schlüsselbein in der Brustmitte befinden. Dieses Rubbeln stärkt das Immunsystem, eigentlich unser ganzes Energiesystem. Das sind richtige Lebenswecker, das heißt Energie ist sofort da – und das macht die Brust frei. Wenn ein Kind zum Beispiel Atemprobleme bzw. Krupphusten hat, sollte die Mutter hier rubbeln. Das bringt große Erleichterung. In diesen Grübchen liegen die Endpunkte des Nierenmeridians. Die Nieren sind die Energiebatterien des Körpers. Die Nierenenergie ist unsere Urlebensenergie. Es ist also kein Wunder, dass wir gut drauf sind, wenn wir diese Energie stärken.

Eine weitere sehr empfehlenswerte Übung ist die so genannte Herz-Übung, auch Dirigenten-Übung genannt, mit der der Herz- und Kreislaufmeridian gestärkt wird. Die Arme werden seitlich in Schulterhöhe gehoben, die Unterarme angewinkelt, bis sich die Fingerspitzen vor der Brust berühren. Nun werden die Unterarme in einem Bogen nach oben und außen bewegt, bis beide Arme gestreckt sind, und dann im gleichen Bogen wieder nach innen, bis sich die Fingerspitzen wieder vor der Brust berühren. Aus dieser Position werden nun die Unterarme in einem Bogen nach unten und außen bewegt, bis beide Arme seitlich gestreckt sind, und dann auf dem gleichen Weg wieder zurück, bis sich die Fingerspitzen vor der Brust berühren. Diese Ausschwingung der Unterarme nach oben und nach unten bewirkt eine natürliche Drehung im Ellenbogengelenk, was spontan Vitalität verleiht. Das kann man an Dirigenten beobachten, die meisten von ihnen werden ja über 90 Jahre alt! Das ist auch eine sehr gute Übung für alle, die Herzrhythmus-Störungen, Bluthochdruck-Probleme, aber auch kalte Hände und Füße haben. Eine ganz natürliche Übung, die sofort den

Ausgleich verschafft. Es gibt überhaupt viele einfache Dinge, die uns spontan Energie vermitteln.

Gibt es auch Übungen, um Energie-Defizite zu beheben?
Ja, Energie-Defizite können wir beispielsweise mit der Herz-Übung beheben. Wir haben auch Energie-Defizite, wenn wir zu wenig Wasser im Körper haben. Wasser trinken ist überhaupt sehr wichtig, denn Wasser ist ein Transportmittel. Der Körper braucht es, um Energien an jede Zelle zu bringen und gleichzeitig den Müll von den Zellen mitzunehmen. Wenn dieser Kreislauf funktioniert, bin ich gut drauf. Deshalb empfehle ich den Kindern immer, sich bei den Hausaufgaben ein Glas Wasser hinzustellen und dann ab und zu einen Schluck zu trinken. Dann fällt das Lernen viel leichter. Ansonsten halte ich nichts von solchen Auflagen, die drei Liter Wasser pro Tag vorschreiben. Dadurch entsteht ein Zwang. Ich selbst habe immer ein Glas Wasser auf meinem Schreibtisch oder Nachttisch stehen. So trinke ich beim Einschlafen und beim Aufwachen zwanglos ein Schlückchen.

Es wird für uns gesorgt

Ihre ganze Arbeit beruht auf einer bestimmten Lebensphilosophie. Wie würden Sie diese zusammenfassen?
Ein Satz, den wir schon morgens vor dem Spiegel sagen sollten, ist: „Schön, dass es mich gibt!" Ich bin ganz wichtig, sonst gäbe es mich nicht. Ich komme aus einer großen Einheit und bin herausgeschickt worden, um Erfahrungen zu machen. Und irgendwann gehe ich zurück mit den Erfahrungen, die ich in diesem Leben gemacht habe. Die Lebensphilosophie dahinter ist, alles als Teil der Ordnung zu sehen. Es gibt nichts Schlechtes. Wir können nichts Falsches machen, wir machen nur Erfahrungen.

Die so genannten Fehler sind eine Gelegenheit, festzustellen: „So ist es ok, so ist es nicht ok!" oder sich zu fragen: „Ist es stimmig oder nicht stimmig?" Ich denke immer an Edison mit seinen Glühbirnen. Er hat 120 Versuche unternommen und beim 121. hat es geklappt. Hätte er nach dem dritten aufgehört, dann hätte er nie die Glühbirne erfunden. So hat er immer wieder erfahren, wie es nicht geht. Also brauchen wir einen gewissen Lebensoptimismus, das ist dieser positive Blick nach vorne, das Gefühl, dass alles gut ist, so wie es ist. Oft erst in der Rückschau erkennen wir: „Ah ja, das war richtig so. Diesen Schicksalsschlag, dieses Ereignis – genau das habe ich gebraucht, um zu erkennen, um was es wirklich geht."

Nehmen wir einen Unfall an: Wenn wir ein bestimmtes Problem haben, das gelöst werden möchte, dann setzt es uns zuerst ein Zeichen. Das können zunächst Verhaltensauffälligkeiten wie Nervosität, innere Anspannung sein, was noch nicht sehr gravierend ist. Wenn wir ihnen aber zu wenig Bedeutung beimessen und zu wenig beachten, dass sie eine Botschaft für uns beinhalten, dann sagt das Innere: „Ich muss die Botschaft verstärken, einen Stopp herbeiführen!" – in Form eines Unfalls. Jetzt passiert etwas, es rüttelt uns auf. Ein Unfall ist immer so ein Schütteln durch das Leben selbst – wie wenn man ein Kind schüttelt: „Versteh endlich!" Wenn wir es dann nicht kapieren, werden wir krank. Und wenn wir es immer noch nicht kapieren, werden wir chronisch krank. Wir werden ins Bett gezwungen, damit wir nachdenken können, damit uns etwas bewusst wird. Was letztlich heißt: „Ich soll meinen Kopf loslassen und meine Wahrnehmung schulen." Nach neuesten Forschungen wissen wir, dass das Bauchgehirn mehr gehirnähnliche Zellen besitzt als der Kopf. Wenn wir unsere Wahrnehmung schulen, dann erkennen wir wirklich, worum es im Leben geht.

Und das Schöne daran ist: Ich soll Spaß dabei haben! Ich bin auf dem Weg und auf diesem Weg darf ich Freude empfinden. Es hat einen Sinn, dass ich hier bin. Es gibt einen Plan für mich. Ich bin in Ordnung, wie ich bin.

Viele Menschen haben Probleme mit Geld. Aber wir sollten das Bewusstsein haben, dass der Kosmos ungeheuer reich ist, dass wir in der Fülle leben, dass wir ein Teil der Fülle sind. Wenn wir es unbedingt brauchen, wird es da sein. Das Vertrauen dürfen wir haben, dass für uns gesorgt wird. So ist immer ein gewisser Optimismus vorhanden. Das ist sehr wichtig, denn wenn die Angst uns von dieser Fülle abschneidet, dann stehen wir im Trockenen.

Und mit diesem Erkennen löst sich die auferlegte Begrenzung auf. Denn die Erkenntnis schließt uns an das Große an.

Das ist auch der Grund, warum ich meine Arbeit mit meinen Klienten so gerne mache. Mit Hilfe des kinesiologischen Dialogs mit dem Unterbewusstsein räumen wir den Weg frei. Der Klient bekommt Antworten von seinen inneren Ratgebern, und Wegweiser zeigen ihm, wie es am besten gehen kann. Das Bewusstsein öffnet sich immer weiter. Je weiter das Bewusstsein wird, desto mehr spüren wir von dieser Fülle, dass alles da ist für uns. Aus der Enge kommend erkennen wir nun viel mehr, das Leben wird lebenswerter, wird froher, interessanter, schöner. Es ist für mich das Wichtigste, das zu vermitteln. Das ist auch der Inhalt meines Buches, aufzuzeigen, dass es ein wunderbarer Weg auf dieser Erde ist. Und solange wir hier sind, können wir das Beste daraus machen.

Und das liegt an uns!

Es liegt an uns, zu entscheiden, ob wir in Liebe und mit Leichtigkeit dieses, unser Leben gestalten wollen oder nicht. Das Leben ist wie ein Schuljahr. Hier gibt es etwas zu lernen, Erfahrungen zu sammeln. Man kann es auch erweitern: Ich kann mir das Lernen leichter machen, es darf auch schön sein. Diese Sicht der Dinge möchte ich unbedingt vermitteln: Immer mit der

Leichtigkeit schauen. Das hat aber mit Oberflächlichkeit nichts zu tun, denn ich muss ja etwas Fundamentales erkannt haben. Ich muss in mir etwas ändern, erst dann kann etwas Neues geschehen.

Die Wahrheit ist die Klarheit und die Einfachheit. Wenn etwas kompliziert wird, ist es eine Sackgasse. Alles, was kompliziert ist, ist nicht stimmig. Wenn es jedoch stimmig ist, ist alles leicht und einfach. So sollten wir immer danach streben, dass wir den Weg finden, auf dem es einfach ist. Das ist die Wahrheit und die Klarheit – und damit die Leichtigkeit.

Herr Stöberl, herzlichen Dank für dieses Gespräch!

Heilung durch Freude

„Lachen – die beste Medizin"

„Wenn der Ernst verloren geht, geht gar nichts verloren – ja, man wird gesünder und heiter. Doch wenn das Lachen verloren geht, ist alles verloren. Plötzlich verliert ihr die Festlichkeit eures Daseins, werdet ihr farblos, eintönig, in gewisser Weise tot. Dann fließt eure Energie nicht mehr." Diese Worte von Osho verraten die tiefgreifende Bedeutung des Lachens als Lebenselixier und Medizin. Vor einigen Jahren wurde eine jahrtausendalte indische Form des Yogas, das Hasya-Yoga, neu entdeckt und in so genannten Lachclubs praktiziert. Mit erstaunlichem Erfolg auf allen Ebenen.

Heiner Uber ist Lachexperte, er leitet bundesweit Seminare über Lachyoga und ist Autor von zwei Büchern über das Lachen: „Länder des Lachens" und „Das Lachprinzip. Wie man sich erfolgreich, glücklich und gesund lacht."

Heiner Uber, Sie sind Lachexperte und Autor von zwei Büchern über das Lachen, in denen Sie sich unter anderem der evolutionären Bedeutung der Freude widmet. Hat das Lachen wirklich mit den Menschen angefangen?
Angefangen hat es bereits vor etlichen Millionen von Jahren. Denn Freude und Lachen sind nicht nur bei uns Menschen, sondern auch bei Tieren, insbesondere den Affen, zu finden. Es gibt

auch Vermutungen, dass Delphine lachen, dass Elefanten lachen, zumindest akustische Signale von Freude von sich geben. Seit ungefähr drei Jahren weiß man, dass Ratten ebenfalls lachen. Das Lachen ist also sehr alt und es hat es gegeben, bevor Menschen auf der Erdoberfläche erschienen sind.

Also lange vor der Sprache?
Lange vor der Sprache! Speziell bei den Primaten und auch bei uns Menschen ist das Lachen zunächst einmal eine Freundschafts- und Friedensgeste. Wir können es an uns wunderbar ausprobieren: In dem Augenblick, wo wir lachen, können wir nicht beißen – in jedem Sinn des Wortes, nicht einmal in einen Apfel. Denn mit dem Lachen entspannt sich die ganze Kiefermuskulatur. Lachen ist also ein Friedenssignal. Es teilt mit: „Von mir geht keine Gefahr aus, ich beiße nicht." Überall auf der Welt – sei es in China, in Zentralafrika oder in Indien, wenn man auf einen Markt geht, wird man von der Marktfrau mit einem Lächeln begrüßt. Damit unterstreicht sie: „Meine Ware ist gut, ich könnte sie ja selber essen, es ist keine Gefahr dabei."

Lachen ist also eine Universalsprache.
Ja, ganz genau. Lachen wird auf der ganzen Welt verstanden. Man kann reisen, wohin man will, an die Südspitze Südamerikas, in die Sahara, in die Mongolei oder hier um die Ecke mitten in Deutschland: Lachen wird überall verstanden. Wenn ein Indianer, ein Inder, ein Eskimo oder ein Schwarzafrikaner uns anlacht, wissen wir, was er damit sagen will. Wir lachen zurück und er versteht uns. Deshalb ist Lachen die eigentliche Sprache der Globalisierung, der Schlüssel zur Völkerverständigung.

Der lachende Buddha

Eigentlich ist Lachen der Schlüssel zu allem – zum ganzen Universum. Denn vielleicht war der erste Impuls der Welterschaffung ein Impuls der Freude, ein Schöpfungsdrang, der aus dem Lachen kam? Also anstatt zu sagen: „Am Anfang war das Wort", könnten wir sagen: „Am Anfang war das Lachen."

Die Inder sagen ja, der Klang des Kosmos wäre Lachen. Deshalb sagen sie auch, wenn wir lachen, sprechen wir mit Gott und Gott spricht mit uns. Wenn wir lachen, so die Hasya-Yogis, verbinden wir uns mit dem Klang des Kosmos. Wir werden Eins mit dem Klang des Kosmos. Und hier befinden wir uns im Zustand der Erleuchtung. Es geht manchmal sehr schnell, dass man in so einen Zustand kommt, in dem man unmittelbar erfährt: „Ja, das ist die positive Kraft, die Heiterkeit, die die Welt und den Kosmos trägt."

... und zusammenhält...

... und zusammenhält. Wenn wir uns Buddhas anschauen, stellen wir fest, dass sie immer mit einem milden Lächeln dargestellt werden. Im Zen-Buddhismus, eigentlich bekannt für seine strenge Askese, gibt es aber auch den Weg der Erleuchtung über das schallende Lachen. Die prägnanteste Darstellung dieses Weges der Heiterkeit ist die Figur eines Mönchen namens Budai, eine ins irdische Leben zurückgekehrte Reinkarnation Buddhas. In der Literatur wird Budai als „lachender Buddha" oder „Dickbauch-Buddha" bezeichnet. Es wird überliefert, dass Budai Erleuchtung über herzhaftes und grundloses Lachen erlangte. Und immer, wenn Menschen ihn nach seinem Zustand der Erleuchtung und dem Weg zur Erleuchtung fragten, fing er nur lauthals zu lachen an. Tage und Nächte, so wird es berichtet, zog er auf seiner Mönchswanderschaft durch die Gegend und man hat ihn von weit her schallend lachen hören. Es hat also nichts mit diesem milden Buddha-Lächeln, sondern mit einem donnernden Lachen zu tun.

Im Zen-Buddhismus findet man auch die für uns sich absurd anhörenden Koans – das Bekannteste davon ist „das Klatschen mit einer Hand" –, die den Erleuchtungssuchenden an einen Punkt bringen, an dem er nicht mehr nachdenkt.

Wo also der Verstand ausgeschaltet ist.
Ja, genau. Denn beim Lachen, wie im erleuchteten Zustand, kommt man in ein Feld, in dem man nicht mehr denkt. Hier spreche ich allerdings nicht vom kurzfristigen Lachen, sondern vom intensiven, rauschähnlichen Lachen, wie es im Hasya-Yoga, also im indischen Lachyoga gelehrt wird. In diesem intensiven langen Lachen ist man in einem ähnlichen Zustand wie in der Meditation: Man lacht einfach und wird nicht mehr durch Gedanken abgelenkt.

Vom Ursprung des Hasya-Yogas

Wann wurde das Hasya-Yoga entwickelt?
Die Techniken sind sehr alt. Sie greifen zwei- bis dreitausend Jahre zurück. Das Grundprinzip des Hasya-Yogas ist zu lachen ohne Grund. Budai beispielsweise hat es vorgemacht: Er hat nicht über Witze gelacht, sondern ist aus sich selbst in den Zustand des Lachens gekommen. Die Eskimos machen etwas Ähnliches: Sie bringen sich durch ein mechanisches Lachen in ein echtes Lachen hinein. Sie empfangen mit einem Begrüßungsritual, das „Gesänge zum Erlangen der Heiterkeit" heißt, Fremde, die ins Dorf kommen. Dabei simulieren sie einfach die Geräusche der Tiere ihrer arktischen Umwelt – das Grunzen eines Eisbären, das Luft-Ausstoßen eines Wals, das Schnattern von Möwen –, und kommen über diese Tierstim-

men-Imitation in ein künstliches Lachen hinein, das nach kurzer Zeit in ein echtes Lachen mündet.

Dazu kommt, dass Lachen das Immunsystem sehr stark stimuliert. In dem rauen Klima, in dem die Eskimos leben, ist es sehr wichtig – gerade um Tröpfcheninfektionen entgegen zu wirken –, dass das Immunsystem gegen Viren und Bakterien gut gewappnet ist. Also machen die Eskimos aus einem tiefen Wissen heraus zwei völlig richtige Sachen: Erstens lachen sie, sie machen also eine Freundschaftsgeste dem Fremden gegenüber, und zweitens bauen sie dadurch einen Immunschutz gegen fremde Bakterien auf.

Lachyoga ist also nicht neu. Neu ist, dass es wieder entdeckt worden ist.

Vor ein paar Jahren war ich in einem indischen Lokal und habe Freunden dort das Begrüßungsritual der Eskimos vorgeführt. Sie haben alle mitgemacht und zu lachen angefangen. Dann kam der indische Wirt an unseren Tisch und sagte: „Das ist interessant, etwas Ähnliches gibt es in Indien.", und hat uns vom Hasya-Yoga erzählt. So bin ich auf das indische Lachyoga, eine jahrtausendalte Form des Hatha-Yogas hingewiesen worden.

Dass Hasya-Yoga zu einer eigenen Disziplin geworden ist, ist eine recht junge Entwicklung. Das hat mit einem indischen Arzt, Madan Katarai, zu tun. Dieser Arzt hat nämlich mit Bedauern festgestellt, dass die Menschen zu wenig lachen und damit ein großartiges Mittel, sich Gutes zu tun, nicht anwenden oder unwissend aus der Hand geben. Anfangs traf sich eine Gruppe von Indern und erzählte sich gegenseitig Witze. Das dadurch ausgelöste Lachen war aber nur von kurzer Dauer. So hat Madan Katarai, der auch ein großer Yoga-Experte ist, sich daran erinnert, dass bestimmte Atemübungen des Hatha-Yogas automatisch in ein Lachen hineinführen. Dazu kamen noch pantomimische Übungen, die das Ganze lustiger machten. So enstanden die modernen Hasya-Yoga-Übungen.

Sie haben erzählt, dass sich in Bombay, das eine der größten Städte der Welt ist, Inder vor der Arbeit treffen, um in Parks mitten in der Stadt zusammen zu lachen.

Ja, und das ist teilweise sehr extrem: Da verläuft die Stadtautobahn und 200 Meter weiter steht unter Bäumen eine Gruppe von Menschen, die Hasya-Yoga macht. Bei jedem Wetter. Selbst wenn der stärkste Monsunregen herunter schüttet – die Menschen treffen sich regelmäßig morgens um sechs Uhr und machen eine halbe Stunde Lachyoga zusammen. Das sind nicht nur drei, vier Menschen, sondern große Gruppen von 150 bis 250 Menschen, die zusammen kommen.

Die heilende Kraft des Lachens

Das bedeutet, dass einer der wichtigsten Aspekte des Hasya-Yogas seine heilende Kraft ist. Vor allem, was Stress angeht.

Ja – und das wissen wir alle. Die Italiener sagen: „Lachen macht gutes Blut". Wir sagen: „Lachen ist die beste Medizin" oder „Lachen hält Körper und Seele zusammen". Die Inder haben wiederum den folgenden Spruch: „Der beste Arzt heißt Lachen". Das wussten wir schon, aber das war nicht im medizinischen Sinn wissenschaftlich belegt worden. Erst in den letzten 20 bis 25 Jahren haben Forschungsergebnisse bestätigt, dass Lachen eine heilende Wirkung auf Körper und Seele hat. Insbesondere beim negativen Stress hat Lachen eine entspannende Wirkung.

Beim Hasya-Yoga werden allein durch eine halbe Stunde intensives Lachen im mesolimbischen Dopaminsystem – das ist ein Teil des limbischen Systems, das für positive Emotionen wie Freude, Euphorie usw. zuständig ist – Endorphine und Dopamine aktiviert. Diese Neurotransmitter, die wir in diesem Fall Glücksbotstoffe nennen, leiten die Signale von Nervenzelle zu

Nervenzelle weiter. Dadurch beginnen wir uns dann automatisch gut zu fühlen.

Ein Mensch, der sich gut fühlt, geht mit Stress anders um. Er lässt sich von dem, was an ihn herangetragen wird, nicht mehr unterkriegen. Intensives Lachen ist wie ein Drogenrausch, allerdings ein gesunder Drogenrausch. Wir müssen uns mehr derjenigen Drogen, die wir selbst im Körper produzieren, bedienen. Tatsächlich sind Endorphine und Dopamine von ihrer biochemischen Struktur her dem Kokain ähnlich. Endorphine werden auch als körpereigene Morphine – also ein Schmerzmittel – bezeichnet. Durch Lachen wird also auch das Schmerzempfinden reduziert.

Lachyoga hat darüber hinaus eine positive Wirkung auf den Blutdruck, was für Schlaganfall-Patienten von großer Bedeutung ist, denn der Blutdruck bleibt nachhaltig da, wo er sein soll. In diesem Euphorie-Zustand passiert auch etwas Wichtiges, dass nämlich ein Mensch seine Krankheit vergisst. So habe ich in meinen Seminaren erlebt, dass krebskranke Menschen nach zwei Stunden Hasya-Yoga vergessen hatten, dass sie krebskrank sind. Es ist ein Segen, wenn man eine Zeit lang seine Krankheit vergessen kann. Denn in diesem positiven Zustand können die Selbstheilungskräfte des Körpers ungehindert fließen und ihre ganze Wirkung entfalten. Wir unterschätzen alle die Selbstheilungskapazität unseres Körpers.

Wenn wir wüssten, wie kraftvoll...

Auch Menschen, die um die Selbstheilungskräfte des Körpers wissen, unterschätzen diese Kraft immer noch. Sie ist ein großer breiter Strom, gegen den wir nicht anschwimmen können.

Chronische Schmerzen können nachhaltig durch Hasya-Yoga gelindert werden. Also bei allen Menschen, die von Rheuma geplagt sind oder an Fibromyalgie leiden, ist intensives Lachen das Mittel der Wahl. Die Umleitung des Schmerzreizes während des Lachens ist ein komplexer Vorgang. Es gibt auch Hinweise,

dass Lachen entzündungshemmend wirkt, dies ist aber wissenschaftlich noch nicht untermauert.

Nicht nur in der Schmerztherapie, sondern auch in der therapeutischen Arbeit mit depressiven Menschen wird Lachyoga
eingesetzt. Auch bei Menschen, die an einer schweren Krebserkrankung leiden, verbessert sich die psychische Befindlichkeit
wesentlich – und damit steigern sich entsprechend die Selbstheilungskräfte. Im Rahmen einer Studie, die an der Loma-Linda-
University in Kalifornien durchgeführt wurde, brachte der Neu-
roimmunologe Lee Berk Menschen zum Lachen, indem er
ihnen lustige Komödien-Filme vorgespielt hat. Der Vergleichs-
gruppe zeigte er ein völlig neutrales Bildmaterial – Wolken, die
ziehen. Der ersten Gruppe wurde im Abstand von fünf Minuten
Blut abgenommen, und man untersuchte, wie sich das Blutbild
über zwei Stunden hinweg veränderte. Lee Berk konnte zeigen,
dass während des Lachens die Killer-Zellen im Blut stark anstei-
gen und nicht nur Viren und Pilze abtöten, sondern auch
Tumorzellen bekämpfen. Deshalb weist Lee Berk auf die wir-
kungsvolle Tumorprophylaxe des Lachens hin. Also mein Rat:
So viel lachen wie möglich! Und das kann man am besten, wenn
man Lachyoga macht.

Heiter stimmende Lachclubs

*Hasya-Yoga lernt man konkret in so genannten Lachclubs oder in
Seminaren. Und es gibt darüber hinaus Übungen für zu Hause.*
Richtig. Man kann ein zweitätiges Seminar am Wochenende
besuchen. In diesem Seminar werden den Teilnehmern die verschiedenen Übungen, die alle sehr einfach sind, gezeigt. Das
Einzige, was den Teilnehmern ein bisschen Probleme bereiten
kann, ist, eine gewisse Scheu zur Seite zu legen. Denn bestimmte Übungen – ich denke zum Beispiel an das Löwen-Lachen,

eine Übung, bei der man die Zunge ganz weit herausfallen lässt – kosten eine gewisse Überwindung. Sobald die Scham aber überwunden ist, sieht man die Teilnehmer am zweiten Tag am Boden liegen und sie lachen und lachen und lachen – und sie können nicht aufhören zu lachen. Sie kommen wirklich in eine Lachtrance. Lachen steckt an. Deshalb funktioniert Lachyoga am besten, wenn man in einer Gruppe ist, Augenkontakt zu dem anderen hat, die Lach-Energie des anderen spürt. Es ist sozusagen ein Netzwerk von Lachern, die sich gegenseitig befruchten und beflügeln und auf einen Rausch mitnehmen.

Hier im Westen gibt es nicht wie in Indien die Möglichkeit, im Büro zunächst zehn Minuten Lachyoga vor der Arbeit zu machen. In Indien wird es tatsächlich von der Geschäftsleitung befohlen, eine viertel Stunde bis 20 Minuten vor Arbeitsbeginn Lachyoga zu machen. Auch in Schulen. Sogar in Gefängnissen – mit erstaunlichen Ergebnissen: Die Aggression der Häftlinge gegenüber dem Wachpersonal ist wesentlich geringer.

Ich habe mir also Gedanken gemacht, wie der positive Effekt der Lachseminare weiterhin im Alltag aufrechterhalten werden kann. Ein indischer spiritueller Meister, Chittur Vijajahan, war der erste, der mich auf die Kraft der Mudras aufmerksam gemacht hat. Die spirituelle Idee dieser bestimmten Handhaltungen ist, dass die Finger zu Antennen werden, mit denen man Wissen und Heilung empfangen kann. Darüber hinaus werden durch die Mudras bestimmte Punkte auf den Handreflexzonen aktiviert, die über die Meridiane mit den verschiedenen Körperorganen verbunden sind. Das Gute an den Mudras ist, dass man sie überall machen kann: zu Hause, an der Bushaltestelle oder wenn man in der U-Bahn sitzt.

Ich habe auch gemerkt, dass gerade bei verstandes-orientierten Menschen wie Managern, Versicherungsmaklern oder Diplom-Volkswirten die Mudras sehr gut wirken. Gerade bei Menschen, die unter viel Stress, starkem Erfolgsdruck und Rivalitätskampf arbeiten, ist es wichtig zu zeigen, dass sie zu mehr

Erfolg kommen können, wenn sie rationales Arbeiten und emotionales Arbeiten miteinander verbinden – Erfolg, im Sinne, dass es er-folgt. Erfolg haben heißt in diesem Sinn, dass die Dinge er-folgen.

Bei diesen ratio-orientierten Menschen beginne ich also nicht mit den klassischen Übungen des Lachyogas, sondern mit Mudras. Mit unglaublichem Erfolg.

Und dann „erfolgen" die Geschäfte, denn wie in allen Bereichen des Lebens geht es um Kontakt.

Absolut. Mein Großvater, der Kaufmann war, sagte immer: „Einmal lachen hilft tausend Taler machen!" Und so ist es: Komme ich als Miesepetriger herein und möchte etwas verkaufen, werden keine Geschäfte zustande kommen. Komme ich dagegen als heiter gestimmter Mensch mit einem netten Wort, mit einem Lächeln herein, bin ich viel glaubwürdiger, weil die Freundschaftsgeste angenommen wurde.

Über das Hasya-Yoga wird man prinzipiell zu einem heiteren Menschen. Man erlebt also eine Veränderung seiner Psyche. Man lacht gerne, man findet viel mehr Situationen, in denen man lachen kann. Man braucht keine große Stimulans mehr von außen. Man kommt in dieses Buddha-Lächeln hinein.

Heiner Uber, herzlichen Dank für dieses Gespräch!

Heilung und Geburt

Das Mysterium der Geburt

Frédérick Leboyer, der Begründer der "Geburt ohne Gewalt", löste eine weltweite Bewegung für die "sanfte Geburt" aus und bereicherte damit die westliche Geburtshilfe um eine neue Dimension, denn seine Botschaft lautet: Die Geburt kann ein ekstatisches Fest für die Frau und eine Freude für den Neuankömmling sein. Seit Leboyer haben wir die Chance, das Neugeborene nicht länger als Objekt, sondern endlich als Persönlichkeit zu sehen, eine Persönlichkeit, deren tiefster Wunsch es ist, zärtlich angenommen zu werden, sich geborgen zu fühlen und einen liebevollen Kontakt mit der "Welt da draußen" zu spüren. "Sanfte Geburt" heißt deshalb, die Bedürfnisse des Neuankömmlings zu respektieren, ihn den Übergang vom Mutterleib in diese Welt mit seinem eigenen Tempo, seinem Rhythmus, seiner Zeit selbst bestimmen zu lassen.

Sind sie denn anders, diese Kinder, die in Stille und Liebe geboren werden? Nach den Aussagen vieler Mütter, ja. Denn entgegen der Behauptung, dass ein Kind erst mit zwei Monaten lächeln kann, strahlen diese Kinder bereits in den ersten Stunden ihres Lebens über das ganze Gesicht...

Als Gynäkologe und Geburtshelfer hatte Frédérick Leboyer lange Jahre in einer Pariser Klinik gearbeitet, bevor er sich 1973 von der Medizin verabschiedete, die er als zunehmend technokratisch und politisch empfand. Auf seinen Reisen nach Indien und China, angeregt durch die Psychoanalyse und das Studium der großen Weisheits-

lehren, erhielt er Inspirationen für eine neue Sichtweise von Schwangerschaft, Geburt und Mutterschaft. Längst über die Medizin hinausgewachsen, zum Philosophen und Poeten geworden, bereist er noch immer die Welt, hält Vorträge, unterrichtet in Seminaren und schreibt Gedichte von spiritueller Schönheit und tiefer Einsicht in das Wunder der Geburt.

- - -

Dieses Interview wurde zusammen mit Christina Kessler, Gründerin der Amo-ergo-sum-Philosophie und Autorin des Buches „Amo ergo sum – ich liebe, also bin ich“, geführt.

Wie kam es dazu, dass Sie ein so starkes Empfinden für die Neugeborenen, für den Schmerz und die Gewalt, die sie erfahren, entwickelt haben?

Wahrscheinlich ist mein erstes Buch „Geburt ohne Gewalt" entstanden auf Grund der Wunschvorstellung, wie ich selbst gerne in dieser Welt empfangen worden wäre. Meine eigene Geburt war sehr dramatisch. Ich kam zwei Wochen zu spät, war eine Zangengeburt. Meine Mutter hatte keine Anästhesie bekommen, schrecklich! Eine falsche Entbindung gehört zu den schlimmsten Erfahrungen, die ein Mensch machen kann.

Die Frage ist nun, wieso es damals zu „falschen" Geburten kam? Nun, wir hatten eine verkehrte Sicht von der Geburtsarbeit. Wir glaubten, die Geburt sei ausschließlich Sache der Frau und vergaßen dabei völlig das Kind. Die Geburt ist aber eine gemeinsame Arbeit von Mutter und Kind.

Vieles hängt schon davon ab, welchen Kontakt Mutter und Kind während der Schwangerschaft hatten. Meistens ist es aber so, dass die Frauen gar nicht schwanger sein wollen bzw. gar nicht begreifen, dass sie schwanger sind. Im Gegenteil sind sie stolz darauf, wenn man im fünften Monat noch nichts von ihrem

Bauch sieht. Sie negieren praktisch das wachsende Kind in sich. Man könnte sagen: Zwei sind nicht eins geworden.

Besonders nach dem sechsten Monat sollte die Frau regelmäßig ganz allein in einem Raum sitzen, nur dem Kind lauschen und sollte zu ihm sagen: „Sieh, jetzt bin ich nur für dich da, nur für dich!" Sie sollte sich bewusst werden, dass sie in Kontakt kommen muss! Denn erst, wenn ein geheimes inneres Verständnis da ist, gehen sie beide zusammen durch Wehen und Entbindung. Auch während der Entbindung sollte die Frau allein sein. Sie sollte wahrhaft bei sich selbst sein, nach innen lauschend. Es sollte ganz still sein, kein Mozart, keine Musik, nur der totale Kontakt mit dem Baby. Denn es ist tatsächlich das Kind, das die Geburt leitet. Das ist die große Wahrheit. Niemand von außen kann der Frau helfen, sie ist gefangen, kann nicht zurück, sie muss nach vorne.

Mit der Urkraft der Schöpfung konfrontiert

Die Frau muss wieder der Urkraft der Schöpfung vertrauen lernen, sich hingeben an die gewaltigen „Wogen", die ihren Körper mitreißen wollen, um das Richtige geschehen zu lassen. Hingabe kann nur in einer Atmosphäre der Stille und des Respekts gefunden werden, wo die Gebärende – allein mit sich selbst und ihrem intensiven Erleben – ganz auf die Weisungen ihres Körpers und die Zeichen des Kindes, das gemeinsam mit ihr „arbeitet", hören kann. Weder gestresste Ärzte, noch überroutiniertes Krankenhauspersonal, noch angsterfüllte Väter gehören dorthin. Dieses Erlebnis gehört der Frau allein. Kein Mensch hat das Recht, ihr und ihrem Kind diese Freude zu nehmen. Denn in Ekstase geboren, erlebt das Kind die Geburt als lustvollen Eintritt in die Welt, die Wehen als eine Sequenz von

Umarmungen, den sensitiven Austausch mit der Mutter als wichtige Erfahrung des Angenommenseins. Bevor es überhaupt geboren ist, weiß es alles über die Liebe und ihre Segnungen. Wie könnte es da noch von Gedanken an Schuld oder Erbsünde verfolgt werden?

In Ihren Büchern ist so viel Spiritualität zwischen den Zeilen zu spüren!
Das ist ein gefährliches Wort, weil es schon so oft missbraucht wurde.

Was würden Sie stattdessen sagen?
Nichts!

Nichts?
Man kann vielleicht von einer anderen Dimension sprechen. Kennen Sie mein Buch „Das Fest der Geburt"? Das ist mein schönstes Buch. Ich habe schon immer Museen geliebt und egal wo ich war, habe ich Museen besucht. Es gab eine Zeit, wo ich anfing, fast systematisch Gemälde über die Geburt Jesu zu betrachten. Da sind Maria, der Engel der Verkündigung und das Jesuskind in der Krippe. Dabei stellte ich fest, dass die Maler, die eigentlich Mystiker waren, versucht haben, eine spezielle Botschaft zu vermitteln. Die Krippe stellt gleichzeitig immer eine Kirche dar, deren Mauern in sich zusammenstürzen, deren Dach einfällt, wo wirklich systematisch alles zusammenbricht. Genau das passiert der Frau während des Gebärens: Alle Mauern stürzen ein, alle Strukturen des Egos brechen zusammen, das Ich löst sich auf. Die Frau wird von einer Welle gewaltigen Ausmaßes mitgerissen, und mit einem Mal kommt sie in Kontakt mit etwas, das man normalerweise nur im Augenblick des Todes erlebt. Tatsächlich kommt die Frau im Akt des Gebärens dem

Tod sehr, sehr nah. Es gibt sogar einen Augenblick, in dem sie selbst stirbt.

Sie stirbt genau im Augenblick, in dem sie das Kind auf die Welt bringt.

Fast. Man kann nicht mit Sicherheit sagen, in welcher Phase der Geburt dieser Augenblick genau eintrifft. Auf jeden Fall gibt es diesen Moment, wo die Frau genau spürt, dass sie sterben muss, und sie akzeptiert es.

Das entspricht den großen Prinzipien von Leben und Tod. Das heißt, dass jeder Explosion, jedem Durchbruch ein Punkt tiefster Dunkelheit unmittelbar vorausgeht.

Genau. Das ist die Sprache der Symbole oder der großen Archetypen. Und die Frau erfährt tatsächlich diese archetypischen Zustände am eigenen Leibe. Das ist etwas Überwältigendes. Kein Mann kann dies nachvollziehen. Deshalb ist es meiner Meinung nach ein großer Fehler, den Mann in den Kreißsaal zu drängen. Das ist eine Reise, eine Pilgerfahrt, die die Frau ganz alleine macht.

In vielen archaischen Kulturen sind es Frauen, die den Gebärenden beistehen, und zwar Frauen, die schon geboren haben. Tatsächlich sind es im Augenblick der Geburt Frauen, die sie brauchen, und nicht Männer.

Ja, es ist ausschließlich die Gemeinschaft der Frauen. Ich frage mich heute noch, was ich als Mann dort zu suchen hatte. Jahrelang habe ich den Frauen ihre Niederkunft gestohlen. Die Frauen kamen zu mir und ich fragte sie:

„Haben Sie nicht ein bisschen Angst?"

„Oh, ja, Doktor, ich habe Angst."

„Vielleicht haben Sie sogar große Angst?"

„Oh ja, ja!"

„Madame, haben Sie keine Angst, ich bin da, ich werde alles tun, ich werde Ihnen durch eine Spritze Ihre Schmerzen abnehmen!"

„Oh, vielen Dank, Herr Doktor!"

Ich hätte gleich sagen können: „Madame, ich werde an Ihrer Stelle entbinden!" Und wie alle meine Kollegen sagte ich danach: „Heute hatte ich eine schwierige Geburt!"

Aber eines Tages erkannte ich: „Mesdames, das ist *Ihre* Aufgabe. Lassen Sie sich diese Erfahrung von niemandem stehlen. Lassen Sie es niemanden an Ihrer Stelle tun. Niemand darf und niemand sollte dies an Ihrer Stelle tun. *Sie* müssen lernen, nein zu sagen. Nein, denn es ist eine stärkere Kraft, die durch Sie wirkt." Das ist der Grund, warum ich aus der Ärztekammer zurückgetreten bin, obwohl es gar keine einfache Entscheidung war. Denn nunmehr war ich ein Trapezkünstler ohne Netz.

Der Fluss des Lebens fließt durch die Frauen

Es ist bestimmt für einen Mann schwierig zu akzeptieren, dass er eigentlich im Kreißsaal unerwünscht ist.

Es ist grundsätzlich schwierig für ihn zu akzeptieren, dass er niemals ein Kind auf die Welt bringen wird, dass er niemals das Mysterium der Geburt kennenlernen wird, das tatsächlich das Privileg der Frauen ist, das Wunder, das den Frauen vorbehalten ist. Ich sage oft, und das ist eine klassische Metapher, dass das Leben ein Fluss ist. Alles ist in Bewegung. Nichts ist, alles ist im Werden. Im Grunde fließt der Fluss des Lebens durch die Frauen. Sie haben einen vollständig anderen Bezug zum Leben als die Männer. Die Männer sitzen am Ufer und diskutieren. Sie sind Philosophen, Intellektuelle, Dichter. Aber die Frauen sind der Fluss, sie sind eins mit ihm. Das ist der grundsätzliche

Unterschied zwischen Mann und Frau. Daran ist nichts zu ändern, es liegt einfach in der Natur der Sache.

Es macht also die Kraft der Frau aus, dass sie die Qualität des Im-Fluss-Seins verkörpert und gleichzeitig die Fähigkeit besitzt, durch den Tod zu gehen?
Ja, ohne Zweifel, denn das Gebären stellt eine Schwelle dar, eine Prüfung, in der die Frau zur Mutter wird. Sonst wäre sie nichts anderes als eine Frau, die Kinder hat.

Das bedeutet, dass die Art und Weise, wie heutzutage Geburten vorgenommen werden, die Frauen daran hindert, in ihre weibliche Kraft zu kommen.
Wir leben sowieso in einer Zeit, in der alles durcheinander ist. Einer der Aspekte davon ist die Massenproduktion, egal ob es um Flaschen, Shampoos oder Autos geht. In Wirklichkeit aber ist jeder Gegenstand, jedes Wesen einzigartig. Gerade diese Vielfalt macht den Reichtum des Lebens aus. Aber was können wir von einer Gesellschaft erwarten, in der die Kinder wie am Fließband zur Welt kommen? Daraus können nur Erwachsene hervorgehen, deren Leben Fließbandcharakter hat. Es geht hierbei nämlich um das Problem der Identitätsfindung.

Aber gerade weil die Entwicklung sich bis zu ihrem Extrem zugespitzt hat, wird sich zwangsläufig ein neues Gleichgewicht einpendeln. Darin liegt die Chance, uns auf eine höhere Bewusstseinsebene zuzubewegen. Mit Ihrem Engagement für die Rückkehr zu einer natürlichen individuellen Geburt haben Sie einen wesentlichen Beitrag für die Gesellschaft der Zukunft geleistet. Denn Sie haben nicht nur der Frau ihre Würde und Kraft zurückgegeben, sondern es auch dem Kind ermöglicht, in seiner Ganzheit und seiner Einzigartig in dieser Welt willkommen geheißen zu werden.
Es gibt kein Sollte, kein Gesetz. Jede Frau, jede Schwangerschaft, jede Geburt ist anders und ebenso jedes Kind. Alles,

worauf es ankommt, ist das tiefe Wissen: Dies ist mein Weg. Es gibt nur das Sein, ganz bei sich sein. Sich selbst gegenüber wahrhaftig sein, ist das Einzige, was zählt.

Eine natürliche Geburt gibt es eigentlich nicht. Geburt ist immer ein Mysterium, etwas Supernatürliches. Es ist ein Wunder und dieses Wunder heißt Gnade.

Herr Leboyer, herzlichen Dank für dieses Gespräch!

Heilung durch Berührung

Die Kraft der heilsamen Berührung

„Die Bedeutung des körperlichen Kontakts in den ersten Lebensjahren des Menschen ist inzwischen allgemein bekannt. Untersuchungen an Heimkindern zeigen, dass diejenigen, die nicht liebevoll berührt werden, sich weniger gut entwickeln und abmagern. Meiner Ansicht nach vermindert sich auch die Lebensqualität der älteren Menschen, wenn sie nicht mehr sanft und zärtlich berührt werden. Ihr Wunsch, mit anderen in Kontakt zu treten, schwindet zusehends, und der ohnehin schon schwach ausgeprägte Realitätsbezug nimmt deutlich ab." Mit diesen Worten fängt Dawn Nelson ihr Buch „Die Kraft der heilsamen Berührung" an, in dem sie schildert, wie sehr in unserer Gesellschaft heilende, nährende und entspannende Berührungen den Kranken und Alten weitgehend versagt werden. Doch Berührung ist für unsere Lebensqualität unentbehrlich, denn sie vermittelt Wärme, Freude und die Gewissheit, dass wir nicht allein sind.

Dawn Nelson ist erfahrene Massagetherapeutin und Dozentin für Tätige im Pflegebereich. Sie hat eine Massagetechnik entwickelt, die weniger mit Massage zu tun hat als mit sanftem und einfühlsamem Berühren: „Compassionated Touch".

✸

227

Dawn Nelson, Sie arbeiten seit 1978 als Massagetherapeutin in einem von Ihnen gegründeten ambulanten Dienst, der in Alten- und Pflegeheimen heilsame Berührung für ältere und hilfebedürftige Menschen ermöglicht. Was hat Sie dazu bewegt, diese besondere Art der Pflege Kranken und Sterbenden anzubieten?

Ich habe als Freiwillige in der Hospizbewegung gearbeitet und habe damals Massagen für Sterbende angeboten. Ich wollte ältere Menschen massieren und habe gesehen, dass es eine ganz andere Sache war, als sonst zu massieren. Ich merkte, dass sie eigentlich nicht Massagen in der üblichen Art und Weise brauchten, sondern dass sie einfach sanfte Berührung und jemanden benötigten, der ihnen zuhörte. Meine Tochter, die selbst Leiterin eines Altenheims war, ermutigte mich mit den Worten: „Es gibt sicher Leute, die dafür zahlen würden, dass du ihren Eltern oder Angehörigen, die im Heim sind, diese Art Massage anbietest." Sie hat mir sehr geholfen, „Compassionated Touch", „Heilsame Berührung", als Methode in die Alten- und Krankenpflege einzuführen. Ich habe dann Menschen nicht nur in Pflegeheimen, sondern auch in Rehabilitationszentren und Krankenhäusern besucht. Einige hatten gerade eine schwere Operation hinter sich oder erholten sich von schweren Krankheiten, andere waren an lebensbedrohenden Erkrankungen wie Krebs und Aids erkrankt, noch andere waren behindert oder standen kurz vor dem Tod.

Dann kam der nächste Schritt: Immer mehr Pfleger und Physiotherapeuten wollten diese Methode lernen, und ich musste mich, wenn auch zögernd am Anfang, entscheiden, sie tatsächlich zu lehren und eine Art Zertifikat auszustellen. Ich glaube, es ist wirklich notwendig, dass es in Stationen, wo Menschen unter sehr großen Schmerzen leiden, so etwas gibt, damit eine gewisse Lebensqualität wieder hergestellt wird.

Mitgefühl ist tätige Liebe

*Was unterscheidet die heilsame Berührung von anderen Massage-
techniken?*

Die heilsame Berührung wurde zur Linderung und Erleichterung speziell für Menschen konzipiert, die aufgrund einer
Krankheit oder ihres Alters schwach sind und sich schwer erholen können. Die meisten Menschen, die in Krankenhäusern oder
Pflegeheimen sind, leiden unter Schmerzen körperlicher, geistiger oder seelischer Art. Diese Schmerzen werden oft allein durch
den intimen Kontakt, den wir dank der heilsamen Berührung
haben, gelindert. Es braucht nicht viel: eine sanfte Berührung,
ein offenes Gespräch, ein aufmerksames Zuhören. Es geht hier
also um ein mitfühlendes Berühren, das vom Herzen kommt.
Ein mitfühlendes Herz nimmt Anteil am Leid der anderen. Mitgefühl unterstützt die Fähigkeit, angemessen Hilfe zu leisten.
Mitgefühl ist tätige Liebe.

Ich habe jahrelang als Meditationslehrerin gearbeitet, und was
sich als „heilsame Berührung" entwickelt hat, ist die Verbindung
zwischen meiner Fähigkeit zu berühren und eben Meditations-
und Achtsamkeitstechniken und -erfahrungen. Was ich vor allem
durch die Meditation erfahren habe, ist, dass da immer noch das
Individuum ist. Doch gerade im Umgang mit alten Menschen
wird die Aufmerksamkeit hauptsächlich auf die Krankheit oder
auf das gelegt, was die Älteren nicht mehr können, aber nicht auf
das einzigartige Wesen, das da vor uns steht.

*Welche Wirkung hat die heilsame Berührung auf die Kranken und
Pflegebedürftigen?*

Es ist natürlich von Mensch zu Mensch verschieden. Aber was
diese sanfte Massage auf jeden Fall bringt, ist, dass sich die
Lebensqualität haargenau in diesem Augenblick für die Person
enorm verbessert. Wenn Ältere oder Schwerkranke regelmäßig

Sitzungen bekommen, kann man beobachten, wie ihr Vegetativum bzw. Blutkreislauf angeregt wird, wie sie sich besser entspannen und schlafen können, plötzlich besser denken und aufnehmen können. Aber vordergründig ist es Wärme, die sie bekommen, verbunden mit einem Gefühl von Selbstwert und Selbsteinschätzung, mit einem Sich-sicherer-mit-sich-selbst-fühlen.

Dieses liebevolle Berühren kann auch Menschen beruhigen, die außer sich sind, aus welchem Grund auch immer. Es konfrontiert sie auch selbstverständlich mit Themen wie Isolation, Verlassensein und Einsamkeit, bringt sie aber gleichzeitig dazu, soziale Kontakte wieder aufzunehmen, indem sie über ihre Gefühle wie Traurigkeit oder Wut sprechen, sie einfach wieder nach außen bringen.

Kommunikation ohne Worte

Heilsame Berührung hilft besonders Menschen, die an einer Demenz wie der Alzheimer-Krankheit leiden, aus den Verstrickungen in ihrem Kopf heraus. Sie hilft ihnen, wieder in ihren Körper „hineinzukommen", ihn zu spüren und ihn wieder als real zu empfinden. Dadurch, dass sie auf der körperlichen Ebene berührt werden, bekommen sie wieder einen Bezug zur Realität, was ihnen ermöglicht, ihr verwirrtes Verhalten loszulassen.

Mit dem einfühlsamen Berühren kann man auch mit Menschen kommunizieren, die gar nicht mehr sprechen können. Es ist dann eine Kommunikation ohne Worte, von Herz zu Herz. Egal in welchem Bereich man es anwendet, entscheidend ist die Qualität der Berührung bzw. die auf das Individuum gerichtete Aufmerksamkeit.

Die heilsame Berührung hat bestimmt eine ganz wichtige Funktion bei der Begleitung von Sterbenden.

Wie im Krankheitsfall richtet sich oft die Aufmerksamkeit des Pflegepersonals oder der Angehörigen auf den Sterbeprozess und nicht auf das Individuum. Anstatt offen für die Bedürfnisse und Wünsche des Sterbenden zu sein, reagiert die Umwelt mit Unverständnis und verleugnet das, was anzunehmen ist. Menschen, die sich dem Tod nähern, werden schwächer und fangen an, sich von ihrer körperlichen Existenz zu verabschieden. Sie kommunizieren dann vielleicht in einer eher symbolischen Sprache oder ohne Worte. Da ist es wichtig, für jede Kommunikation, die einem angetragen wird, empfänglich zu bleiben – welche Form auch immer sie annehmen mag.

Bedingungslos lieben

Es geht darum, präsent zu sein und die Dinge so zu lassen, wie sie sind, ohne einzugreifen. Indem man präsent ist und dem Menschen das Gefühl vermittelt: „Du bist nicht allein, du bist immer noch berührbar und immer noch wert, dass ich hier mit dir zusammen bin", fühlt sich die Person als Individuum gesehen und an diesem Punkt heil.

Was Linderung und Heilung bringt und worauf es ankommt, ist der Kontakt. Das Wichtigste ist die Beziehung, dass ich für den anderen präsent bin. Ich brauche eigentlich nichts anderes, als mich selbst einzubringen. Egal auf welchem Gebiet das stattfindet, immer ermöglicht es eben diese Aufmerksamkeit, diese Gerichtetheit der Berührung, dass etwas Tiefgreifendes geschehen kann.

Dawn Nelson, herzlichen Dank für dieses Gespräch!

Heilung und Tod

Das Geschenk des gemeinsamen Abschieds

Durch die unheilbare Erkrankung eines geliebten Menschen oder durch den natürlichen altersbedingten Rückzugsprozess werden wir mit unserer eigenen Angst vor dem Sterben und dem Tod konfrontiert. Erstaunlicherweise verringert sich die Angst vor dem Tod, wenn wir uns ihr öffnen, indem wir den Sterbenden in dieser Zeit bewusst begleiten. In der gleichen Weise wie die Angst vor dem Tod geringer wird, vermindert sich auch die Angst vor dem Leben. Wir finden zu einer tieferen Freude – der Freude an den so genannten Kleinigkeiten des Alltags. Die Bewusstwerdung der Begrenztheit unseres eigenen Lebens hilft uns, uns für die Kostbarkeit, für die Wunder des Lebens zu öffnen.

Ruth Eder ist Organisatorin und Moderatorin des „Ottobrunner Kulturstammtisches" mit prominenten Kulturschaffenden sowie Autorin zahlreicher Bücher zum Thema Gesellschaft und Partnerschaft.

Obwohl der Tod in unserer Gesellschaft immer noch ein Tabu-Thema ist, hat Ihr Buch „Ich spür noch immer ihre Hand" acht Auflagen erreicht und wurde jetzt mit 15 neuen Interviews komplett neu überarbeitet. Wie können Sie sich dieses große Interesse erklären?

Aus einer immer noch starken Tabuisierung des Todes heraus fällt es uns unendlich schwer, das Thema des Sterbens überhaupt anzusprechen, wenn es eigentlich längst angebracht wäre. Erfahrungsberichte von Menschen, die authentisch über ihren inneren Prozess und ihre zum Teil große Hilflosigkeit angesichts des Sterbens von nahen Verwandten referieren, können einem helfen, sich ehrlich mit diesem Thema auseinanderzusetzen und Hilfestellung zu bekommen bei einem der tiefsten Einschnitte im Leben eines Menschen. In unserer geschäftig verdrängenden Zeit wird das Sterben oft soweit wie möglich fortgeschoben: in Krankenhäuser oder in Altenpflegeheime, wo elementare Wünsche kaum erfüllt werden können. Das Verdrängen des Abschieds vom Leben ist aber eine Scheinlösung, denn die Angst vor dem Tod – auch vor dem eigenen – wird dadurch immer größer.

Bewusstwerdungsprozess in vollem Gange

Früher war es anders, die Menschen sind im Schoße der Familie gestorben, es gab nicht wie heute diese Scham gegenüber allem, was mit Sterben und Tod zu tun hat!
Ja! Noch zu Anfang des letzten Jahrhunderts starben 90 Prozent aller alten Menschen zu Hause. Die Menschen sind allerdings nicht so alt geworden wie heute. Wir haben jetzt in der Tat viel mehr alte Menschen, so dass ein Umdenken über Alter und Tod dringend erforderlich ist. Aber obwohl dies nur langsam voran geht, scheint ein Bewusstwerdungsprozess bei den Menschen im Gange zu sein. Vor zehn Jahren steckte nämlich die Hospizbewegung noch in den Kinderschuhen. Einige wenige Krankenhäuser verfügten über Palliativstationen für unheilbar Kranke und Sterbende. Inzwischen gibt es in jeder größeren Stadt oder Gemeinde ehrenamtliche Hospizhelfer und Schwestern bzw.

Pfleger, die dafür ausgebildet werden. Neben der Idee stationärer Hospize versucht man heute verstärkt, Schwerstkranke und Sterbende lieber in ihrem eigenen Zuhause, in ihrer vertrauten Umgebung bis zu ihrem Tod zu begleiten, wo sie zwar meistens nicht mehr mit ihren Kindern und Kindeskindern zusammen leben, wo sie sich aber in der Regel wohler fühlen als in einem fremden Altersheim. Die seelische Verantwortung fällt in diesem Fall also an die Kinder und Enkel zurück, die wieder zuständiger sind, als wenn die Eltern bzw. Großeltern irgendwo in einem Heim weit weg leben. Irgendwie bekommen sie dann stärker das Gefühl, sie müssen sich doch um die Oma und den Opa kümmern, wenn sie allein in der Wohnung leben. Durch die zunehmende Zahl der alten Menschen führt kein Weg daran vorbei: Wir müssen uns mit dem Thema Alter, Sterben und Tod beschäftigen.

Dadurch, dass die alten Menschen jetzt vermehrt zu Hause gelassen werden, werden auch die ambulanten Pfleger, wie Caritas, Diakonie und diverse private Pflegedienste, viel mehr gebraucht. Sie leisten eine enorme seelische Hilfe und helfen selbst zunächst widerstrebenden Angehörigen es auszuhalten, den Todkranken in seinen vier Wänden und in seinen letzten Tagen liebevoll zu begleiten.

Tiefgreifende Wirkung auf das eigene Leben

Die Begleitung auf dem Weg vor dem Tod von Eltern, Nahverwandten oder engen Freunden schafft eine ungeheure Nähe, auch wenn das Verhältnis vorher nicht sehr gut war.
Die Todesnähe hat eine große Macht. Es entsteht auf jeden Fall eine besondere Intensität. Der bevorstehende Tod verändert den alten oder schwerkranken Menschen. Er wird ehrlicher, weicher. Er hat das große Bedürfnis – besonders wenn das Verhältnis

schlecht war –, Ordnung zu schaffen, Frieden zu geben, sich zu versöhnen, vielleicht auch um Verzeihung zu bitten, sich gegenseitig zu vergeben. Auch als Angehöriger vergisst man alles Negative und alle Probleme, die man mit dieser Person hatte, wenn man weiß, dass eine geliebte Person bald sterben wird. Es ist eine große Chance, wenn wir uns diesem Prozess stellen.

Die ehrliche Auseinandersetzung mit dem Tod hat also eine tiefgreifende Wirkung auf das eigene Leben.
Ja, denn wenn man vor dem Tod eines Angehörigen flüchtet, flüchtet man eigentlich vor seinem eigenen Tod. Es ist die unglaubliche Chance, auch ein bisschen selbst sterben zu lernen, das heißt, lernen loszulassen, sich in das Unvermeidliche zu fügen, sich zu ergeben. Jeder Abschied im Leben – ob es das Ende einer Liebesgeschichte ist oder ob die Kinder aus dem Haus gehen oder ob eine Freundschaft zerbricht – ist ja letztendlich ein Üben des großen Abschieds. Jedes Lebewesen fürchtet den Tod, nicht nur der Mensch, auch jedes Tier. Weder die Katze noch der Hund sind zu meiner Mutter, auch nicht zu meiner Großmutter gegangen, als sie im Sterben lagen. Sie haben sie regelrecht gemieden. Viele Tiere, auch Wildtiere, verkriechen sich irgendwohin zum Sterben. Bei Naturvölkern wie den Eskimos zum Beispiel geht jemand, wenn er merkt, er wird bald sterben, aus dem Iglu bei minus 50 Grad hinaus in den Schneesturm und verschwindet.
Es wird trotz einfühlsamer ambulanter Helfer einsam im Haus mit einem Todkranken, der um sein Leben kämpft. Man muss sich also zunächst schon zwingen, da zu bleiben. Aber dann ist das Erbarmen und die Liebe doch stärker – und auch der Wille: „Ich will jetzt dabei sein und beistehen bis zum letzten Atemzug!" Wenn man es über sich bringt, in der letzten Sterbephase, in den letzten 10 oder 20 Stunden dabei zu sein, dann wird sehr viel, was während des Lebens nicht so geklappt hat, wieder gut gemacht. Man ist durch den Tod seines geliebten Angehörigen

zwar zutiefst erschüttert, aber völlig frei von Schuldgefühlen. Und das Fehlen der Schuld lindert den Schmerz und die Trauer. Es gibt ja immer Dinge, die nicht in Ordnung waren...

... die dann danach in einem arbeiten würden...
Ja! Wenn man seine Furcht wirklich überwunden hat und bei dem Sterbenden auf seinem letzten Weg präsent war und ihm die Augen zugemacht hat, dann ist unendlich viel in Ordnung und richtig so. Dann kann man sich wirklich verabschieden.

Man ist zwar zutiefst traurig, aber gleichzeitig auch sehr erfüllt.
Ja, man muss es selbst erleben, welch umfassend positive Wirkung für einen selbst die Konfrontation mit dem Tod mit sich bringt. Es ist ein unglaubliches Geschenk, Sterbende bis zum letzten Atemzug zu begleiten. Aber leider haben die meisten Menschen eine ungeheure Angst davor. Diese Angst ist zwar in uns Menschen angelegt, sie wird aber auch noch durch unsere Gesellschaft weiter genährt.

In vielen anderen Kulturen geht man viel natürlicher mit dem Tod um.
Ja, bei ihnen gehört der Tod zum Leben. In Indien zum Beispiel sitzen die Menschen am Ganges und verbrennen ihre Toten. Die ganze Familie sitzt über Tage, Wochen bei der alten Oma und dem alten Opa und wartet und ist um sie herum. Man weiß auch inzwischen aus der Sterbeforschung, dass es nichts Wichtigeres für einen Sterbenden gibt, als vertraute Stimmen zu hören, vertraute Gerüche zu riechen, im eigenen Bett zu liegen und von vertrauten lieben Menschen umgeben zu sein. Das hat die bekannte Sterbeforscherin Elisabeth Kübler-Ross in unendlich vielen Interviews mit todkranken Menschen herausgefunden. Bis vor 100 Jahren war das Sterben viel menschlicher. Da lag halt der alte Bauer bzw. die alte Bäuerin in ihrem Ehebett und hat sich von allen Familienmitgliedern verabschiedet, wenn sie

noch sprechen konnten. Sie saßen alle drum herum. Und dann kam der Pfarrer mit der letzten Ölung – all diese Rituale wurden durchgeführt... Danach sind die Toten auch aufgebahrt worden, nicht so wie heute, schamhaft schnell die Decke drüber gelegt und weg! Für die Hinterbliebenen ist das Begreifen, im wahrsten Sinne das Be-greifen eines Toten, also ihn noch einmal anzufassen, von ihm Abschied zu nehmen, unendlich wichtig. Auch für die Kinder.

Es wird zu wenig zugemutet

Aber leider werden gerade in unserer Gesellschaft Kinder in die Sterbeprozesse gar nicht einbezogen. Man will es ihnen nicht zumuten.
Ja, zu-muten! Das ist der richtige Ausdruck, denn das Wort „Mut" steckt darin. Als meine Tochter fünf Jahre alt war, starb ihre Urgroßmutter bei uns im Hause. Ich habe meine Tochter hinzugenommen. Meine Mutter war also dabei, meine Tochter und ich. Und meine Tochter sagt heute noch mit 20, sie habe weniger Angst vor dem Sterben, seitdem sie die Urgroßmutter beim Sterben gesehen hat. Sie sah damals nicht mehr wie 93 aus, sondern wie 39. Sie wurde richtig glatt und schön und erlöst. Das war für meine Tochter ein einschneidendes Erlebnis.

Gerade Kinder gehen sehr verständnisvoll mit Toten um. Sie haben keine Angst. Sie streicheln das Gesicht der Großmutter, legen sich sogar zu ihr ins Bett.
Absolut. Ich habe mich damals sehr stark von meinem Instinkt, meinem Gefühl leiten lassen. Meine Oma starb gegen 18 Uhr am Abend mit uns allen um sich herum. Ich habe niemanden gerufen, nicht einmal das Beerdigungsinstitut, zum Entsetzen meiner Mutter, die sie lieber schnell aus dem Haus haben wollte. Ich habe noch ganz lange bei meiner toten Oma gesessen.

Das Leben bekommt eine größere Intensität

Was hat im Nachhinein der Beistand bzw. die schlichte Anwesenheit in den Todesstunden in Ihnen bewirkt?
Indem ich mich dem Kummer des Abschieds ausgesetzt habe und hindurch gegangen bin, anstatt ihn zu verdrängen, lebe ich mein Leben sehr viel bewusster. Es hat mich veranlasst, mich zu fragen: „Lebe ich so, wie ich es mir immer gewünscht habe?" Wenn man an fünf Sterbebetten gesessen hat, kann man das Wichtigste vom Unwichtigen unterscheiden. Äußerlichkeiten sind mir viel gleichgültiger geworden. Viele Dinge werden angesichts des Todes nicht mehr wichtig.

Und was bleibt übrig?
Die Liebe! Nur die Liebe. Schon in der Bibel steht im Hohelied der Liebe: „Nun aber bleiben Glaube, Liebe, Hoffnung – diese drei. Aber die Liebe ist die größte unter ihnen" (Korinther, 13. Kap.).

Man wird überhaupt dankbar für die kleinen Dinge des Lebens. Man nimmt ja so viel als selbstverständlich hin!
Ja! Indem ich mich dem Tod geliebter Menschen gestellt habe, lebe ich eigentlich ein glücklicheres Leben. Ich laufe nicht mehr hinter unwichtigen Dingen hinterher. Es drückt sich in ganz kleinen Dingen aus: Ich stehe morgens auf und bin schon dankbar, dass ich überhaupt noch da bin, dass mir nichts weh tut, dass ich weder privat noch beruflich Kompromisse zu machen brauche. Man wird konsequenter, aber nicht härter. Am Sterbebett einer geliebten Person zu sitzen macht keine Angst, sondern macht dankbar und eigentlich unglaublich stark.

Welche Konsequenzen hat es, wenn man nicht durch den Trauerprozess geht, wie es in unserer Gesellschaft meistens der Fall ist?

Jede Flucht macht einen feiger – und ängstlicher und schwächer, und jedes Sich-stellen – egal auf welcher Ebene – macht einen stärker und reifer.

Die Menschen, die flüchten, flüchten immer mehr, werden immer schwächer und brauchen immer mehr Substanzen, um sich zu betäuben. Süchte – egal, ob man jetzt suchtartig fernsieht oder im Internet surft oder legale wie illegale Drogen nimmt – sind nichts anderes als verdrängte Todesangst.

Wer sich hingegen stellt und durch die Prozesse hindurchgeht, kann daran wachsen. Es gibt keine größere Angst und keine größere Herausforderung, als sich dem Tod zu stellen. Wenn man ihm aber im wahrsten Sinne ins Auge geblickt hat, mehrmals, dann ist man über sich selbst hinausgewachsen.

Lebensverlängerung um jeden Preis ist Leidensverlängerung

Leider herrscht in der medizinischen Welt ein gewisser Wahn, das Leben mit allen Mitteln verlängern zu wollen. Das hilft keinem von uns dabei, dem Sterbeprozess mit Vertrauen zu begegnen.

Die krampfhaft-künstliche Verlängerung des Lebens rührt nicht selten von der eigenen Angst der Mediziner vor dem Tod und dem Eingeständnis der Grenzen der Medizin bzw. der Angst vor Verletzung der medizinischen Sorgfaltspflicht. Die inzwischen etablierte Hospizbewegung, die sich für ein menschenwürdiges Leben bis zum letzten Atemzug ohne Apparate einsetzt, macht immer deutlicher, dass Lebensverlängerung um jeden Preis eigentlich Leidensverlängerung ist. Ich habe aber beobachtet, dass sich Ärzte danach richten, wenn die Angehörigen ganz genau wissen, was sie wollen, bzw. eine Patientenverfügung in der Hand haben. Sie sind oft sogar dankbar und fühlen sich entlastet. Wenn aber die Angehörigen, meistens die erwachsenen Kinder, sich scheuen, klar Stellung zu beziehen, dann müssen die Ärzte die Entscheidungen stellvertretend für sie treffen. Hier Verantwortung zu übernehmen ist also auch sehr wichtig.

Und auch, dass man darauf horcht, was der Sterbende möchte. Da hat Elisabeth Kübler-Ross sehr viel bewirkt.

Ja, sie hat in diesem Bereich sehr viel bewirkt, aber auch andere Sterbeforscher wie zum Beispiel Sherwin Nuland mit seinem Buch „Wie wir sterben – ein Ende in Würde?". Durch die Sterbeforschung kommt jetzt sehr viel in Bewegung. Aber dabei gibt es auch Grenzen, denn trotz einfühlsamen Beistands stirbt jeder allein. Man kann zwar begleitet werden bis hin zur Schwelle, aber dem endgültigen Ende begegnet man doch allein. Die Angst ist also da und die Angst wird bleiben.

Durch die starke Tabuisierung des Todes hat man heute nicht mehr das Gefühl des Todes als Krönung eines erfüllten Lebens wie früher. Im Mittelalter und später noch in der Renaissance war es absolut wichtig, dass man sein Leben zielgerichtet führte. Die „Ars moriendi", die Kunst des Sterbens, hatte sehr viel mit dem Wunsch nach einer starken Transzendenz zu tun. Im Gegensatz zu den Menschen heute, die vor sakralen Werten Angst haben, waren sie früher fest in der Kirche eingebunden, es gab die Rituale, die Tröstungen und die letzte Ölung. Das war zum Teil ein großer Trost für einfache Menschen. Die ganze Haltung bestand darin, ein gottgefälliges Leben zu führen und sich dann genau so ordentlich und ohne Gejammer vom Leben zu verabschieden. Ich denke schon, dass es möglich ist, zwar mit gewissen Ängstlichkeiten, aber lebenssatt zu gehen.

Sagen zu können: „Mein Gott, ich habe gelebt!"

Das bedeutet, je erfüllter man sein Leben gestaltet, desto leichter fällt es einem zu gehen?

Genau! Lebenssatt bedeutet: Aufgabe erfüllt. Diese Aufgabe ist dann erfüllt, wenn man sich den Lektionen des Lebens stellt. Kurz vor ihrem Tod, als sie selbst nach einem Schlaganfall halbseitig gelähmt war, hat Elisabeth Kübler-Ross in ihrem Buch „Warum das Leben kostbar ist" gezeigt, je mehr man Leute in den Tod hinein begleitet, desto mehr wird einem klar, worauf es im Leben ankommt. Sie schrieb: „Wir alle haben in der Zeitspanne, die wir das Leben nennen, bestimmte Lektionen, die wir lernen müssen. In der Arbeit mit Sterbenden tritt dies besonders klar zu Tage… Die Lektionen sind die Stürme des Lebens, sie machen uns zu den Menschen, die wir sind. Wir sind dazu da, einander und uns selbst heil zu machen. Unter dieser Heilwerdung ist nicht eine physische Wiederherstellung zu verstehen, sondern eine Heilung auf einer viel tieferen Ebene, die Heilung unseres Geistes und unserer Seele… Unerledigte Dinge haben nichts mit dem Tod zu tun, sondern mit dem Leben. Sie berühren das, was uns am wichtigsten ist. Manche Menschen haben existiert, aber nie gelebt. Und sie haben enorm viel Energie dafür verausgabt, ihre unerledigten Dinge zu verdrängen. Da unsere unerledigten Angelegenheiten das größte Lebensproblem sind, haben wir es vor allem mit diesem Thema zu tun, wenn wir dem Tod ins Auge sehen. Je mehr wir lernen, umso mehr Unerledigtes schaffen wir aus der Welt, und desto voller leben wir – das wirkliche Leben. Und egal, wann wir sterben, wir können trotzdem sagen: „Mein Gott, ich habe gelebt!"

Jeder, der den Schmerz vermeidet, wird also auch kein Glück spüren. Das ist das Problem der modernen Gesellschaft, den Schmerz um jeden Preis vermeiden zu wollen. Das heißt, wir rennen vor dem Schmerz davon und damit vor unserem Glück – das heißt vor der inneren Freiheit und der Erfüllung.

Frau Eder, herzlichen Dank für dieses Gespräch!

Teil IV

DAS EVOLUTIONÄRE

Jenseits des Menschen

Heilung und ein neues Gottesverständnis

Lasst uns ein neues Morgen schaffen!

Unsere Welt erlebt zurzeit einen großen Wandel. Alte Denkstrukturen und Wertvorstellungen brechen zusammen, Orientierungslosigkeit breitet sich aus. Das schafft Unsicherheiten, Ängste und Konflikte. Die besondere Zeitqualität birgt aber auch ein enormes Befreiungspotential in sich. Alter Ballast kann abgeworfen werden. Mehr denn je haben wir die Chance, näher an unseren eigentlichen Kern, unsere Mitte – an „Gott" – heranzukommen. Dabei gewinnen die großen spirituellen Traditionen wieder an Bedeutung, alte Weisheitslehren erscheinen in neuem Licht und werden auch unserem „zivilisierten" Verständnis zugänglich. Viele Menschen machen es sich zum Lebensinhalt, als Boten einer neuen Welt zu wirken, einer Welt, die nicht auf Materialismus und Eigennutz ausgerichtet ist, sondern auf den verantwortlichen Umgang mit unserem Planeten und ein liebevolles Miteinander. Als einen dieser Boten versteht sich Neale Donald Walsch.

Der amerikanische Autor Neale Donald Walsch regte durch seine Trilogie „Gespräche mit Gott", die in 27 Sprachen übersetzt wurde, Millionen von Menschen zum Nachdenken an. Selbst in Japan wurden mehr als eine halbe Million Exemplare verkauft.

- - -

Dieses Interview wurde zusammen mit Christina Kessler geführt.

Herr Walsch, Ihre Bücher haben weltweit Millionen von Lesern gefunden. Sie enthalten anscheinend eine Botschaft, die viele Menschen zutiefst bewegt.

Ja, die Bücher enthalten Wahrheiten, die uns alle im Innersten berühren. Jetzt sind die Menschen reif, eine neue Idee aufzunehmen und eine Stufe weiterzugehen. In unserer Welt erleben wir zurzeit eine enorme Veränderung, eine Veränderung, die sowohl einen sehr kritischen Punkt in der Menschheitsgeschichte darstellt wie auch eine faszinierende, wundervolle Gelegenheit. Denn unsere Generation ist ausgezeichnet mit der einmaligen Chance, Mitgestalter eines kulturellen Wandels von gewaltigem Ausmaß zu sein. Was zurzeit passiert, lässt sich vergleichen mit den Geschehnissen während der Reformation. Nur dauerte dieser Wandel damals 200 Jahre, weil die Kommunikation wesentlich langsamer war. Die gegenwärtige Veränderung wird zehnmal schneller vonstatten gehen, also in 20 Jahren vollzogen sein.

Aber wie schon zu Zeiten der Reformation liegt auch diesmal der Grund in unserer veränderten, man könnte sagen „degenerierten" Beziehung zu Gott. Seit mehr als tausend Jahren werden die Botschaften der Religionen missverstanden. Am einfachsten lässt sich das an der folgenden Vorstellung verdeutlichen: Wir sind in dem Glauben an Himmel und Hölle erzogen worden. In die Hölle, so wurde uns gesagt, werden wir verbannt, wenn wir gesündigt haben. In den Himmel werden wir zugelassen, wenn wir nicht gesündigt haben. Es wurde uns erzählt, dass Himmel und Hölle ganz konkrete Orte sind, Orte, an dem man entweder ohne Ende leidet oder für immer Glückseligkeit erfährt. Aber es gibt keinen solchen Ort wie die Hölle. Die Hölle ist ein innerer Bewusstseinszustand. Dieser Bewusstseinszustand bedeutet Trennung von Gott. Und das Wichtige dabei ist: „Hölle" ist keine Strafe Gottes, sondern ein selbstauferlegter Zustand. Schon mit dieser einen Feststellung gerät unsere gesamte Theologie ins Wanken.

Fünf Erkenntnisse für eine neue Zukunft

Wenn die Hölle kein physischer Ort ist, sondern ein Bewusstseinszustand, was braucht es, um diesen Zustand zu vermeiden? Wenn Hölle keine Bestrafung, sondern selbstauferlegt ist, wie funktioniert das Leben wirklich?

Tatsächlich verwandelt diese Erkenntnis unser ganzes Leben. Die Antwort auf diese Frage lässt sich in fünf Hauptpunkten herauskristallisieren, die wie ein roter Faden die gesamte Trilogie durchziehen.

1. Wir sind alle eins

Der Gedanke, dass wir getrennt sind, ist Illusion. Er ist die Hauptursache von allen Schwierigkeiten, die wir im Leben haben: für unsere Kriege, Konflikte, für Streit und Auseinandersetzungen. Und diese sind wiederum die Ursache dafür, dass wir uns immer und immer wieder die Bestätigung dafür holen, von einander getrennt zu sein. Das Gefühl des Getrenntseins hat zwei Überzeugungen zur Folge, die die ganze Menschheit zerstören. Die eine davon lautet: Es ist einfach nicht genug da in der Welt. Das führt zu Kämpfen, dazu, dass wir die Dinge an uns reißen wollen. Hätten wir diese Überzeugung nicht, würden wir alles miteinander teilen. Dieses Teilen haben wir in den letzten tausend Jahren nicht gelernt. Wir ersticken in einem verdrehten Mythos, der uns ständig suggeriert, dass es um die Wurst gehe. „Wer kriegt sie jetzt?" Nur wenn wir verstehen, dass wir in Wirklichkeit eins sind, gelingt es uns zu teilen.

Die andere Überzeugung – der größte Mythos von allen – heißt Überheblichkeit, sich größer und besser fühlen als der andere. Das Schlimme daran ist, dass wir auf diesem Mythos beharren müssen, um rechtfertigen zu können, dass wir das ganze Land, das Wasser, alle Ressourcen für uns beanspruchen. In Wirklichkeit sind wir zwar alle verschieden, aber keinesfalls einander überlegen. Bisher meinten wir, dass es die Aufgabe der Religionen sei, uns zusammenzuhalten. Aber genau diese Religionen waren es, die eine Hierarchie aufstellten und sagten: „Unsere ist die beste, wir sind überlegen." Ich glaube, dass jetzt der Zeitpunkt gekommen ist, an dem die Menschen bereit sind, der Wahrheit ins Auge zu schauen.

2. Es ist genug für alle da

Genug von allem heißt: genug Geld, genug Land, genug Wasser, genug, um zu teilen. Im Moment jedoch besitzen 20 Prozent der Menschen 80 Prozent des Reichtums, den es in der Welt gibt. Und die dazugehörigen Spielregeln lauten: „Das, was du besitzt, gehört selbstverständlich mir, wenn ich der Stärkere bin!" Solange spielen wir dieses Spiel schon, dass wir es inzwischen für Wirklichkeit halten. Gott aber sagt: „Genug ist genug. Teile mit den anderen und es wird zu dir zurückkommen." Das ist ein spirituelles Prinzip. Einige der großen spirituellen Lehrer haben diese Wahrheit bereits vor langer Zeit überbracht: „Behandelt den anderen so, wie ihr selbst behandelt werden möchtet." Hätten wir dies immer berücksichtigt, hätten die Amerikaner niemals die Indianer ausgerottet, die Weißen niemals gegen die Schwarzen gekämpft, und ebenso wenig die Serben im Kosovo gegen die Moslem-Albaner.

3. Es gibt nichts zu tun

Es geht nur darum, zu sein. Mutter Theresa war in einem Zustand des Seins, des seienden Mitgefühls. Ein Drittel dessen, was wir normalerweise tun, würden wir nicht tun, wenn wir genügend Mitgefühl hätten. Wenn wir wirklich Liebe wären, würden wir nur liebevolle Dinge tun.

4. Das Leben ist ewig

5. Unser Weg ist nicht der bessere Weg

Sondern einfach ein anderer Weg. Gott nennt dies das Ende des Besser-Seins. Was uns Menschen gegenwärtig vom Fortschritt abhält, ist, dass wir auf der Vorstellung insistieren, irgendwie besser sein zu wollen als der andere. Solange wir in einem Denkmodell verhaftet sind, das behauptet, es gäbe so etwas wie „besser", werden wir immer Trennung, Verlust und Schaden, Verletzungen, Konflikte und Kriege erschaffen. Also ist dies die gefährlichste Vorstellung. Wir sind dazu eingeladen, ja wir sind dazu gezwungen, unsere Idee des Besser-Seins und der Überlegenheit aufzugeben. Wahrscheinlich liegt hierin unsere schwierigste Aufgabe. Aber in dem Moment, in dem wir diese Vorstellung aufgeben, werden wir auf den anderen zugehen, ihm in die Augen schauen und spüren, dass er die gleichen Rechte, den gleichen Wert hat wie wir. Und dass er nach demselben strebt wie wir, nämlich danach, ein gutes, erfülltes Leben zu leben, einfach nur lieben und geliebt werden. Nur wenn wir diese Vorstellung der Überlegenheit aufgeben, dann können wir *sehen*. Das ist es, was wir unseren Kindern beibringen müssen. Wir müssen diesem Wahnsinn Einhalt gebieten. Wir erreichen nun einen ganz bedeutenden Zeitpunkt, einen Zeitpunkt, an dem wir wichtige Entscheidungen für unsere Zukunft, besonders die Zukunft unserer Kinder treffen müssen. Es gilt zu überlegen, was wir unsere Kinder im 21. Jahrhundert lehren möchten. Lasst uns sie eine neue Geschichte lehren, eine neue Wahrheit. Lasst uns eine neue Welt aufbauen, ein neues Morgen schaffen. Lasst uns die Zukunft schaffen, nach der wir uns alle sehnen. Und lehrt eure Kinder nicht durch Worte, sondern durch das, was ihr seid.

Unser Leben sollte das, was wir wirklich sind, widerspiegeln

Was wir wirklich sind...
Der göttliche Kern des Menschen ist nach dem Ebenbild Gottes geschaffen und hat einen einzigen Wunsch: Er möchte sich selbst in seiner höchsten Vorstellung erfahren. Der Mensch ist ein schöpferisches Wesen; er befindet sich in einem fortwährenden Schöpfungsprozess. Durch seine Entscheidungen erschafft er seine Welt jeden Tag neu. Das bedeutet, dass sein Leben die exakte Widerspiegelung dessen ist, wie er sich selbst sieht. Wir müssen also daran arbeiten, alles in unserem Leben zu ändern, was nicht genau darstellt, wie wir wirklich sind. Wenn uns nicht gefällt, was wir gerade entschieden, also erschaffen haben, dann sollen wir eine andere Wahl treffen. Die Botschaft „wir sind alle eins" ist daher eine Einladung und eine Chance, uns neu zu erschaffen und Abbild Gottes zu sein. Es gibt nichts, was wir tun sollten. Gott wartet lediglich darauf, dass wir sagen: „Das ist meine Aufgabe." Alle Antworten stecken in uns selbst. Gott sagt: „Mein Wunsch ist jener, den du auch für dich hast. Mein Wille ist dein Wille. Deine Aufgabe ist, aufzustehen und zu sein, wer du bist. Du entscheidest und erschaffst genau jenen, der du bist."

Woran erkennen wir, wann es sich tatsächlich um den höchsten Ausdruck unseres Selbst handelt?
Es gibt drei eindeutige Merkmale dafür: Der höchste Ausdruck offenbart sich durch den erhabensten Gedanken, das klarste Wort und das edelste Gefühl. Unser erhabenster Gedanke ist immer begleitet von Freude, das klarste Wort drückt stets die Wahrheit aus, das edelste Gefühl ist jenes der Liebe. Nur darauf ist zu hören. Das ist die einzige Richtlinie, die unser Leben durch das Gewirr von Meinungen und Reaktionen führen kann. Und noch an einem weiteren Kriterium erkennt man den höch-

sten Ausdruck seines Selbst: Die göttliche Stimme in uns ist ausgerichtet auf das, was für alle gut ist. Ohne Ausnahme. Die göttliche Stimme ist auf das Wohl der ganzen Menschheit ausgerichtet. Unsere kleine menschliche Stimme dagegen ist allein damit beschäftigt, was gut für uns – und nur für uns – ist. Sie kümmert sich nur um das eigene Überleben, das eigene Glück, die eigene Sicherheit, den eigenen Erfolg und das eigene Leben. Neben der Ausrichtung auf das Edelste und Erhabenste gibt es weiter keine Regeln, weder Vorschriften, noch Gebote, weder „richtig" noch „falsch". Richtig oder falsch ist nur eine Frage der Definition. Lassen Sie mich ein Beispiel nennen: Es ist nicht falsch, nackt zu sein, und es ist ebenso wenig richtig, nackt zu sein. Nackt sein ist weder richtig noch falsch, es ist einfach. Was die Nacktheit richtig oder falsch sein lässt, ist die Tagesstunde, die Situation, die Umstände, die Menschen. Das sind relative Werte, ein absolutes Falsch oder Richtig gibt es nicht. Unsere Vorstellung von Richtig und Falsch ändert sich von Moment zu Moment, von Jahr zu Jahr, von Zeitalter zu Zeitalter.

Gefährlicher Kreuzpunkt in der Menschheitsgeschichte

In einer Zeit des Wandels, wie wir ihn gegenwärtig erleben und wie er in Zukunft noch deutlicher zutage treten wird, gewinnen diese Einsichten eine enorme Bedeutung. Unsere Welt vernetzt sich zunehmend, unsere Kontakte zu anderen Kulturen, Denkmodellen und Lebensformen vervielfältigen sich. Es wird immer wichtiger für uns, Toleranz, Offenheit und Mitgefühl zu üben.

Wir sind an einem kritischen Punkt in unserer Evolution angelangt. Bis zum jetzigen Zeitpunkt waren wir fähig, einen Teil der Erde – Städte oder Nationen – dem Erdboden gleich zu machen. Jetzt aber haben wir die Mittel, in einem Augenblick den ganzen Planeten zu zerstören, zum ersten Mal in der Geschichte der

Menschheit. Das ist ein kritischer Kreuzpunkt. Die ganze Erde kann verschwinden. Wenn wir unsere hochentwickelte Technologie in die falsche Richtung lenken, vernichten wir uns selbst. Die nahe Zukunft wird uns eine Antwort darauf geben. Wir sind es, die durch unsere Entscheidungen, unsere Politik, die Wahl, die wir treffen, die Verantwortung, die wir übernehmen, durch unsere Spiritualität, die Weichen stellen. Sind die Weichen erst einmal gestellt, wird das, was wir die kritische Masse nennen, bald erreicht sein. Kennen Sie die Geschichte vom hundertsten Affen? Am Anfang fraß ein Affe eine Banane ohne Schale. Dann zwei Affen, dann fünf, dann acht. Als der hundertste Affe die Banane ohne Schale verzehrte, fraßen plötzlich alle Affen Bananen ohne Schale. Sie brauchten es weder abzugucken noch zu lernen. Es geschah aufgrund des Wandels im so genannten morphogenetischen Feld, in dem, was wir Bewusstseinsfeld nennen. Ganz plötzlich konnte es jeder, weil die kritische Masse erreicht war. Und so wird auch die kritische Masse erreicht werden durch die Menschen, die den spirituellen Weg gehen. Die Ungeduld, die wir in uns spüren, ist die Sehnsucht nach Spiritualität, nach dem Sinn des Lebens.

Mit Achtung mit den Ressourcen der Erde umgehen

Wie können wir Ihre Botschaft in unserem Alltag verwirklichen?
Wenn Sie sich erinnern, ist die wichtigste Botschaft der Trilogie die, dass wir alle eins sind und dass wir ein einziges Volk sind. Wenn wir wirklichen Frieden schaffen wollen, müssen wir zunächst unsere Vorstellung über die Menschheit an sich revidieren. Und zwar dahingehend, dass wir das Menschengeschlecht als ein Volk mit verschiedenen Merkmalen, Traditionen und Kulturen, aber mit einem gemeinsamen Anliegen, einer gemeinsamen Erfahrung und einer gemeinsamen Sehnsucht betrach-

ten. Wir sind mit unserer Vorstellung von Trennung so weit gegangen, wie wir nur gehen konnten. Gingen wir noch weiter, würden wir uns selbst zerstören. Die Einheit alles Seienden ist die Botschaft meiner Bücher. Den Rest müssen die Leser selbst bewerkstelligen, indem sie beginnen entsprechend den Gesetzen der Einheit zu handeln – was unsere Umgebung anbelangt, unsere Politik, unsere sozialen Interaktionen, unsere Beziehungen, unsere spirituelle Erfahrung, kurz unser ganzes Leben. Die Zeit der Trennung ist vorüber und die Zeit der Einheit dämmert heran.

Konkret sieht das so aus, dass wir zunächst lernen müssen, wesentlich einfacher zu leben. In unserem Alltag bedeutet das zum Beispiel, Wasser zu sparen und die natürlichen Ressourcen der Erde nicht mehr zu verschwenden. Auch mit der Nahrung sollten wir sorgfältiger umgehen. Wir werfen Unmengen an Essen weg, ausreichend um die halbe Welt zu ernähren. Wir müssen die Ressourcen der Erde bewusster nutzen. Die Industrien werden sich umorientieren müssen, um Luft und Gewässer sauber zu halten. Für den Einzelnen heißt es, das Wegwerf-Verhalten abzustellen. Die erste Verbesserung in unserem Alltag wird also beinhalten, dass wir uns mit einer größeren Sensibilität und einem erweiterten Bewusstsein für die ökologischen Grenzen und Bedürfnisse des Planeten durch unser Leben bewegen. Zweitens dürfen wir uns eine neue Definition von „genug" zulegen. Eigentlich ist weniger mehr. In den nächsten zehn Jahren sollten sich die Menschen mit weniger zufrieden geben, so dass Nahrung und Besitz gerechter verteilt werden können.

Drittens geht es darum, ein neues Verständnis des Teilens zu entwickeln. Wir werden selbstlos teilen ohne eine Gegenleistung zu erwarten. Es sollte kein Deal sein, kein „Ich gebe dir dies, wenn du mir dafür das gibst" sein. Es sollte einfach heißen, „Ich gebe dir das, weil du es brauchst. Du brauchst etwas und ich habe es. Und das ist Grund genug."

Aber die vierte und wichtigste Veränderung, die wir Menschen schon in den kommenden Jahren vornehmen müssen, ist die, dass wir unsere gesamten Entscheidungen, geschäftliche, romantische, alltägliche, gesellschaftliche und spirituelle auf einem neuen ethisch orientierten Wertesystem aufbauen müssen und nicht wie bisher auf einem wirtschaftlich orientierten. In der heutigen Welt, in Europa, in Amerika, ja sogar in Russland und in Osteuropa besitzen wir ein Wertesystem, das hauptsächlich auf wirtschaftlichem Ausgleich basiert. Wir streben nach Profit. Nicht nur was Geld betrifft, sondern Profit in jeder Hinsicht. „Welchen Nutzen kann ich daraus ziehen?" Die Änderung, die für Menschen, welche ein spirituelleres Leben führen wollen, eintritt, wird also auf einem Wertesystem aufbauen, das wie gesagt auf ethischen und nicht auf ökonomischen Prinzipien fußt. Mit anderen Worten, auf dem, was richtig ist. Und richtig ist, was funktioniert. Weil es so etwas wie „richtig" oder „falsch" ja nicht mehr gibt.

Nur die Liebe kann die Welt verändern

Das ist eigentlich sehr einfach.
Ja, es ist sehr einfach. Eigentlich können alle menschlichen Handlungen auf zwei Emotionen reduziert werden, auf Angst oder Liebe. Unsere Vorstellung, nicht genug zu haben, beruht auf Angst. Alle profitorientierten Entscheidungen beruhen auf Angst und Trennung.
Der Bewusstseinszustand der Einheit bringt das Gefühl der Liebe mit sich. Diesen Bewusstseinszustand nennen wir Himmel. Es gibt eigentlich nur den Himmel, denn Trennung ist eine Illusion. Der Himmel ist leicht zu erreichen, wenn wir fühlen, dass wir mit Gott eins sind. Wenn wir auf der Basis dieses inneren Wissens handeln, setzen wir unsere höchste Vorstellung in

Erfahrung um. Daher ist meine Vision ganz einfach. Es ist die gleiche Vision wie die von Gott. Gott sagt: „Ich möchte für dich, was du dir für dich selbst wünschst." Die Liebe sagt: „Ich wünsche dir, was du dir selbst wünschst." „Ich möchte, dass du dich selbst genauso behandelst, wie ich dich behandeln würde." Die Liebe würde die ganze Welt verändern. Über Nacht. Und Gott wartet auf eure Antwort. Eure Antwort wird euer Leben sein, so wie ihr es lebt.

Herr Walsch, herzlichen Dank für dieses Gespräch!

Heilung und evolutionäres Bewusstsein

Zum Wohl der Evolution des Bewusstseins

Die wunderbarste Fähigkeit des Menschen besteht darin, seinen Bewusstseinszustand ständig steigern zu können. Damit die Welt sich weiter entwickeln kann, hängt es vom Bewusstsein jedes Einzelnen ab, der sich weiter entwickelt. Wir müssen uns also unbedingt unseres Teils der Verantwortung bewusst werden und erkennen, dass wir aufgerufen sind, aktiv am Lebensprozess teilzunehmen und uns dem Evolutionsimpuls voll und ganz hinzugeben.

Andrew Cohen ist spiritueller Lehrer und Autor zahlreicher Bücher über gelebte Spiritualität, von denen auf Deutsch unter anderem „Erleuchtung ist ein Geheimnis", „Frei Sein", „Himmel und Erde umarmen" erhältlich sind. Er lebt in Lenox, Massachussetts (USA), gibt weltweit Konferenzen und hält Retreats, während welcher er die Grundprinzipien seiner Lehre weitergibt. Andrew Cohen ist auch Gründer der Zeitschrift „What Is Enlightenment?", die ebenfalls in Deutschland viermal jährlich erscheint.

Andrew Cohen, Sie sind ein moderner spiritueller Lehrer und haben verschiedene Bücher über Spiritualität und Erleuchtung geschrieben. Was unterscheidet Ihr Konzept von den traditionellen spirituellen Lehren?

Die traditionelle östliche Definition von Erleuchtung basiert auf der erfahrungsgemäßen Entdeckung der unmanifesten Ebene des Seins jenseits von Zeit und Raum. Auf dieser Ebene entdecken Sie das Transzendentale jenseits der Welt und erfahren dadurch die Erlösung. Aber in dieser traditionellen Definition erkannten sie damals nicht, dass wir tatsächlich Teil eines in der Evolution begriffenen Universums sind. Sie dachten, dass Zeit zyklisch ist und somit alles sich einfach von selbst wiederholt, kreisförmig, immer und immer weiter. Also bedeutete Befreiung für sie, aus dem Traum dieser endlosen Wiederholung von Zyklen zu erwachen und zu erkennen, dass nichts wirklich ist, dass das Einzige, was wirklich ist, das Unmanifeste ist. Man entdeckt, dass alles eine Illusion ist und man nimmt nichts mehr ernst; man ist jenseits der Welt. Das ist die grundlegende Idee.

Wir sind Teil des evolutionären Prozesses

Was wir aber kürzlich entdeckt haben, ist, dass Zeit, innerhalb der Evolution gesehen, nicht zyklisch ist, sondern sich eigentlich entwickelt. Das Universum entwickelt sich von einer niedrigeren Ebene zu einer höheren Ebene der Komplexität und Integration, und so weiter und so fort. Dies erklärt den großen Wandel des Seins im Laufe der Jahrhunderte, die Evolution der Materie vom Körper über den Geist zum GEIST. Evolution heißt, dass wir ein Teil der evolutionären Strömung in der Zeit sind, die mit dem Urknall vor 15 Milliarden von Jahren begann und die durch uns selbst weiter fortgesetzt wird. Aus der Perspektive der Tradition sind die Dinge fixiert, aber wenn man den evolutionären Faktor entdeckt, sieht man, dass dies nicht der Fall ist. Man entdeckt, dass man integraler Bestandteil dieser evolutionären Bewegung ist. Ursprünglich gab es nichts und aus diesem Nichts ist etwas entstanden. Dieses Etwas ist Materie geworden und im Laufe von Millionen von Jahren ist sich die Materie ihrer selbst bewusst geworden. Es benötigte also sehr lange Zeit, damit das Bewusstsein fähig wurde, sich selbst zu erkennen. Nur durch den bewusstwerdenden Menschen geschieht es, dass das Universum sich seiner selbst bewusst wird.

Wenn wir also auf die menschliche Entwicklung zurückschauen, erkennen wir, dass ein sehr großer Teil dessen, was und wie wir sind, mit dieser Fähigkeit der Selbsterkenntnis zu tun hat und der Fähigkeit zu wissen, dass wir wissen. Dann entdecken wir das Wunderbarste, das Tiefste, den bedeutungsvollen Aspekt dessen, was es bedeutet, Mensch zu sein. Wir erkennen, dass die Essenz der spirituellen Dimension des Seins und des Lebens in dieser Fähigkeit der Selbsterkenntnis begründet ist.

Je mehr man sich darüber klar wird, desto mehr versteht man, dass der menschliche Körper, die menschliche Form ein Vehikel für das Bewusstsein ist. Es wird dann offensichtlich, dass der Zweck, ein Mensch zu sein, weit mehr ist, als das Transzendentale jenseits von Zeit und Raum zu entdecken, dass Menschsein beinhaltet, am Lebensprozess teilzunehmen.

Wenn wir die menschliche Entwicklung in einem evolutionären Kontext betrachten, erkennen wir, dass die Menschen an der Spitze des evolutionären Wandels sind und dass es überhaupt keinen Sinn machen würde, dass das Universum sich von der Materie über den Geist zum GEIST entwickeln würde, nur um dann diesem Prozess zu entfliehen. Es wäre, als würden wir aus dem Prozess aussteigen genau dann, wenn wir die Kapazität der Selbsterkenntnis erreicht haben. Das wäre, als würden wir gerade an dem Punkt aufgeben, wo wir die Fähigkeit entwickelt haben, *bewusst* am Lebensprozess teilzunehmen. Denn vorher waren wir unbewusste Teilnehmer, und wenn wir unbewusst teilnehmen, ist natürlich unsere Fähigkeit der Selbsterkenntnis sehr gering, weil wir nicht wissen, wer wir sind, wo wir sind und wieso wir hier sind. Aber in dem Augenblick, wo wir die Fähigkeit entwickeln zu wissen, wer wir sind und warum wir hier

sind, ergibt sich plötzlich die Möglichkeit, *bewusst* am Lebensprozess teilzunehmen.

Die Spiritualität des 21. Jahrhunderts sollte also unbedingt die
Erkenntnis zum Inhalt haben, dass wir in einem evolutionären
Kontext leben. Das ist, was ich „evolutionäre Erleuchtung" nen-
ne. Es bedeutet, dass der Evolutionsteil des Menschen darin
besteht, dass er erkennt, dass er ein Teil eines ganzen Stroms der
Evolution ist. Und was einen Menschen so außerordentlich, so
einzigartig macht, ist die Fähigkeit, dies zu erkennen. Und wenn
er am Lebensprozess bewusst auf die höchstmögliche Art und
Weise teilnehmen möchte, muss er sich von den Wünschen,
Anhaftungen und Ängsten des persönlichen Egos befreien.
Sonst wird er niemals fähig sein, mit ganzem Herzen und voller
Hingabe am Lebensprozess teilzunehmen.

Die Sinnfrage des Lebens muss neu definiert werden

Wir leben am Anfang des 21. Jahrhunderts in einer Zeit, in der
Wandel viel schneller erfolgt als früher. Vor 200 Jahren zum Beispiel hatte ein Vater eine ziemlich genaue Vorstellung davon, wie
sein Sohn in den zukünftigen Jahren leben würde. Alles war vor-
aussehbar, das Leben entrollte sich in einem bestimmten Rhythmus. Aber jetzt ist die Geschwindigkeit so schnell, dass man
nicht mehr weiß, wie das Leben unserer Kinder aussehen wird.
Es ist sogar schwierig, auch nur eine Ahnung davon zu bekommen.

Ein Großteil der Veränderung hat damit zu tun, dass die Welt
immer kleiner und die Kommunikation immer unmittelbarer
wird. Das bedeutet, dass die Entfernung, die es früher zwischen
den verschiedenen Kulturen und den verschiedenen Arten zu
denken gab, sich reduziert. Die Folge ist, dass die Kulturen

untereinander in Konflikt treten, weil es immer offensichtlicher wird, dass wir in einer sehr kleinen Welt leben.

Der Weltkontext ist also völlig anders als vor Tausenden von Jahren und so genügen die Antworten auf die grundsätzliche Sinnfrage des Lebens, die die religiösen und spirituellen Traditionen gaben, nicht mehr. Wir müssen die Antworten im gegenwärtigen Kontext der Welt finden, das muss jetzt geschehen, es ist dringend.

Leider haben die meisten Menschen nicht den Mut, neu zu definieren, was der Weg und das Ziel ist. Der Grund, warum sie am Rockzipfel ihrer Mütter festhalten, ist die Illusion der Sicherheit. Sie verharren in der Vergangenheit. Die Tradition sagt: „Das muss so geschehen, weil die Dinge so in der Vergangenheit geschehen sind." Und für jemanden, dem es an Mut mangelt, ist es einfacher, sich in der Vergangenheit zu verstecken. Wir tragen bewusst und unbewusst zu unserer Zerstörung bei. Es verlangt viel Mut, in die Zukunft zu schauen und bereit zu sein, einen Weg für ein neues Ziel, für eine neue Welt in der gegenwärtigen Zeit zu öffnen. Eigentlich nur eine Minderheit von Menschen befindet sich an der Grenze des menschlichen Potentials und ist bereit, diese Herausforderung anzunehmen. Die meisten wollen das nicht, weil sie sich nicht bis zu diesem Punkt entwickelt haben, sie haben nicht das Bewusstsein, dass sie diese Schwelle überschreiten müssen.

Die Psychologie der Befreiung: Fünf Prinzipien

Welche Mittel ermöglichen es uns, dieses höhere Bewusstsein zu erlangen und in unserem Leben zu manifestieren?
Es gibt fünf Prinzipien, fünf Schlüssel zum spirituellen Weg. Sie stellen ein Modell dessen dar, was ich die „Psychologie der Befreiung" nenne.

1. Prinzip: Die Klarheit der Absicht besagt, dass, wenn wir ein befreites, bewusstes Wesen sein wollen, wir mehr als alles andere im Leben anstreben müssen, frei zu werden – mehr als Liebesgeschichten, mehr als Geld, mehr als Ruhm. Es beinhaltet, dass wir unsere ganze Aufmerksamkeit auf diesen einen Punkt fokussieren und unser Leben auf das Wesentliche vereinfachen. Es verlangt den Verzicht auf alles, was falsch, unwahr und unauthentisch ist. Man geht somit vom Komplizierten, Vielschichtigen, Verstrickten ins Einfache. Man führt in der Tat ein einfaches, ein äußerst einfaches Leben. Wenn wir unser Leben vereinfachen möchten, anstatt viele Dinge zu wollen, dann müssen wir zu dem Punkt kommen, wo wir nur eines wollen: die absolute Wahrheit. Dann wird unsere Vision ganz klar und unsere Aufmerksamkeit sehr fokussiert.

2. Prinzip: Das Gesetz des Willens besagt, dass, wenn wir frei sein wollen, wir bereit sein müssen, die volle Verantwortung für alles, aber wirklich alles, was wir tun, zu übernehmen. Das bedeutet, wir müssen die Verantwortung für die Konsequenzen unseres Handelns übernehmen, und zwar in der Gegenwart für das, was in der Vergangenheit passiert ist. Was geschehen ist, können wir nicht rückgängig machen, wir können es nicht ändern, aber wir haben die Möglichkeit, die Verantwortung für die Konsequenzen zu übernehmen und somit ein erwachsenes, reifes menschliches Wesen zu werden. Denn, nur wenn wir die Verantwortung für die Konsequenzen unserer eigenen Geschichte übernehmen und uns nicht weiterhin als Opfer fühlen, können wir die Verantwortung für uns selbst übernehmen, und zwar vollständig. Das ist der Weg, um eine befreite, unabhängige Persönlichkeit zu werden. Bevor wir nicht die Verantwortung für unsere Taten übernehmen, sind wir unvermeidlich dazu gezwungen, unsere ganzen Konditionierungen und Programmierungen auszuagieren und dadurch anderen Personen Leid zu verursachen. Das ist samsara, das ist die Hölle.

3. Prinzip: „Sich allem stellen und nichts vermeiden" besagt, dass, wenn wir frei sein wollen, wir bereit sein müssen, allem gegenüber zu treten und nichts zu vermeiden, jede Minute, überall und unter allen Umständen. Das dritte Prinzip stellt den natürlichen Ausdruck eines befreiten Zustands des Bewusstseins dar. Denn im befreiten Zustand gibt es nicht mehr den Wunsch, etwas zu vermeiden, nicht mal für einen Augenblick.

Nur wenn wir wirklich frei sein wollen – mehr als alles andere –, werden wir die reine Motivation haben, die uns befähigt, uns allem zu stellen und nichts zu vermeiden, egal wie schwierig oder herausfordernd es sein mag. Sich allem zu stellen bedeutet, wirklich allem gegenüber zu treten, nicht nur unseren negativen Impulsen, sondern auch zu wagen, uns voll und ganz der unendlichen Tiefe unseres Selbst zu stellen, dem eigenen unermesslichen Potential gegenüber zu treten. Aber die meiste Zeit wollen wir es nicht. Wir wollen uns nicht den weitreichenden befreienden Auswirkungen unseres eigenen Potentials stellen.

Wenn wir frei sein wollen, mehr als alles andere, werden wir sehr aufmerksam und wachsam – was uns befähigt, richtig zu handeln und die richtigen Dinge zu tun. Wenn wir folgenschwere Fehler begehen, bedeutet das, dass wir nicht aufgepasst haben. Und der einzige Grund, warum wir nicht aufgepasst haben, ist, dass wir nicht frei sein wollen, mehr als alles andere.

Wenn wir das in der Tiefe verstehen, dann ist die große Frage, wie wir eine lebendige Spiritualität leben sollten, beantwortet. Das dritte Prinzip stellt sozusagen das Mittel für unsere eigene Befreiung zur Verfügung.

4. Prinzip: Das Gesetz des Unpersönlichen besagt, dass jeder Aspekt unserer persönlichen Erfahrung eine völlig unpersönliche Angelegenheit ist. Es offenbart die grundlegende unpersönliche Natur aller menschlichen Erfahrungen und befähigt jeden Menschen, der frei sein will mehr als alles andere, einen ungewöhnlichen Grad von Objektivität gegenüber den persönlichen Angelegenheiten zu erlangen.

Wenn wir frei sein wollen, ist es also unerlässlich, einen Weg zu finden, von dem aus wir unsere persönliche Erfahrung aus einer grundsätzlich objektiven Perspektive betrachten. Erst dann beginnen wir zu erkennen, was und wer wir sind, das heißt unpersönlicher Ausdruck menschlichen Evolutionspotentials. Wir können sehen, dass alles, was wir sind, sehr unpersönlich ist und dass es nichts Einzigartiges über irgend einen Aspekt unserer Erfahrung gibt. Wirklich nichts. Die menschliche Erfahrung kann nie ausschließlich die eigene sein. Wenn wir wirklich alles so betrachten, als würden wir durch einen Filter schauen, dann würden wir beginnen zu erkennen, dass jeder Aspekt unserer Persönlichkeit auf Konditionierungen beruht: auf Impulsen, Instinkten, zwanghaften Handlungen usw. An diesem Punkt erkennen wir, wie sehr wir vom Ganzen getrennt sind und dass das, was diese Trennung aufrechterhält, der Zwang ist, unsere eigene persönliche Erfahrung als etwas Spezielles, Einzigartiges und Verschiedenes zu sehen.

Wenn wir aber fähig sind, im unpersönlichen Zustand zu bleiben, dann können wir über das Persönliche hinaus in das erleuchtete Bewusstsein sehen. Und wir sehen hinter das, was wir als weiblich bezeichnen, hinter das, was männlich ist, hinter das, was es bedeutet, Amerikaner oder Franzose zu sein. Auf diese Weise beginnen Sie das ganze Spiel des Bewusstseins zu betrachten. Durch die unpersönliche Perspektive können Sie also einen Weg finden, sich selbst von grundsätzlich konditionierten Verhaltensweisen zu befreien, von jedem Aspekt also, von dem Sie denken, dass Sie es sind. Es versetzt Sie in eine Position, die Sie befähigt, sich selbst zu reorganisieren – und auch eine freie Wahl zu treffen, was für die meisten Menschen sehr schwierig ist, nämlich: eine authentische freie Wahl *auf der ganzen Skala* zu treffen.

Sich vom Persönlichen ins Feld des Unpersönlichen zu begeben, verlangt einen riesigen Schritt. Viele meinen fälschlicherweise, dass das Leben, aus einer unpersönlichen Perspektive gelebt, lauwarm ist und jeglicher Leidenschaft entbehrt. Was sie nicht wissen, ist, dass der Entschluss, im unpersönlichen Zustand zu bleiben, eine enorme Charakterkraft und eine unbändige Leidenschaft für die Befreiung verlangt. Ohne diese Leidenschaft, ohne die intensive Fokussierung auf das Unpersönliche, um durch die Illusion des Persönlichen zu schauen, könnte man nicht standhalten.

Es scheint da ein großes Missverständnis zu geben. Viele Menschen wissen nicht, dass, wenn man sich in einem lebendigen Bewusstseinsprozess befindet, man sehr inbrünstig sein kann, so feurig, dass manche denken mögen: „Oh, er/sie ist so voller Leidenschaft, es kann sich doch hier nicht um einen befreiten Menschen handeln!" Sie verstehen nicht, dass es keine Leidenschaftlichkeit im Sinne von Emotionen ist, sondern die große Begeisterung, an diesem Prozess teilzunehmen.

Ja, diese unbändige Begeisterung und Lebensfreude kennzeichnen tatsächlich einen Menschen, der sich von der Illusion und den Verstrickungen des Persönlichen befreit hat. Man erkennt ihn auch an seiner starken Spontaneität, an seinem unablässigen Mitgefühl und seiner unerschütterlichen Klarheit.

Die Fähigkeit, die innewohnende unpersönliche Natur aller menschlichen Erfahrungen zu erkennen, erfordert eine tiefe, andauernde Praxis der Selbsterforschung, Innenschau und Meditation. Diese Praxis befähigt jeden, der ehrlich ist, alle Hindernisse, die die klare Wahrnehmung verdunkeln, zu überwinden. Das ist aber eine einsame Aufgabe, denn jeder muss es für sich selbst tun.

5. Prinzip: „Zum Wohl des Ganzen": Das erste Prinzip sagte uns, dass, wenn wir einen großen Fortschritt im spirituellen Leben machen wollen, es unerlässlich ist, dass unsere eigene Erleuchtung wichtiger wird als alles andere in der Welt. Aber das fünfte Prinzip besagt nun, dass unsere Leidenschaft für die Befreiung nicht zu unserem eigenen Wohl, sondern für das Wohl des Ganzen sein sollte.

Am Anfang also wollen Sie für Ihr eigenes Wohl Befreiung erlangen. Aber je mehr Sie sich entwickeln, je reifer Sie werden, desto mehr erkennen Sie, dass es nicht nur um Ihre eigene Befreiung, sondern vor allen Dingen um das Wohl des Ganzen geht. Und wenn Sie noch tiefer in die spirituelle Erfahrung eindringen, dann entdecken Sie etwas Heiliges. Es ist die Erkenntnis einer Notwendigkeit, einer Dringlichkeit, die Ihnen regelrecht befiehlt, nicht mehr für sich selbst, sondern für das Wohl des Ganzen zu leben. Und so wird es klar, dass die wahre Befreiung sich nur dann ereignet, wenn das Leben nicht für unser eigenes Glück, sondern im Dienst einer Sache, die immer größer ist als wir selbst, gelebt wird.

Das fünfte Prinzip sagt uns also, dass noch wichtiger als unsere eigene Erleuchtung die bewusste Erkenntnis einer inneren Pflicht ist, zum Wohl des Ganzen zu handeln und für Ordnung statt Unordnung, Ganzheit statt Trennung, Wahrheit statt Lüge und Liebe statt Hass zu sorgen.

Und jetzt gehe ich einen Schritt weiter und sage: Es geht nicht nur darum, zum Wohl des Ganzen zu leben, sondern zum Wohl der Evolution des Bewusstseins. Also der Grund, warum man frei sein möchte, mehr als alles andere, warum man die Verantwortung für alle seine vergangenen und jetzigen Taten übernehmen möchte, warum man alles konfrontieren und nichts mehr vermeiden will, warum man sich bemüht, die unpersönliche Perspektive jeder menschlichen Erfahrung zu erkennen, ist das evolutionäre Bewusstsein. Alle diese Beweggründe sind da, damit das Bewusstsein sich weiter entwickelt. Die eigene Freiheit ist nicht mehr der ursächliche Grund, sondern die Evolution des Bewusstseins selbst. Je mehr Reife Sie erlangen, je mehr Sie verstehen, desto mehr wird Ihr spirituelles Motiv dem evolutionären Bewusstsein selbst gewidmet sein. Selbst das Streben nach Erleuchtung ist nicht mehr der Punkt, sondern die Evolution des Bewusstseins selbst – und das ist ein ganz anderes Motiv. Denn viele meinen, Erleuchtung sei das Endziel. Aber der Punkt ist: Wenn Sie Erleuchtung aus einer evolutionären Perspektive betrachten, dann gibt es kein Ende, es gibt niemals ein Ende. Also befreit sich der Mensch in der „evolutionären Erleuchtung" von seinen persönlichen Verstrickungen und Programmierungen, um voll und ganz am Lebensprozess, und zwar für immer, teilnehmen zu können. Auf diese Weise wird es zu einem Gelübde, das für die Ewigkeit gilt. Man widmet sein Leben der Teilnahme am Evolutionsprozess des Bewusstseins, und zwar in dem Sinn, dass man ein Partner des ursprünglichen Grundes, des schöpferischen Prinzips, von Gott, wie immer man es nennen will, wird. Das ist der ganze Sinn des Lebens selbst und man gibt sich bewusst hin – für immer. Es bedeutet, dass man jenseits der Individualität erwacht und dass man sich selbst bewusst an die Evolution des Bewusstseins und des Universums hingibt. Das ist der Punkt.

Es ist ein großes Ja!

Was Sie sagen, hilft zu verstehen, dass der Drang nach Erleuchtung, der in jedem Menschen vorhanden ist, eigentlich der Evolutionsimpuls selbst ist.
Ja!

Und wenn wir uns darüber bewusst werden, dann können wir aktiv zu der Evolution beitragen.
Das ist der ganze Punkt!

Denn die Evolution geht weiter und weiter, mit oder ohne uns, aber es geht sehr langsam, über Millionen von Jahren hinweg. Aber wenn wir bewusst am Evolutionsprozess teilnehmen, kann ein ganz großer Sprung auf die nächste Stufe passieren.

Ja, so ist es. Und indem wir aufhören, für uns selbst zu leben, tragen wir eine große Verantwortung: die Verantwortung, zur Evolution des Universums beizutragen. Und dann wird es offensichtlich, dass wir am richtigen Platz im richtigen Moment sind und aus der richtigen Motivation heraus handeln.

Diejenigen von uns, die diesen heldenhaften Geist und diese Vision haben, müssen bereit sein, das zu tun, was für die Zukunft nötig ist. Unserer Welt mangelt es an wirklichem Inhalt. Das ist tragisch; das zerstört die meisten Menschen. Obwohl wir die privilegiertesten Wesen auf dem Planeten sind, sind wir gerade jetzt am meisten gefährdet; wir befinden uns in einer sehr gefährlichen Situation. Wir handeln aus Egoismus und Selbstsucht und haben die arrogante Haltung zu meinen, dass wir bereits alles wissen.

Ohne spirituellen und philosophischen Inhalt ist das menschliche Leben ohne Tiefe. Aber wenn man die Tiefe entdeckt, erkennt man gleichzeitig die Bedeutung der Verantwortung. Man entdeckt einen Sinn für die Verantwortung, der uns weit jenseits der narzisstischen Nabelschau, der materiellen Wünsche und Anhaftungen bringt. Das ist der Ort, wo wir den tiefen Sinn entdecken und damit den Selbstrespekt, die Würde, den Lebenssinn, das Ziel, die Ausrichtung. Das ist der Ort, wo wir zu Hause sind und wo wir die Begründung dafür finden, warum wir menschliche Wesen sind.

In dem Bewusstsein eines tieferen Sinns zu leben erfordert eine völlig andere Orientierung. Denn der Ruf der Evolution verlangt einen konstanten Wandel. Die meisten von uns schaffen sich stets die Illusion der Sicherheit in einer Welt, die sich ständig ändert und die verzweifelt unsere aktive Teilnahme braucht. Wenn wir uns vorstellen, dass nichts wie in der letzten Sekunde ist, dass kein Augenblick wieder kommen kann, bedeutet das, dass wir uns immer vorwärts bewegen, immer in Richtung Neues. Wenn wir das verstehen, ist das berauschend. Man wird sich bewusst, dass das evolutionäre Potential nicht nur eine Vorstellung, sondern real ist und dass es wirklich in jedem von uns existiert und aktiviert werden kann. Ab diesem Zeitpunkt wird die Art und Weise, wie wir leben, völlig anders. Der evolutionäre Impuls ist etwas sehr Positives. Man steht gerade, voll und ganz, man hört den Ruf, sich weiter zu entwickeln, mehr zu werden, tiefer zu werden. Da erfährt man: Liebe und die Natur dieser Liebe ist ein großes JA, dasselbe JA, das es am Anfang der Schöpfung gab, als aus dem Nichts etwas entstanden ist. Dieses unbegrenzte Bewusstsein, das sich durch Sie verkörpert hat, ist haargenau das gleiche Etwas, das gleiche JA, das ununterbrochen aus dem Nichts hervorgeht.

Aber in dieser Liebe gibt es eine Art Dringlichkeit, einen Befehl, dass die Evolution jetzt sein muss. *Es muss sein.* Wenn man einmal in diesen Zwang der Liebe, in diesen Liebessog gekommen ist – und das ist wirklich wie ein heiliger Zwang, der dich auf die Knie zwingt – dann ist es, als *müsse* es geschehen. Es muss passieren.

Es ist wie eine Hand, die einen drückt und dorthin drängt.
Ja, es wie eine Hand in Ihrem Rücken, die Sie das spüren lässt, was man den Evolutionsimpuls nennt. Dieser Impuls der Evolution wird bis zu dem Grad aktiviert, an dem man sich vom Ego befreit hat, genau nach dem Grad wird man es mehr und mehr erfahren. Es ist ein Befehl, ein innerer Drang, gegen den Sie sich nicht wehren können, bei dem Sie keine Wahl haben.
Die Zukunft ruft uns. Und wer an diesem Punkt der Erkenntnis angelangt ist, kann nicht mehr kehrtmachen.

Andrew Cohen, herzlichen Dank für dieses Gespräch!

Heilung und integrales Bewusstsein

„Eine neue Landkarte des menschlichen Bewusstseins"

„Die Begriffe „integral" und „holistisch" kann man auf vielerlei Weise erklären", sagt Ken Wilber. „Meist sagt man, dass sich dahinter ein Ansatz verbirgt, der Stoff, Körper, Geist, Seele und GEIST zu integrieren, das heißt, die ganze große Verschachtelung des Seins einzuschließen versucht. Die Physik befasst sich mit der Materie, die Biologie mit dem lebendigen Körper, die Psychologie mit der Psyche, die Theologie mit der Seele und die Mystik mit der unmittelbaren Erfahrung des Geistes, weshalb ein integraler Wirklichkeitsbegriff Physik, Biologie, Psychologie, Theologie und Mystik umfassen muss."

Ken Wilber ist einer der bedeutendsten Vertreter der integralen Philosophie, ein großer Befürworter des integralen Bewusstseins. Nach einem Studium in Biochemie wandte sich Ken Wilber der Erforschung der Evolution des Geistes. Sein erstes Buch „Das Spektrum des Bewusstseins" erregte im Jahr 1977 sofort große Aufmerksamkeit. Es folgte eine Reihe viel beachteter Bücher, in denen er Schritt für Schritt eine umfassende Zusammenschau der Erkenntnisse der verschiedenen wissenschaftlichen Disziplinen entwickelte.

- - -

Dieses Interview wurde zusammen mit Christina Kessler geführt, als wir Ken Wilber in Denver, Colorado, besuchten und mit ihm über das von ihm entwickelte integrale Modell sprachen.

Herr Wilber, Sie genießen besonders in Deutschland eine große Popularität. Zahlreiche Arbeits- und Gesprächskreise, Institute usw., die sich mit Ihren Theorien beschäftigen, haben sich gebildet. Es hat den Anschein, dass die Deutschen aufgrund ihres philosophischen Erbes eine besondere Affinität zu Ihren Überlegungen haben.

Ja. Ich selber empfinde mich als nordeuropäischen Denker mit südeuropäischem Lebensstil. Alle großen systematischen Denker – von denen die meisten Deutsche waren – sind wirklich außergewöhnlich. Wenn Sie die Philosophen der westlichen Tradition betrachten, kommen tatsächlich 70 oder 80 Prozent aus dem deutschsprachigen Raum. Ich denke, dass wohl deshalb eine bestimmte Sympathie mit den Schritten, die ich zu gehen versuche, besteht. Diese Schritte wurden bereits von einigen der großen europäischen Denker vorbereitet, zum Beispiel den Idealisten, den Naturphilosophen und der ganzen Tradition der reinen Vernunft. Das war bereits transrationale Spiritualität. Und was den südeuropäischen Lebensstil betrifft: Ich liebe es ganz einfach, am Strand zu liegen, Wein zu trinken und Pasta zu essen.

Heute erleben wir einen Zeitabschnitt in der Geschichte der Menschheit, in dem uns erstmals das Wissen und die Einsichten *aller* Kulturen dieser Welt in vollem Umfang zur Verfügung stehen. Es ist wirklich umwerfend, sich das klar zu machen. Und das Kennzeichnen des integralen Anliegens, ja seine Keimzelle überhaupt, ist, die Essenz dieses Wissens herauszukristallisieren.

Ja, es ist ein einzigartiger Augenblick in der Weltgeschichte und deshalb sind die Chancen für positive Neuerungen sehr groß.
Richtig, das geschah niemals zuvor. Die Herausforderungen sind groß, aber auch die Belohnungen, und wir sind alle Pioniere.

Viele Menschen finden Ihre Bücher schwierig zu lesen. Unser Anliegen ist deshalb, Ihre Hauptgedanken einmal in einer leicht verständlichen Form darzustellen. Ihre Ideen sind wichtig für unsere Zukunft und deshalb müssen wir sie verstehen.

Gut, ich werde Ihnen eine meiner Versionen geben, von denen ich denke, dass sie am leichtesten zugänglich sind. Ich gebe Ihnen eine der verständlichsten Zusammenfassungen, die ich geben kann.

Ein wesentlicher Teil meiner Arbeit basiert auf dem Versuch, alle bekannten Formen menschlichen Wissens und menschlicher Erfahrung in ein allumfassendes System oder Modell zu integrieren. Dabei handelt es sich nicht um ein geschlossenes System, wie beispielsweise das von Hegel, sondern um ein sehr offenes, sehr fließendes, in dem auch Raum für neues Material vorhanden ist. Bevor ich jedoch zum einfachen Teil komme, muss ich Ihnen zunächst die technischen Seiten des Modells erklären: die Ebenen, Linien, Zustände und Typen.

Die Ich-, Wir- und Es-Dimension
oder das Schöne, das Gute und das Wahre

Wenn Sie die bekannten Sprachen der Welt anschauen, werden Sie feststellen, dass alle ein erstes, zweites und drittes Personalpronomen besitzen, also ein „Ich", „Du" und „Es". Für das „Du" lässt sich auch das „Wir" einsetzen. Also haben wir eine Ich-Dimension, eine Wir-Dimension und eine Es-Dimension. Die Tatsache, dass alle Sprachen diese drei Pronomen besitzen, zeigt, dass es sich dabei um wirklich reale Dimensionen handelt, die in allen Kulturen zu finden sind. Es handelt sich um universelle Dimensionen. Diese spiegeln sich in den Bereichen des Guten, des Wahren und des Schönen wider. Das Schöne zum Beispiel liegt im Auge des Betrachters, dem „Ich" des Betrachters. Die objektive Wissenschaft beschäftigt sich dagegen mit dem „Es" bzw. mit Objekten. Ethik und Moral schließlich befassen sich mit der „Wir"-Dimension und dem Guten, das wir uns gegenseitig geben wollen. So stehen das Ich, das Wir und das Es für Kunst, Moral und Wissenschaft, das Schöne, das Gute und das Wahre. Dies sind Dimensionen der Wirklichkeit, die wir überall auf der Welt finden und die deshalb die Grundlage meiner Quadranten-Theorie bilden. Wobei das „Es" natürlich in der Einzahl als „Objekt" oder in der Mehrzahl als „Objekte" auftreten kann.

Das Quadranten-Modell

Der zweite Teil meines integralen Modells bezieht sich auf das Spektrum des Bewusstseins, sozusagen auf die Ebenen oder Zustandsformen des Bewusstseins. Jeder Mensch hat ein Wachbewusstsein, ein Traumbewusstsein und ein formloses Tiefschlafbewusstsein. Aus diesen Bewusstseinszuständen gehen in gewissem Sinne sehr verschiedene „Welten" hervor. Wir haben auch meditative Bewusstseinszustände, intuitive Bewusstseinszustände usw. Jeder Bewusstseinszustand zeigt uns eine andere Welt und ist, ebenso wie die Ich-, die Wir- und die Es-Dimension, universal. Diese Zustände sind sowohl Männern als auch Frauen, allen Menschen überall auf der Welt zu eigen. Aus diesem Grund ist es möglich, eine vollständige Landkarte des menschlichen Seins zu erstellen. Das Quadranten-Ebenen-Modell besagt also, dass grundsätzlich jede Art menschlicher Erfahrung in einem Gesamtüberblick wie auf einer Landkarte lokalisiert werden kann. Der Vorteil einer solchen Gesamtschau ist, dass die Beziehungen und Verwandtschaften der verschiedenen Disziplinen, ob Politik, Wirtschaft, Soziologie, Philosophie usw., auf einen Blick ersichtlich werden. Aber mehr noch: Wenn

Sie eine komplette Landkarte des menschlichen Seins besitzen, dann werden Sie Ihr eigenes Potential wesentlich effektiver nutzen können. Vergleichbar ist dies mit einer Landkarte der Alpen. Besitzen Sie eine gute Karte, so kommen Sie schnell und sicher ans Ziel. Besitzen Sie dagegen eine schlechte, werden Sie an einem Berghang zerschellen. Die meisten der heutigen Disziplinen, seien es Wissenschaft, Medizin oder Erziehungswesen, haben schlechte Karten. Sie sind unvollständig, sie sind partiell, und die Menschen zerschmettern tagtäglich in den Alpen ihrer eigenen Dummheit.

Alles hängt mit allem zusammen

Wir versuchen, das nicht zu tun. Wir finden, dass dies keine gute Sache ist. Deshalb versuchen wir es mit einer mehr integralen Annäherung. Das Wichtigste dabei ist, mit einer extrem offenen Einstellung heranzugehen. Dabei kann man nicht mit Vorurteilen oder Begrenztheiten daher kommen und behaupten, dass ein spezieller Weg der einzige Weg sei, Dinge und Situationen zu betrachten. Der integrale Ansatz ist also einerseits ein pluralistischer Ansatz, andererseits setzt es das Ganze in einen übergeordneten Rahmen, in dem das Viele nicht nur aneinandergereiht, sondern auch systematisch zugeordnet wird. Dieser Rahmen integriert, er verbindet und zeigt auf, dass grundsätzlich alles mit allem zusammenhängt.
Soweit die theoretische Seite. Sie versucht, eine umfassendere und genauere Landkarte des menschlichen Seins zu erstellen. Nun kommen wir zur praktischen Seite. Wie können wir das integrale Denken in unserem Leben anwenden? Wie können wir es für unser eigenes Wachstum, für unsere Transformation nutzen? Was können wir tun, wenn wir uns weiterentwickeln wollen? Wie lässt sich das integrale Modell in Medizin, Erziehungs-

wesen, Politik und Kommunalplanung einbeziehen? Grundsätzlich ist es auf alles anwendbar, denn die Landkarte deckt alles ab. Auch in Ihrem persönlichen Leben, in der Art und Weise, wie Sie ihren Betrieb führen, Ihre Beziehungen gestalten, usw. lässt es sich anwenden. Sie können sehr viel damit machen. Sie können es, wenn Sie wollen, auch nur theoretisch studieren. Das würde ich jedoch nicht empfehlen. Es geht darum, es zu praktizieren.

Es gibt keinen Ansatz, der einzig wahr ist

Das integrale Denken verhindert somit, dass eine Richtung für absolut erklärt werden kann. Darin liegt etwas Versöhnendes, etwas, das sich äußert positiv auf Politik und Religionen, auf Kulturen und Wissenschaften, ja auf alle Lebensbereiche auswirken wird.
Ja genau. Es verhindert, dass eine bestimmte Sichtweise zur einzig wahren Sichtweise erhoben wird. Die typisch wissenschaftliche Annäherung zum Beispiel behauptet, dass nur materielle Objekte wie Steine und Felsen, wie der Tisch hier, wirklich wahr sind, Dinge also, die man wissenschaftlich messen kann. Für sie sind weder die moralischen Dimensionen noch das Phänomen der Subjektivität von Bedeutung. Sie macht die Es-Dimension zur einzig gültigen Dimension. Die Systemtheoretiker kommen stattdessen daher und meinen: „Ok, wir stellen das richtig. Wir betrachten die Systeme der Dinge und wie sie zusammenpassen." Aber auch sie schauen auf Objekte, auf Systeme von Flüssen etwa, die das Gebirge beeinflussen, welche ihrerseits auf den physischen Körper einwirken, der wiederum gewisse Auswirkungen auf das ökologische System haben kann, und so weiter und so fort. Auch sie lassen die inneren Dimensionen der Subjektivität, des Bewusstseins und der erweiterten Bewusstseinszustände außer Acht. Dann gibt es Richtungen, welche die Ich-

Dimension zur einzig wahren Dimension erklären wollen. Die Weisheitstraditionen zum Beispiel behaupten, dass nur bestimmte mystische und meditative Zustände, das subjektive Selbst also, die einzige Realität darstellen.

Wir dagegen versuchen zu sagen: „Wisst ihr was? Ihr habt alle Recht! Alle diese Annäherungen sind richtig. Aber ihr liegt falsch in dem Moment, wo ihr denkt, dass euer Ansatz der einzig wahre ist. Dies ist eine sehr enge Sicht, die unweigerlich die Frage aufwirft, warum ein Prozent der Weltkultur Recht haben soll, während die übrigen 99 Prozent völlig daneben liegen? Das würde bedeuten, dass 99 Prozent der Menschheit als krank oder dumm beschrieben werden müssten, damit eure Richtung die richtige sein kann." Wir finden *gerade das* eine kranke und dumme Sichtweise. Aber gegenwärtig wird leider noch die ganze Welt von ihr beherrscht. Wir sagen einfach: „Lasst uns das Ich und das Wir und das Es anschauen und den Fehler vermeiden, eines auf das andere zu reduzieren." Genau hier kommen wir nämlich aus dem Absolutismus heraus, der einen Ausschnitt der Wirklichkeit zur einzig wahren Wirklichkeit erheben will. Wir müssen eine Einstellung entwickeln, die großzügig genug ist, um sagen zu können: „Wir akzeptieren all das um seiner selbst willen." Anstatt zu fragen, was richtig oder falsch ist, sollten wir fragen: „ Welche Sicht erlaubt uns die Erkenntnis, dass alle etwas Wichtiges beizutragen haben?" Das ist eine völlig andere Fragestellung. Dennoch ist sie die einzige Frage, die wir uns heute, in einer Welt, in der alle Kulturen zusammenkommen, stellen müssen. Eine solche integrale Sichtweise hinterlässt neue Prägungen in unserem Geist und ändert dadurch unser ganzes Wesen. Sie ändert unsere Wahrnehmung und unser Bewusstsein. Sie lässt uns großzügiger, toleranter, liebevoller und mitfühlender werden.

Die unterscheidende Weisheit

Wenn man einmal das integrale Denken verinnerlicht hat und damit arbeitet, kann man entlang dieser Richtlinien seine gesamte Erfahrung einordnen. Dadurch werden Erfahrungen wesentlich klarer. Die Wirklichkeit kann besser organisiert werden; schwierige, komplexe Situationen lassen sich schneller durchschauen und wir lernen, wesentlich genauer zu unterscheiden.

Ja. Wenn Sie das einmal drin haben, dann werden Sie sagen: „Wow, ist das einfach!" Wenn man es einmal begriffen hat, ist es wirklich einfach und spart enorme Zeit und Mühe.

Und nach einer gewissen Zeit braucht man nicht einmal mehr Unterscheidungen zu treffen. Dann beginnen wir, nur noch auf das zu hören, was wir die innere Stimme nennen. Hierin liegt ein riesiger Fortschritt. Wer das integrale Bewusstsein wirklich verinnerlicht hat, kommt irgendwann automatisch an den Punkt, wo er nur noch auf sich selbst zu hören braucht, wo sich selbst die Landkarte erübrigt.

Genau. Das ist es. Ich freue mich wirklich, dass Sie das sagen. Gewisse Leute behaupten: „Wilber, dieser Besserwisser, will mir seine Art zu denken aufzwingen." Dabei ist genau das Gegenteil der Fall. Wenn ich betone, dass jede Sprache die Perspektive einer ersten, zweiten und dritten Person hat, meine ich damit, dass, wenn Sie in Ihrem Leben mit einer Situation konfrontiert werden, Sie zumindest wissen wollen: „Wie fühle ich mich in dieser Situation? (Ich-Ebene)". Sie betrachten auch die objektiven Tatsachen der Situation, also das Es: „Was geht objektiv gesehen tatsächlich vor sich? Was passiert hier?" Und Sie werden die Wir-Dimension im Auge haben, die Menschen, die involviert sind. Auf diese Weise können Sie ein Einverständnis darüber entwickeln, wohin die Situation führen soll. Wenn ich also aufzeige, dass es eine Ich-, eine Wir- und eine Es-Dimension gibt, dann will ich sagen: „Was auch immer Sie tun, stellen Sie sicher, dass Sie alle diese Ebenen abdecken. Denn sie sind da." Es ist nicht etwas, das ich aufzwinge. Es sind vielmehr Bereiche, die in jedem von uns vorhanden sind. Wir alle durchlaufen abwechselnd den Wachzustand, den Traumzustand und den formlosen Zustand. Wenn wir einen von ihnen nicht berücksichtigen, sind wir unvollständig. Sie checken also nur sich selbst, technisch gesehen: alle Quadranten, alle Ebenen, alle Linien usw.. Wenn Sie das integrale Modell anwenden, ist es tatsächlich sehr einfach. Es stellt sicher, dass Ihre eigene innere Stimme alle diese Kriterien überprüft. Es ist nützlich für alles, wenn man damit arbeitet.

Es ist nicht nur nützlich, es ist notwendig! Die innere Stimme muss trainiert werden, sonst können wir nicht unterscheiden, ob es sich wirklich um die innere Stimme handelt, oder nur um eine der vielen anderen Stimmen, die sich ständig in uns melden.
Ja, genau. Es verleiht uns im wahrsten Sinne des Wortes das, was die Buddhisten „unterscheidende Weisheit" nennen, das, was uns hilft, das Ursprüngliche, Tiefe und Grundsätzliche vom Oberflächlichen, Hohlen und Nichtssagenden zu unterschieden. Dies ist sehr wichtig. Es ist nämlich genau die Eigenschaft, die uns das Hohe Selbst erkennen lässt, und weit mehr noch: die uns zeigt, wie wir dieses Hohe Selbst im Alltagsleben, in der richtigen Welt zum Ausdruck bringen können.

Pionierarbeit erfordert enorme Intensität

Eine unserer Fragen ist eine persönliche Frage. Was war der Impuls, der Sie zu derart tiefen Einsichten brachte?
Ja, nun – ich glaube, ich komme von einem anderen Planeten. Ich mache Witze... Meine gesamte frühere Ausbildung war wissenschaftlich. Ich studierte Objekte, Objekte, Objekte, Objekte.

Es, Es und Es. Zunächst studierte ich Medizin, dann Chemie. Aber keine der Fragen, die mich wirklich bewegten, konnte dadurch beantwortet werden. Alles drehte sich um Objekte. Es gab weder eine Ich- noch eine Wir-Dimension. Ich dagegen wollte alles über innere Bewusstseinszustände, über die wirkliche Bedeutung des Lebens, über wirkliche Werte wissen. So zog es mich zu den östlichen Weisheitslehren hin. Eine intensive Suche begann, bei der ich versuchte, alle diese Wahrheiten miteinander zu verbinden. Ich war überzeugt, dass sie alle etwas zu sagen hatten. Mein Weg begann mit derselben Frage, über die wir vorhin sprachen, nämlich nicht, was richtig oder falsch ist, sondern wie alles richtig sein kann. Es musste einen Weg geben, um darzustellen, dass wirklich alle Richtungen etwas Bedeutsames beizutragen haben. Das ist natürlich eine schwierige Fragestellung. Es ist in der Tat eine sehr schwierige Fragestellung. Aber ich hatte Glück. Es war die erste Frage, die ich mir stellte. Mit 23 schrieb ich mein erstes Buch, „Das Spektrum des Bewusstseins". Es beinhaltet die Antwort auf die Frage: „Wie kann alles richtig sein?"

Dann haben Sie sehr früh angefangen! Mittlerweile haben Sie 16 Bücher geschrieben, die in 20 Sprachen übersetzt wurden, und Sie sind der einzige Autor, zu dessen Lebzeiten seine gesammelten Werke erschienen sind. Dieses zeugt von einer wahrhaft brillanten Intelligenz. Die Ideen scheinen wie aus einem Maschinengewehr aus Ihnen hervorzuschießen!
Es gibt tatsächlich verschiedene Geschwindigkeiten des Denkens in meinem Schaffen. Wenn ich in einem meditativen Zustand bin, ist es ganz anders. Die Gedanken sind sehr langsam und der Raum des Denkens ist sehr weit ausgedehnt. Aber wenn ich schreibe oder wie jetzt ein Interview gebe, bringe ich tatsächlich eine enorme Leidenschaft und eine enorme Intensität hinein. Um eine solche Pionierarbeit zu leisten, braucht es diese Art der Energie. Ohne diese Intensität können Sie das nicht schaf-

fen. Für alle Pioniere ist diese Leidenschaft von höchster Bedeutung. Wenn Sie dann wieder heruntergeladen und gesammelt sind, ist das natürlich schön. Ich arbeite nicht 24 Stunden täglich in dieser Geschwindigkeit.

Es ist ja gerade ein Kernpunkt des integralen Bewusstseins, beides zu vereinen und das gesamte Spektrum der Energie zu leben. Darin liegt das Faszinierende der integralen Lebensweise. Wenn die Menschen einmal begreifen, wie faszinierend diese Art zu leben ist, dann werden sie sich dem Neuen bereitwillig öffnen.

Leider denken bisher nur zwei Prozent der gesamten Weltbevölkerung integral. Aber in den nächsten 10 bis 20 Jahren könnte es uns gelingen, diesen Prozentsatz auf 10 bis 15 Prozent zu steigern. Selbst wenn das nicht gerade überwältigend klingt, kann diese Neuerung, sofern sie von Dauer bleibt, extrem viel bewirken und verändern. Wenn wir Menschen in führenden Positionen, Menschen mit Einfluss, in der Regierung, im Erziehungswesen und der Politik erreichen können, wenn der akademische Bereich anfängt, integral zu werden, dann könnte das zu einer wahrhaften Veränderung führen. Mit nur zehn Prozent integral denkenden und handelnden Menschen könnte das Leben auf dieser Welt vollständig anders aussehen.

Integrales Modell am wirksamsten in der Heilkunde

Wie lässt sich das integrale Modell auf den Bereich der Medizin und Heilkunde anwenden?

Die Medizin ist wahrscheinlich einer der Bereiche, in dem das Integrale am schnellsten wirksam werden kann. Aber das meiste, was heute unter dem Deckmantel integraler oder integrativer Medizin angeboten wird, ist nicht wirklich integral. Die meisten neuen Richtungen sind nicht viel mehr als konventionelle Medizin, die mit Kräuterkunde, Yoga und Visualisierungsübungen aufgepeppt ist. Das nennt man dann ganzheitlich. Ich behaupte, dass weder die konventionelle noch die alternative Medizin integral sind. Wenn man zwei nicht integrale Ansätze hernimmt und sie zusammenwirft, kann keine befriedigende Lösung herauskommen. Einer der Wege, dieses Problem zu lösen, liegt darin, durch die Ich-, Wir- und Es-Quadranten zu gehen, und gleichzeitig zu schauen, was in den verschiedenen Bewusstseinszuständen vor sich geht.

Die konventionelle Medizin betrachtet den menschlichen Körper als ein Objekt oder Es und behandelt ihn mit von außen in ihn eindringenden Maßnahmen. Sie verabreicht Antibiotika und schneidet ihn auf, sie nimmt Operationen und Bestrahlungen vor und richtet gebrochene Knochen wieder ein. Dies ist eine sehr mechanische Es-Objekt-Domäne. Und egal wie sehr die Menschen versuchen, andere Dimensionen einzuführen, Medizin läuft noch immer auf das eine hinaus: „Mein Knochen ist gebrochen, bitte füge ihn zusammen! Ich habe Schmerzen, lass sie verschwinden!" Die meisten Menschen, die einen Arzt aufsuchen, wollen kein Wissen über sich selbst, wollen kein Wachstum. Das Einzige, was sie wollen, ist, dass die Infektion verschwindet. Dann gehen sie nach Hause und das war's. Der Arzt hat den Patienten nicht als Person kennengelernt und du weißt nicht, wie du deinem Chirurgen begegnen wirst. Wenn die Operation bevorsteht, kommt er herein, schüttelt deine Hand und du kannst nicht einmal sein Gesicht sehen, das sagt: „Morgen werde ich dich töten!" Es geht einfach nur ums Schneiden...

Die alternative Medizin versucht, die Ich-Dimension einzuführen. Sie sagt: „Visualisierung, innere Zustände usw. können das Ergebnis der objektiven Es-Dimension, das heißt den Krankheitsprozess wirklich verändern." Und sie sagt: „So ist es und nicht anders." Aber da gibt es noch immer die Wir- und die Es-Bereiche, da gibt es noch immer die anderen Dimensionen, bis hin zu jenen, die die sozio-ökonomische Infrastruktur angehen, aus der Krankheit auch hervorgehen kann. Wir müssen *auch* auf die Kultur, die Wir-Dimension, schauen, aus der Krankheit entsteht. Eine Vielzahl physischer Krankheiten, an denen wir leiden, sind tatsächlich kulturelle Probleme. Sie können niemals in einer Arztpraxis gelöst werden, sondern nur durch politische Maßnahmen. Wenn man darüber hinaus die inneren Ebenen in Betracht zieht, mit ihren Stadien und Zuständen des Bewusstseins, dann haben wir einen weiteren Bereich, der sich auf das Phänomen Gesundheit oder Krankheit auswirkt. Wollen wir wirklich integral über Medizin sprechen, müssen wir die Ich-, Wir- und Es-Dimensionen und das gesamte Spektrum des Bewusstseins einbeziehen. Das aber bringt ein medizinisches Modell hervor, das in seiner Vollständigkeit geradezu überwältigend ist, denn es ist ein sehr, sehr umfassendes Modell. Das bedeutet nicht, dass wir jedes Mal, wenn wir eine Arztpraxis besuchen, das gesamte Modell anwenden müssen. Es bedeutet für einen Arzt, der 50 Pillen in seiner Schublade hat, nicht, dass er jedes Mal alle 50 Pillen verabreichen muss, bloß um sich integral zu geben. Vielleicht brauchen Sie nur eine oder zwei, oder wie viel auch immer. Aber die Pillen sind vorhanden und dem Doktor steht eine Ausrüstung zur Verfügung, die alles, was irgendwie falsch gehen kann, abdeckt. Ein Arzt sollte all das bewerkstelligen können. Im Integralen richtet er nicht nur gebrochene Knochen, heilt er nicht nur Verbrennungen und Schürfungen, sondern wendet sich auch an das Bewusstsein und das Entwicklungsstadium des Patienten. Dies ist ein völlig anderer Weg, über Gesundheit zu sprechen.

Auf diese Weise betrachten wir Gesundheit aus einem sehr integralen Blickwinkel heraus, aus dem wir entscheiden können: „Ok, ich habe ein Problem, das im Moment hauptsächlich ein physisches Problem ist. Oder ich habe ein Problem in der Ich- oder der Wir-Dimension." Dann erst können Sie herausfinden, wo Ihr wirkliches Problem gelagert ist. Wenn es sich um ein psychologisches Problem handelt, welches dein Asthma oder deine

Geschwüre oder deine Colitis verursacht, wird keine noch so hohe Dosis Antibiotika weiterhelfen, denn die Ursache befindet sich in der Ich-Dimension und nicht in der Es-Dimension. Auf diese Weise haben wir Zugang zu einer wesentlich vollständigeren Diagnosestellung. Ein Integraler würde sagen: „Was ich wirklich brauche, ist, aus dieser Ehe herauszukommen, aufhören Milch zu trinken und dreimal täglich zu trainieren." So etwas könnte bei einer integralen Diagnose herauskommen. Es ist ein viel interessanterer Weg. Die meisten der gegenwärtigen medizinischen Methoden behandeln die Symptome, deren Probleme ganz woanders liegen. Sie kennen die Quelle der Probleme nicht. Deshalb sind und bleiben sie symptomatisch. Mit einer integralen Annäherung dagegen kann man wesentlich mehr herausholen. Man kann hineinschauen bis in die subtilsten Energien und wieder zurückgehen zu grobstofflicheren Bereichen. Man umfasst alles.

Herr Wilber, herzlichen Dank für dieses Gespräch!

Heilung und holistische Biologie

*Die morphogenetischen Felder als die organisierende
Seele hinter den Lebewesen*

Hinter den selbstregenerierenden Eigenschaften, die jedem
lebendigen Organismus innewohnen, steckt ein Organisations-
feld, das so genannte morphogenetische Feld. Dieses Feld – so
Rupert Sheldrake – steuert die Art und Weise, wie Lebewesen
sich auf ein bestimmtes Ziel hin entwickeln. Sheldrakes holistisches Erklärungsmodell, das einen Versuch darstellt, hinter dem
geheimnisvollen Prozess der Formentstehung von Pflanzen, Tieren und Menschen bis hin zur Gesellschaft und Kultur zu kommen, bleibt ein immer noch viel diskutiertes Thema bei den
Naturwissenschaftlern.

*Dr. Rupert Sheldrake, Zellbiologe und Biochemiker, studierte Phi-
losophie in Harvard und promovierte in Biochemie in Cambridge.
Er entwickelte die inzwischen weltweit diskutierte Theorie der morphogenetischen Felder und sorgte mit seinem ganzheitlichen
Ansatz für Aufsehen auf dem Gebiet der Natur- und Geisteswis-
senschaft.*

- - -

*Dieses Interview wurde zusammen mit Christina Kessler, Gründe-
rin der Amo-ergo-sum-Philosophie, geführt.*

✳

Rupert Sheldrake, Sie sind einer der wenigen Biologen, die Natur-
wissenschaft und Religion zu vereinbaren versuchen. Was hat Sie zu
diesem ganzheitlichen Ansatz in der Biologie, die ausschließlich von
orthodoxen Maßstäben regiert wird, bewegt?
Mein Leben lang habe ich mich für Biologie interessiert und
mich schon seit der Schulzeit auf Naturwissenschaft spezialisiert. Ich studierte Biologie und Biochemie in Cambridge. Aber
schon bald wurde mir die riesige Kluft bewusst zwischen meinem ursprünglichen Interesse, eine Erklärung für das Leben und
lebendige Organismen zu finden, und der orthodoxen, materialistisch-mechanistischen Biologie, die Menschen und Organismen auf bloße Maschinen reduziert. Das Prinzip Leben konnte
für mich mit diesem herkömmlichen Erklärungsmodell nicht
erfasst werden. Die meisten meiner Kollegen begannen sich für
die Chemie der DNA zu interessieren, aber ich hielt das für die
falsche Annäherung.
Während ich in Cambrigde Forschungen über das Pflanzen-
wachstum unternahm, begann ich mich mit der holistischen Tradition in der Biologie zu befassen und fing an, mich für die Feldtheorie, genauer gesagt für die „morphogenetischen Felder" zu
interessieren. Ich erkannte, dass eine neue Art von Wissenschaft
notwendig war, und das Modell der morphogenetischen Felder
als unsichtbarer Bauplan, der für die Form und das Wachstum
von Organismen bestimmend ist, zog meine ganze Aufmerksamkeit auf sich.
Als ich dann nach Indien ging, um tropische Pflanzen zu untersuchen, vertiefte sich meine Suche nach einem neuen Ansatz. Ich
kam in Kontakt mit der indischen Philosophie und begann,
mich mit Yoga und Meditation zu beschäftigen. Doch gleichzeitig erweckte die christliche Tradition, die ich so lange abgelehnt

hatte, zunehmend mein Interesse. Ich wollte einen Weg finden, die beiden Traditionen, die hinduistische und die christliche, zu verbinden, als ich dann auf Pater Bede Griffiths stieß, der, obwohl er Christ war, in Indien einen Ashram im Stil der Hindutradition aufgebaut hatte. Dieser war der beste Platz für mich, um in aller Ruhe mein erstes Buch „Das schöpferische Universum" zu schreiben, ein Buch, das ich ihm, der 1993 starb, gewidmet habe.

Pater Griffiths war die perfekte Brücke zwischen östlicher und westlicher Tradition. Sein Ashram war tatsächlich der indischste Ashram, den ich kannte, und doch christlich orientiert. Deshalb bot dieser Ashram die Basis für eine breitere Philosophie und ein umfassenderes Naturverständnis. Das war wirklich für mich eine große Hilfe. Als ich über die Philosophie der Form nachdachte, legte er mir die klassischen griechischen Ideen und die Vorstellungen des Mittelalters nahe. So gab er meinen Ideen eine wesentlich größere philosophische und historische Grundlage. Da Pater Griffiths nicht viel über Biologie wusste, bat er mich darum, ihm alles zu erklären, während ich mein Buch schrieb. So musste ich ihm alle wissenschaftlichen Konzepte begreiflich machen, und das war für mich eine sehr gute Praxis, denn er war ein außerordentlich intelligenter Mensch. Manchmal fragte er mich: „Rupert, was ist Magnetismus?", und ich musste Magnetismus erklären. Er stellte sehr tiefgreifende Fragen und zwang mich damit, tiefer in die Materie einzudringen, als ich es normalerweise getan hätte. All das hatte einen fortgesetzten Einfluss auf meine Arbeit. Es gab ihr eine größere Tiefe und einen breiteren Rahmen. Und auch die Disziplin in einer Gemeinschaft tat mir gut: Morgens früh aufstehen, am Ufer des heiligen Flusses meditieren... Dieser strukturierte Alltag war die perfekte Lebensform, um mein Buch zu schreiben.

Die morphogenetischen Felder und ihre Auswirkungen

Sie haben den Begriff der morphogenetischen Felder geprägt. Das ist ein Begriff, der für viele schwer zu verstehen ist. Können Sie uns erklären, was diese Felder sind und welche Auswirkungen sie haben?
Die Idee der morphogenetischen Felder beschäftigte mich schon lange vor Indien, seit meiner Zeit in Cambridge. Es war nicht meine eigene Idee, sondern ich wollte sie einfach weiter entwickeln. Die Theorie der morphogenetischen Felder ermöglicht eine ganzheitliche Annäherung an die Erklärung von lebendigen Organismen, nicht nur von Pflanzen und Tieren, sondern auch vom Menschen.

Die Definition der morphogenetischen Felder ist eine westliche Definition. In der östlichen Philosophie würde man eher von „Geist" oder von einer göttlichen Essenz der Natur sprechen.
Sehen Sie, um die Natur zu verstehen, benötigen wir ein Prinzip der Form und ein Prinzip des Wandels. Im tantrischen Hinduismus stellt Shakti das Prinzip des Wandels bzw. der Energie dar, und Shiva das Prinzip der Form. Oder im normalen Hinduismus entspricht Shiva dem Prinzip des Wandels, also der Schöpfung und Zerstörung, Vishnu dem Prinzip der Form und der Struktur. Und in der christlichen Tradition, die auf der Trinität basiert, ist der Geist das bewegende Prinzip bzw. das Prinzip des Wandels. Die zweite Person der Trinität ist Logos, das Prinzip der Form. Nun haben die morphogenetischen Felder mehr mit der Form zu tun. Es geht also um das Prinzip der Struktur: Form und Ordnung. Immer und überall müssen diese beiden Prinzipien zusammenarbeiten.

Aber diese Felder sind ja eine unsichtbare Kraft, die jenseits der Dinge steht, deshalb das Wort „Geist", aber vielleicht gibt es einen zutreffenderen Begriff dafür?

Ja, man könnte von Seele sprechen. Tatsächlich entspricht das morphogenetische Feld am ehesten dem, was wir in der westlichen Tradition Seele nennen. Die Seele ist das Prinzip, das lebende Wesen organisiert. Die Seele ist ein grundlegendes organisierendes Prinzip der Natur, unsichtbar, vergleichbar mit einem magnetischen Feld. Und genau das ist die Ursache für die Entstehung und den Wandel der Dinge. Die morphogenetischen Felder wirken in Raum und Zeit, sie geben Form und Struktur.

Vor dem 17. Jahrhundert war die Seele noch unverzichtbarer Bestandteil unseres Welt- und Menschenbildes. Es war eine animistische Weltanschauung, in der alle Lebewesen und alle Dinge eine Seele hatten. Das englische Wort für Tier „animal" stammt sogar vom Lateinischen „anima": die Seele. Nicht nur Tiere und Pflanzen besaßen eine Seele, sondern auch die Erde und das Universum. Sogar den Magneten sprach man eine Seele zu. Die Tatsache, dass ein Magnet über eine gewisse Entfernung auf einen anderen Magnet einwirken konnte, schien zu zeigen, dass er eine Seele hatte. Traditionell sah man die Seele also wirklich als etwas, das die Welt mitorganisierte. Sie war keine theologische Vorstellung, sondern Teil der Natur.

Die fundierteste Theorie der Seele geht auf Aristoteles zurück, einen der wenigen Philosophen, vielleicht sogar den Einzigen, der in erster Linie Biologe war. Aristoteles sagte, dass die Form der Pflanze von der Seele bestimmt sei. Eine Kiefer beispielsweise wird dadurch zu einer Kiefer, dass sie eine Kieferseele hat, die ihr ihre Form verleiht. Die Seele enthält also den unsichtbaren Plan des Körpers.

Die Seele sorgte auch bei den Tieren dafür, dass sie sich vom Embryonalstadium zum ausgewachsenen Tier entwickeln. So war die Seele gleichzeitig für die Aufrechterhaltung und Weiterentwicklung der Art zuständig.

Die Seele wurde aus dem naturwissenschaftlichen Verständnis mit dem Aufkeimen der materialistisch-mechanistischen Sichtweise seit René Descartes vollständig verdrängt. Er sah das Universum als eine enorme Maschinerie, in der alles auf mathematische und mechanische Weise funktionierte. Und nirgendwo in dieser Maschine und nirgendwo in der Natur gab es eine Seele. Er zog also die Seele aus allen Pflanzen und Tieren heraus, so dass aus ihnen unbeseelte Maschinen wurden. Er entzog auch dem gesamten menschlichen Körper die Seele, mit Ausnahme eines winzig kleinen Bereiches im menschlichen Gehirn, der Zirbeldrüse.

Mit dieser radikalen Vorstellung legte Descartes den Grundstein für die moderne Biologie und Medizin. Dennoch muss man sagen, dass die mechanistische Theorie in der Biologie nie wirklich brauchbar war. Deshalb haben Biologen immer wieder nach anderen Modellen gesucht. Eine dieser Antworten lieferte ihnen der Vitalismus. Vitalismus besagt, dass lebende Organismen lebendig sind. Mitte des 18. Jahrhunderts bis ungefähr Mitte des 19. Jahrhunderts waren die Vitalisten offenbar in der Mehrheit. Aber gegen Ende des 19. Jahrhunderts begann das mechanistische Denken, auch in der Biologie vorzuherrschen.

Dann kam Hans Driesch, ein zunächst mechanistisch denkender Embryologe, der im Laufe seiner Forschungen zu dem Schluss kam, dass es unmöglich sei, das Leben derart mechanistisch zu verstehen. Er entwickelte darauf hin eine ausgeklügeltere Version des Vitalismus, mit der er den ganzheitlichen Aspekt lebender Organismen hervorhob. Die Tatsache zum Beispiel, dass sich Tiere und Pflanzen regenerieren können, kann aus einer mechanistischen Sichtweise niemals erklärt werden. Aus einem Teil kann wieder ein Ganzes entstehen. Aus einem kleinen Stück eines Baumes kann ein ganz neuer Baum erwachsen. Aber niemals kann man aus einem kleinen Teil einer Maschine eine Maschine entstehen lassen. Wir können den raffiniertesten Computer der Welt in Scheiben schneiden, aber alles, was wir rausbekommen, ist ein kaputter Computer. Driesch kam es darauf an zu zeigen, dass Lebewesen ganzheitliche Eigenschaften haben und sich auf ein bestimmtes Ziel hin entwickeln. Die Seele folgte also einem Selbstzweck; sie hatte bereits ihr eigenes Ziel in sich. Es handelte sich also wieder um diesen nicht-materiellen Organisationsfaktor, der die Art und Weise, wie sich lebende Mechanismen entwickeln und verhalten, steuert.

Aus diesem Grunde könne man, so Driesch, chemische und physikalische Ergebnisse nie vollkommen vorhersagen, wie die Chemiker und Physiker dieser Zeit behaupteten. Man könne immer nur von Wahrscheinlichkeit sprechen.

Die Nachfolger Drieschs waren die eigentlichen Vorreiter, die dann anstatt von der Seele von bestimmten Feldern sprachen und von bestimmten Zielen, auf die diese Felder hinarbeiten.

Die Felder als organisierende Seele hinter den Dingen

Es scheint nicht nur Lügen gegeben zu haben, sondern eine große Verwirrung hinsichtlich der Bedeutung von Energie, Seele, Geist, Materie.

Gewiß, ja. Und deshalb glaube ich, dass die Felder eine Möglichkeit bieten, sich Gedanken über genau diese Dinge zu machen. Es ist eine Möglichkeit, über die Seele nachzudenken. In den modernen Wissenschaften wird die gesamte Natur in Begriffen von Energie verstanden, die für den Wandel und die Aktivität der Dinge verantwortlich ist. Und die Felder sind es, die der Energie Form und Struktur geben. Das betrifft auch die moderne Physik. Das Elektron ist eine Vibration von Energie innerhalb eines Feldes. Das Gleiche gilt auch für das Proton. Ebenso ist die Bewegung der Erde um die Sonne von der Schwerkraft abhängig. Auf diese Weise basieren alle Aspekte in der modernen Wissenschaft auf den beiden Prinzipien der Energie und der Struktur bzw. Form. Und ich versuche als Biologe, Leben ebenfalls in diesen Begriffen zu sehen. So könnte man sagen, dass die Theorie der morphogenetischen Felder den Versuch darstellt, die organisierende Seele hinter den Dingen zu sehen, so wie es Aristoteles und nach ihm Thomas von Aquin taten – eine Seele, die der Natur und allen lebenden Erscheinungen immanent ist.

Sie sprechen von den morphogenetischen Feldern als ordnenden Instanzen. Gibt es hinter diesen verschiedenen Feldern ein letztes endgültiges Feld, das alles umfasst?

Ja, das kann durchaus sein. Die moderne Physik hat tatsächlich die Idee eines letztendlichen Feldes, das alles vereinigt und aus dem alle Felder hervorgehen. Und dieser Gedanke ist eigentlich auch nicht neu. Wir finden ihn schon bei Plotin und den Griechen um Platon: Die Idee einer Welt-Seele, jener Seele, aus der alle anderen Seelen entspringen. So haben wir die Seele, die die Seele des ganzen Universums bzw. das allumfassende und alles beinhaltende Feld des gesamten Universums darstellt.

Es gibt also eine Quelle jenseits aller Manifestationen. Und sogar in der modernen Physik finden Sie die gleiche Idee, dass nämlich der große Urknall aus dem Nichts – oder aus dem Alles, je nachdem wie man dieses Vakuum interpretiert – hervorgeht. Aber diese Dinge sind gedanklich schwer fassbar.

Wo können sich, Ihrer Meinung nach, Wissenschaft und Spiritualität bzw. Religion treffen?

Ursprünglich waren es genau diese Themen, die Pater Griffiths und mich gemeinsam bewegten, und später sprach ich mit meinem Freund Matthew Fox darüber. Aus diesen Gesprächen entstand das Buch „Die Seele ist ein Feld". Es gibt nämlich sehr viele Punkte, an denen sich Wissenschaft und Philosophie treffen. Jede Wissenschaft basiert auf einer bestimmten Philosophie. Die Wissenschaft, wie wir sie kennen, basiert auf der materialistischen Philosophie und das ist eine sehr enge, dogmatische Philosophie, die ein sehr starres Modell der Wirklichkeit abgibt. Und wenn Sie Ihre wissenschaftliche Sichtweise ändern, dann ändern Sie gleichzeitig die zugrunde liegenden philosophischen Gedankengänge, und die Grenzen zwischen Wissenschaft und Religion verschieben sich.

Sehen Sie, das Problem in der modernen Wissenschaft ist, dass anstelle eines pluralistischen Ansatzes, wie wir ihn beispielsweise im Buddhismus oder Hinduismus finden, die Naturwissenschaften tatsächlich das einzige Denkmodell darstellen, das für sich eine universelle Gültigkeit beansprucht, auf der ganzen Welt, in jedem Land und jeder Kultur, und deshalb äußerst intolerant ist. Ich würde sogar sagen, dass es das einzige Problem der heutigen Wissenschaft darstellt. Und es müsste nicht so sein, es könnte auch anders sein und es kann anders werden.

Ganzheitliches Modell für die Heilkunde

Welche Folgerungen können aus Ihrer Perspektive für den Bereich der Heilkunde gezogen werden?

Es gibt vieles, was man aus der Theorie der morphogenetischen Felder für die Medizin ableiten kann. Indem wir uns die Seelen als Felder vorstellen, bekommen wir, denke ich, generell ein besseres Verständnis für die körperlichen, geistigen und seelischen Zusammenhänge. Wir gewinnen ein klareres Bild des Entwicklungsprozesses: wie Organismen es machen, dass sie sich von einem befruchteten Ei zum Embryo entwickeln und vom Embryo zum ausgewachsenen Tier oder Menschen heranwachsen. Die Felder liefern auch eine Verständnisgrundlage für den Heilungsprozess. Alle sich selbstorganisierenden Systeme verfügen über die Möglichkeit der Selbstheilung. Wäre das nicht so, verschwänden sie bald von der Bildfläche. In unserem Körper findet ja eine ständige Veränderung der biochemischen Prozesse statt, und dennoch bleibt der Körper jahrzehntelang der gleiche. Und was der Aufrechterhaltung der Form und auch dem Heilungs- und Regenerationsprozess zugrundeliegt, sind eben diese Felder.

Ich glaube, dass die Feldtheorie ein geeignetes holistisches Modell für Geist und Körper ist. Sie kann auch als Verbindung betrachtet werden sowohl zwischen verschiedenen alternativen Therapien als auch mit der Schulmedizin. Ich bin überzeugt davon, dass es an der Zeit ist, ein ganzheitliches Modell der Medizin zu entwickeln. In England beispielsweise gibt es eine Organisation mit dem Namen „Scientific und Medical Network", das aus ganzheitlich orientierten Wissenschaftlern, Ärzten und Therapeuten besteht. Das Problem der Schulmedizin ist heutzutage, dass sie versucht herauszufinden, ob etwas funktioniert oder nicht, anstatt zu zeigen, wie es funktioniert. Das „Wie" muss immer an erster Stelle stehen. Die Chinesen haben in Hongkong ein Forschungsweltzentrum eingerichtet, in dem sie westliche und chinesische Medizin zu integrieren versuchen. Ein Vorbild ist für mich auch Indien, wo seit vielen Jahren westlich orientierte Ärzte Seite an Seite mit der ayurvedischen, homöopathischen, chinesischen und muslimischen Medizin arbeiten. Jeder Inder weiß, dass, wenn er eine akute Krankheit wie eine Infektion bekommt, er einen Schulmediziner aufsuchen sollte. Wenn er dagegen ein chronisches Leiden wie beispielsweise eine Hautkrankheit hat, würde er niemals einen Doktor konsultieren, sondern einen Homöopathen oder einen ayurvedischen Arzt aufsuchen. Dies ist dort eine allgemeine Einstellung, die auf vielen Jahren der Erfahrung basiert. Es ist eine Art Konsens über das, was in einem speziellen Fall hilft und nicht hilft. Und dann ist man sich dort auch noch über die bedeutende Rolle des Therapeuten selbst bewusst. Es geht heute auch darum, mehr über die zwischenmenschlichen Reaktionen und die tatsächliche Rolle des Heilers zu verstehen.

Die Beantwortung all dieser Fragen ist entscheidend dafür, dass der Rahmen der akademischen Biologie, die im Augenblick noch extrem reduktionistisch ist, gesprengt werden kann. Denn in den letzten Jahren wurde sie nicht etwa weniger, sondern unter dem Einfluss der Gentechnologie sogar noch stärker reduktionistisch. All diese riesigen Projekte in der Biologie haben sich mehr und mehr auf die Molekularebene konzentriert und dabei den holistischen Aspekt völlig außer Acht gelassen. Es ist also eine Notwendigkeit, dass wir einen ganzheitlichen übergeordneten Rahmen schaffen. Es gibt so wenig Leute, die auf diesem Gebiet arbeiten und daher sehe ich es als meine hauptsächliche Aufgabe an, die Aspekte einer holistischen Biologie und Psychologie herauszuarbeiten.

Meiner Meinung nach sind die Gene, so modern sie zurzeit sind, immens überschätzt worden. Der Gencode besteht aus Aminosäuren und Proteinen. Die Vorstellung, dass hier in verschlüsselter Form alles an Verhalten und Form festgelegt ist, ist eine bloße Spekulation. Natürlich kann eine Veränderung in den Genen das formale Verhalten verändern, aber das heißt nicht, dass Form und Verhalten in verschlüsselter Form in den Genen enthalten sein müssen. Vielmehr kommt es zu einer Interaktion zwischen den morphischen Feldern und den chemischen Prozessen. Aber zu einer Vererbung von Form und Verhalten kommt es nicht über die Gene.

Meiner Theorie entsprechend bezieht jede Spezies ihr ganzes Wissen und jeder Art von Informationen aus einem „kollektiven Gedächtnis", und zwar über einen Prozess, den ich als „morphische Resonanz" bezeichne. Der grundlegende Gedanke bei der morphischen Resonanz ist der, dass Ähnliches Ähnliches anzieht. Je ähnlicher, desto wirksamer ist die Resonanz. Die Anziehung funktioniert über Raum und Zeit hinweg und zwar aus der Vergangenheit in die Gegenwart hinein. Das bedeutet, dass alle Dinge eine Art Gedächtnis haben. Was Pflanzen, Tiere und Menschen angeht, gibt es ein kollektives Gedächtnis, ein

Ahnengedächtnis sozusagen, das nicht nur die Gestalt, sondern auch das Verhalten ihrer Gattung bestimmt. Das klassische Beispiel hierfür ist das bekannte Experiment mit den Ratten, in dem man Ratten einen neuen Trick beibrachte. Diese sollten einen Ausweg aus einer Überschwemmung finden, was ihnen auch gelang. Das Auffallende war, dass die Nachfolgergenerationen immer weniger Fehler machten und die Fluchtmöglichkeit schneller erlernten. Aber das betraf nicht nur die direkten Abkömmlinge dieser Ratten, sondern die gesamte Zucht. Die gleichen Prinzipien lassen sich auf das menschliche Lernen anwenden. Wenn viele Menschen sich neue Fähigkeiten aneignen, dann müsste es auch für andere leichter sein, eben dies zu lernen. So gesehen dürfte es immer einfacher werden beispielsweise das Computer-Programmieren oder Windsurfen oder Skateboardfahren zu erlernen.

Übergeordnetes morphisches Feld

Also, nicht nur die Entstehung des Körpers wird durch die morphogenetischen Felder beeinflusst, sondern auch das Verhalten. Derartige Verhaltensfelder bewirken auch die Organisation innerhalb von Gruppen von Tieren, zum Beispiel von Vogel- oder Fischschwärmen. Kommt beispielsweise ein Jäger in einen Schwarm von Fischen, reagieren die Fische blitzschnell, viel schneller als sie es könnten, wenn sie es den Nachbarn abschauen würden. Ich schätze, dies ist deshalb möglich, weil der ganze Fischschwarm ein gemeinsames Feld hat und die einzelnen Fische genau wie Eisenspäne in einem Magnetfeld reagieren. Dieses Feld ermöglicht, dass die Individuen genau wissen, wo sie sind und was sie tun müssen.

Die Felder, die Dinge mit einander verbinden, haben den allgemeineren Namen „morphische Felder". Morphisch stammt vom

Griechischen „morph", das Form bedeutet. Meiner Theorie entsprechend gehören morphogenetische Felder, Verhaltensfelder, soziale und kulturelle Felder alle der Gattung morphischer Felder an. All dies sind unterschiedliche Aspekte eines übergeordneten morphischen Feldes.

Ein weiteres Beispiel wäre eine Termitenkolonie. Hier scheint es ein morphisches Feld zu geben für die gesamte Insektenpopulation, die diesen Hügel geschaffen hat. Untersuchungen an Termiten haben gezeigt, dass das individuelle Insekt nicht wissen kann, wohin es die Bausteine setzen soll, die den großen Hügel entstehen lassen, schon allein deshalb, weil sie blind sind. Aber es muss ein unsichtbares Prinzip geben, das sie leitet und ihnen sagt, wohin sie gehen sollen. In den 20er Jahren gab es Biologen, die dieses Phänomen als Gruppenseele bezeichneten. Ich würde es als morphisches Feld der Gruppe betrachten.

Verbunden über die Felder über größere Entfernung hinweg

Mitglieder einer Gruppe sind generell durch diese Felder miteinander verbunden. Und ich denke, dass es auch diese Felder sind, die eine Kommunikation über größere Entfernung hinweg ermöglichen. Damit haben wir, schätze ich, eine mögliche Erklärung für das Phänomen der Telepathie. Telepathie scheint weniger ein psychisches Phänomen zu sein als etwas, das zwischen Mitgliedern von Gruppen, die enge Bande miteinander entwickelt haben, stattfindet. Ich habe mich ziemlich ausführlich mit Telepathie bei Tieren beschäftigt und das Ergebnis meiner Untersuchungen in meinem Buch „Der siebte Sinn der Tiere" dargelegt. Ein Beispiel, auf das ich dort näher eingehe, ist das von Hunden, die genau wissen, wann ihr Herrchen oder Frauchen nach Hause kommt. Viele Hunde warten an der Tür oder am Fenster, sobald sie spüren, dass Herrchen oder Frauchen auf dem Nach-Hause-Weg sind. Das kann zehn Minuten oder sogar eine halbe Stunde, bevor die Person tatsächlich eintrifft, geschehen. Tiere können also über eine größere Entfernung hinweg, auf die Intention von Menschen reagieren.

Das ist nicht nur bei Hunden der Fall, sondern auch bei Katzen, Papageien und Pferden. Dieses Phänomen entsteht anscheinend nur bei Tierarten, die enge soziale Bindungen zu Menschen entwickelt haben. Meiner Meinung nach ist das Feld der Kommunikationskanal, der die Mitglieder der Gruppe miteinander verbindet. Hunde und Herrchen sind Teil einer sozialen Gruppe, und das Feld umfasst alle beide. Wenn Herrchen oder Frauchen weggehen, wird dieses Feld nicht unterbrochen, sondern dehnt sich nur aus. Man könnte sich das so vorstellen, als sei da ein unsichtbares Gummiband, das sie weiterhin verbindet. Und dieses Gummiband ist der Kommunikationskanal.

Tiere wie Hunde und Katzen haben wesentlich ausgeprägtere telepathische Fähigkeiten als Menschen. Was die menschliche Telepathie angeht, gibt es nur einen Bereich, wo die Menschen besser sind als Tiere, nämlich das Telefonieren. In Verbindungen mit Telefonanrufen sind telepathische Vorkommnisse am Auffallendsten. Jeder von uns hat schon die Erfahrung gemacht, dass man gerade eben an jemand gedacht hat und im nächsten Augenblick das Telefon klingelt. Das Studium übersinnlicher Phänomene wie der Telepathie zeigt, dass das Gegenüber bereits auf die Absicht reagiert. Und diese Absicht ist in der Lage, Tiere oder Menschen über große Entfernungen hinweg zu beeinflussen.

Diese Erkenntnis liefert einen neuen Kontext, in dem wir die Kraft des Gebetes einordnen können, denn auch Gebete basieren auf Intentionen. Mittlerweile gibt es viele empirische Untersuchungen, die die Wirkung des Gebetes auf den Heilungsprozess beweisen. Aus dieser Sicht ist die Kraft des Gebetes durchaus real, während aus der materialistischen Betrachtung heraus sie als Illusion abgetan werden muss.

Wenn man an die morphischen Felder von Gruppen denkt, so ermöglicht uns dieser Ansatz, auch menschliche Gruppen wie Familien ganz neu zu betrachten. Die einzelnen Mitglieder einer Familie sind wechselseitig über das Gruppenfeld miteinander verbunden, und wie in allen morphischen Feldern, steckt hierin eine Art von ererbtem Gedächtnis. Dieses Gedächtnis wird von den vergangenen Generationen auf die Gegenwart übertragen.

Als ich vor ein paar Jahren mit der Arbeit von Bert Hellinger in Berührung kam, konnte ich nur staunen, wie da vor meinen Augen sozusagen familiäre Felder erzeugt wurden. Die Familienaufstellung, wie sie Hellinger praktiziert, macht wirklich Sinn, wenn man sich diese Felder vorstellt, durch die die Mitglieder einer Familie miteinander verbunden sind.

Das Phänomen der Vorahnungen

Die Theorie der Felder und der morphischen Resonanz geht eigentlich davon aus, dass Informationen aus dem Gedächtnisfeld der Vergangenheit auf die Gegenwart übertragen werden. Es hat sich jedoch herausgestellt, dass sich selbst Vorahnungen, also Gedanken an Dinge, die in der Zukunft geschehen werden, damit erklären lassen. Es gibt viele empirische Belege für die Tatsache, dass Menschen oder auch Tiere Zukünftiges vorhersehen können. In manchen Fällen gibt es hierfür vielleicht eine physische Erklärung. Tiere könnten zum Beispiel Erdbeben vorausahnen, indem sie elektrostatistische Veränderungen oder winzige Beben vor dem Erdbeben wahrnehmen, die die Seismologen nicht zur Kenntnis nehmen. Tatsache ist jedoch, dass bei vielen Erdbeben, die in jüngster Zeit stattgefunden haben, Tiere offensichtlich schon Stunden vorher, in einigen Fällen sogar Tage zuvor, diese spürten. Die westliche Seismologie schenkt dem keine Aufmerksamkeit. Bis jetzt sind die Chinesen die einzigen, die diesem Phänomen Beachtung schenkten. Sie sind auch die einzigen, die in den letzten 25 Jahren erfolgreich Erdbeben vorhersagen konnten.

Natürlich haben auch viele Menschen Vorahnungen. Viele träumen ja von Dingen, die in den darauffolgenden Tagen passieren werden. Und wenn sie ihre Träume aufzeichnen, entwickeln sie ein noch stärkeres Bewusstsein dafür.

Ich möchte an dieser Stelle noch einige Labor-Experimente anführen, die von Parapsychologen unternommen wurden. Bei diesen Versuchen saßen die Probanten, denen Bilder gezeigt wurden, vor einem Computer-Bildschirm und trugen Elektroden an den Fingern, um den Hautwiderstand zu messen. Dies könnte man mit einem Lügendetektor vergleichen, der einen emotionalen Aufruhr misst. Wenn sich Menschen ruhig und gelassen fühlen, drücken sie auf einen bestimmten Knopf und zehn Sekunden später taucht ein Bild auf den Monitor auf. Die ganze Zeit über wird ihr Hautwiderstand, also ihre emotionale Erregtheit, gemessen.

Die meisten Bilder im Experiment waren emotional neutral und zeigten zum Beispiel Landschaften, andere zeigten extrem gewalttätige Szenen, wieder andere waren außerordentlich erotisch. Selbstverständlich war bei den erotischen oder gewalttätigen Szenen eine spontane emotionale Erregung zu erwarten. Was man jedoch nicht erwartet hatte, war, dass die Erregung bereits vier Sekunden vor dem Erscheinen des Bildes auftrat.

Derartige Experimente belegen, dass es in unserem Körper oder in unserem Geist, wo auch immer, etwas gibt, das im voraus auf erregende emotionale Impulse reagiert, die gleich kommen werden. Die Ausdehnung der morphischen Felder weist also nicht nur in die Vergangenheit zurück, sondern auch in die Zukunft hinein.

Eine Brücke zwischen Wissenschaft und Religion bauen

Über all dies vermag uns die Wissenschaft nichts zu sagen, weil sie die direkte Erfahrung verleugnet. Sie versucht, Erfahrung auf ein Minimum zu reduzieren. Aber das ist eine falsche und sehr begrenzte Einstellung.

Für mich liegt die interessante Frage darin, wo sich das Licht des Bewusstseins anschaltet. Es mag im Universum viele Formen des Bewusstseins jenseits des menschlichen Bewusstseins geben. Zum Beispiel hat die Sonne ein eigenes Bewusstsein. Vielleicht hat die Galaxie ein Bewusstsein, vielleicht hat der ganze Kosmos ein eigenes Bewusstsein. Und vielleicht ist es dieses Bewusstsein, das jenem Konzept zugrundeliegt, das wir Gott nennen. Die materialistische Philosophie hat sich bisher geweigert, über solche Dinge auch nur einen Gedanken zu verlieren. Wenn wir also beginnen, uns alle diese Fragen zu stellen, muss eine neue Brücke zwischen Wissenschaft und Religion gebaut werden.

Herr Sheldrake, herzlichen Dank für dieses Gespräch!

Heilung und Evolution

Die Menschheitsgeschichte ist eine Heilungsgeschichte

Was sich in uns abspielt, ist viel reicher, viel kreativer als das, was die Wissenschaft, die Medizin inbegriffen, uns glauben lassen will. Wir befinden uns dauernd in einem Zustand, der potentiell alle Möglichkeiten offen lässt. So auch im Bereich der Heilung. Denn Heilung, so Hans-Peter Dürr, ist ein ständiger Schöpfungsakt. Durch Meditation bzw. Innenschau können wir in den Raum abtauchen, in dem alle „Kann-Möglichkeiten", in dem alle Potentialitäten einer Heilung gespeichert sind.

Professor Hans-Peter Dürr ist nicht nur ein renommierter Atom- und Kernphysiker, ehemals Schüler, Assistent und Freund von Werner Heisenberg, einem der Begründer der Quantenmechanik, und langjähriger Direktor am „Max-Planck-Institut für Physik" („Werner-Heisenberg-Institut"), sondern zugleich auch seit Jahren ökologisch und politisch hinsichtlich der Erforschung der Überlebenschancen der Menschheit äußerst engagiert. Seine Denkanstöße und das Aufzeigen von neuen Wegen in der Gestaltung einer lebenswerten, ökologisch nachhaltigen Zukunft und die Gründung des „Global Challenges Network" mit dem Motto „Global denken, vernetzt handeln" brachte ihm unter anderem 1987 die Verleihung des „Alternativen Nobelpreises" in Stockholm ein.

Es ist ungewöhnlich, dass ein Quantenphysiker zum Thema Heilung befragt wird. Was hat Sie zu diesem Gespräch motiviert?

Ich war schon immer Wanderer zwischen mehreren Welten. Ich habe die Physik ausgewählt, nicht weil ich an einem Verfügungswissen interessiert war, das zu technischen Anwendungen drängt, sondern mir lag mehr daran „... zu erkennen, was die Welt im Innersten zusammenhält", wie Goethe sagt. Dabei meint er das Innere, wie man es von der inneren Sicht eben versteht.

Wie Sie wohl wissen, habe ich fast 20 Jahre lang mit Werner Heisenberg, einem wesentlichen Geburtshelfer der modernen Mikrophysik zusammengearbeitet. Ich bin damit gewissermaßen von einem Enkel zu einem Sohn von W. Heisenberg aufgewachsen. Denn ich hatte zuvor in Amerika beim bekannten Kernphysiker Edward Teller promoviert, der 1930 in Leipzig bei ihm seinen Doktor gemacht hat. Als traumatisierter Kriegsteilnehmer war es verständlicherweise nicht meine gezielte Absicht, zu dem, wie sich für mich später herausstellte, so genannten Vater der Wasserstoffbombe Edward Teller zu gehen, ich wollte vordergründig ein Schüler Heisenbergs werden, der die Physik von der prinzipiellen, der philosophischen und auch künstlerischen Seite aus betrachtete. Nach dem schrecklichen Krieg war ich deprimiert und vorwurfsvoll: „Ich traue keinen Erwachsenen mehr, ich glaube nur noch an etwas, was ich wirklich begreifen und verstehen kann." Deshalb wollte ich Physik studieren, weil man da von Meinungen von fehlbaren Menschen nicht abhängig ist. Aber mit Edward Teller bin ich dann zu meinem großen Schrecken genau dort gelandet, wo ich ganz bestimmt nicht hin wollte, wo Wissenschaft heute eng mit Politik verbunden ist und insbesondere wo Waffen entwickelt werden. Ich habe diese Ironie des Schicksals dann als eine Art Herausforderung empfunden und sie hat sich, im Nachhinein betrachtet, auch als eine wesentliche Erfahrung für mich erwiesen. Denn mir wurde die große Ambivalenz der Forschung deutlich, die darin besteht, dass tiefe Einsichten nicht nur unmittelbar zu wesentlichen Kenntnissen führen, sondern mittelbar unsere Lebenswelt auch einschneidend verändern, ja sogar zerstören können.

Die Welt zu begreifen oder wenigstens besser zu verstehen, ist eigentlich der Antrieb, warum man Atom- und Kernphysiker wird. Das war auch mein Bestreben. Dieses Unternehmen ist in gewisser Weise gescheitert – aber auf eine unerwartete, ja paradoxe Weise gescheitert. Denn mit der modernen Physik eröffnete sich ganz unerwartet eine Sichtweise, die revolutionär war und alles, was man eigentlich bis zum Ende des 19. Jahrhunderts geglaubt hatte, im Grunde über den Haufen warf.

Damals, in den späten 70er Jahren des 19. Jahrhunderts, als Max Planck anfangen wollte zu studieren, konnte er sich nicht zwischen Musik und Physik entscheiden. Er war ein begabter Pianist und ein Freund seines Vaters, ein Physikprofessor, der ihn einmal Klavier spielen hörte, sagte ihm etwa: „Lieber Max, du studierst Musik! In der Physik ist nichts Aufregendes mehr zu erwarten. Dieses Gebiet ist mehr oder weniger abgeschlossen. Dich dort einzubringen, wäre eine Verschwendung deiner anderen Begabungen!" Aber Max Planck entschied sich dann doch für Physik und ahnte selbst nicht, dass er mit seiner wissenschaftlichen Arbeit im Jahr 1900, also vor mehr als 100 Jahren, der alten Physik den Todesstoß versetzen würde – obwohl er es gar nicht wollte. Er war auf eine merkwürdige Sache gestoßen, die man mit den bekannten Vorstellungen nicht interpretieren konnte und die ihn zu einer anderen Einsicht zwang, die man heute als Quantenmechanik bezeichnet. Was die neue Physik, die damals entstand, kennzeichnet, ist der Übergang von einer materiellen zu einer holistischen Physik. Aber keiner sagte es damals auf diese Weise.

Warum hat es in der so einfachen Mechanik angefangen, werden Sie sich fragen. Mechanik ist das Feld in der Physik, wo alles so klar und eindeutig ist und wo sich überzeugend einfache Naturgesetze ermitteln lassen. Aber gerade weil die Mechanik so simpel war, erschien die Diskrepanz so schockierend. Es gab keine Fluchtmöglichkeiten mehr, man konnte nicht mehr sagen: „Das ist komplizierter! Ein Forschungsprojekt muss gestartet werden, um dies aufzuklären." Nein! Ganz offensichtlich zeigte sich hier eine andere, mit dem Bisherigen unverträgliche Gesetzmäßigkeit.

Wer spricht heute noch über diese revolutionäre Veränderung von damals? Kaum jemand. Wenn wir diese Erkenntnisse zur Kenntnis nehmen würden, dann würde sich die Welt gründlich verändern. Denn, was da herauskam, erschien absolut paradox, so paradox, dass damals alle den Entdeckern empfahlen, ihre Geräte noch einmal zu putzen, um zu sehen, ob die Diskrepanz nicht wieder weggehen würde. Aber sie ist nicht wieder gegangen!

Die einen waren entsetzt und die anderen haben jubiliert. Es ist interessant, dass diejenigen, die den Nobelpreis für diese neue Erfindung bekommen haben – dazu gehören Max Planck, Albert Einstein 1905 mit seinem Lichtquanten, Erwin Schrödinger –, nie an die neue Physik geglaubt haben: „Das kann doch nicht wahr sein!" Und es sind junge Leute gewesen wie Werner Heisenberg, 21 Jahre, Dirac, 20 Jahre, Pauli, 22 Jahre, die vielleicht die alte Physik nicht genügend gekannt haben, die für das Neue offen waren. Sie waren begeistert: „Die Welt hat eine Struktur, die uns eigentlich viel angenehmer ist, eine Welt, wo das Ganze irgendwie etwas anderes ist als die Summe von Teilen."

Ständiger Schöpfungsakt

Was passierte, ist eigentlich, dass wir feststellen müssen: „Die Wissenschaft ist nicht so gut, wie sie glaubte zu sein. Die Welt ist nicht so abgeschlossen, wie wir dachten".

In den kleinsten Teilchen, den angeblich nicht mehr spaltbaren Atomen glaubte man endlich die reine, formlose Materie gefunden zu haben. Doch dann wurde auch bei den Atomen eine innere Struktur entdeckt: ein kleiner, kompakter Atomkern und eine Hülle drum herum. Diese Hülle bildeten angeblich Elektronen, die auf verschiedenen Bahnen um den Atomkern kreisen. Wie ein Planetensystem, dachten sie damals, in Analogie zu unserem durch die Schwerkraft zusammengehaltenen Planetensystem um die Sonne, bis die neue Physik zu der Erkenntnis kam: Die Welt im Allerkleinsten ist nicht einfach ein verkleinertes Abbild unserer Lebenswelt, sie hat nicht die Struktur einer russischen Matrjoschka-Puppe, die beim Auseinandernehmen im Wesentlichen immer wieder auf Gleiches oder Ähnliches stößt. Ein Atom ist also kein kleiner Apfel, kein Objekt wie ein winziges Sandkorn, auch kein kleines Planetensystem. Nein, nichts dergleichen. Die neue Physik entdeckte sogar, dass die sich auf Kreis- und Ellipsenbahnen um den Atomkern bewegenden Elektronen in gewisser Weise „verschmiert" sein müssen, ja mehr noch: ihre Bahnen gar nicht existieren! Aber nicht nur das: Die Elektronen sind eigentlich keine Teilchen, sondern schwingende Wellen. Sie existieren gar nicht! Die Materie existiert im Grunde gar nicht! Man wollte durch den Vorstoß ins Innerste der Materie ihre Form rauben, ihre Form abschälen, um auf die nackte, reine Materie zu stoßen, und was passierte? Am Schluss machte man die Hand auf und siehe da: Da ist keine Materie mehr, nur noch Beziehung, ein Dazwischen, nur noch eine Schwingung des Nichts!

Wenn wir also die Materie immer weiter auseinander nehmen, bleibt am Ende nichts mehr übrig, was uns an Materie erinnert. Am Schluss existiert kein Stoff mehr, nur Gestalt als entmaterialisierte Körper, Symmetrie, Beziehung. Materie basiert nicht mehr auf Materie!

Was bedeutet das? Das alte klassische Weltbild ist eine Welt von absoluter Einsamkeit und Getrenntheit. Jedes Materie-Teil ist für sich allein und weiß, es existiert unendlich lange. Es findet zunächst keine Kommunikation statt. Dann kam die Physik zur

Erkenntnis: Die Materie hat ladungsartige Eigenschaften, wie etwa elektrische Ladung und schwere Masse, die zur abstoßenden und anziehenden elektrischen bzw. zur immer anziehenden gravitativen Wechselwirkung zwischen der vereinsamten Materie führen. Aufgrund dieser Wechselwirkung ist nun Kommunikation möglich. Langsam treffen sich die Atome und bilden durch Zusammenschluss kleine Moleküle, dann immer größere Moleküle, wie Eiweißmoleküle usw., bis schließlich am Ende eines langen und hoch komplexen Prozesses, oh Wunder, daraus so etwas wie Pflanzen, Tiere und schließlich ein Mensch entsteht.

Aus der Sichtweise der modernen Physik sieht dies nun ganz anders aus. Während im klassischen Weltbild der Stoff, die Substanz, die Materie das Primäre ist – man kann sie zerlegen, wobei sie wohl das Sekundäre, ihre Form aber nicht ihre materiellen Eigenschaften verliert –, offenbart uns die neue Physik eine Umkehrung: Das Primäre ist hier Beziehung, der Stoff das Sekundäre. Das heißt, es gibt im Grunde nur ein Beziehungsgefüge, es gibt nur Relationalität. Die Wirklichkeit – das, was im Hintergrund wirkt, das sich fortdauernd verändert, sich verwandelt –, ist also keine Realität im Sinne (lat. res = Ding) einer dinghaften Wirklichkeit, sondern eine „Potentialität". Es ist nur die Kann-Möglichkeit, sich in einem zeitlichen Prozess energetisch-materiell zu verwirklichen. Die Potentialität ist als Beziehungsgefüge nicht nur a-materiell, sondern prinzipiell nicht-zerlegbar, a-tomisch, sie bedeutet: A-dvaita, das „All-Eine". Und mehr noch: In der Potentialität gibt es keine eindeutigen Ursache-Wirkungs-Beziehungen. Die Zukunft ist im Wesentlichen offen. Die Wirklichkeit ist ihrem Wesen nach „lebendig".

Es gibt keine Teilchen, die unzerstörbar sind, die mit sich selbst identisch bleiben, sondern wir haben ein "feuriges Brodeln", ein ständiges Entstehen und Vergehen. In jedem Augenblick wird die Welt neu geschaffen, aber im Angesicht, im "Erwartungsfeld" der abtretenden Welt. Es ist nicht einfach Entwicklung und

Entfaltung, ein "Auswickeln" von schon Bestehendem, von immerwährender Materie, die sich nur eine neue Form gibt, sondern es ist echte Kreation: Verwandlung von Potentialität in lebendige Wirklichkeit und nicht nur in Realität, des dinglich Erstarrten. Und in diesem andauernden Schöpfungsprozess wird ständig ganz Neues, Noch-nie-Dagewesenes geschaffen.

Wie würden Sie in diesem Zusammenhang des ständigen Wandels Heilung definieren?

Heilung ist auch ein ständiger Schöpfungsakt, ist echte Kreativität. Heilung heißt, „Fremdartiges" aufzunehmen, es nicht rauszuschmeißen, sondern es geeignet zu integrieren. Das heißt etwas Neues zu erschaffen, das über das Bisherige hinausgeht. Der Heilungsprozess ist eine lernend wachsende Evolution. Es geht darum, das „Fremdartige" nicht als fremd zu erleben, sondern als eine veränderte Artikulation des schon Bekannten und diese kooperativ zu integrieren in einem neuen, reicheren Organismus, der mehr Dimensionen hat als der Vorherige. Das bedeutet, immer größere Räume zu erobern, die es bisher noch nicht gab. Veränderung, verbunden mit Heilung, ist Fortschritt. Das Andersartige ist gut, um eine Polarität zu schaffen, die ein Spannungsfeld für die fruchtbare Evolution kreiert.

Wie geht man konkret mit etwas um, das von außen kommt, wie zum Beispiel einem Infekt oder einem Fremdkörper?

Ja, wie geht man damit um? Versucht man den Fremdkörper abzuwehren? Oder lässt man ihn als eine mögliche Bereicherung zu? Ist zum Beispiel eine Infektion eine Störung? Oder stellt sie nicht unter Umständen eine neue Eigenschaft dar, die uns vorwärts bringt? Das ist die Frage. Aber diese Überlegungen passen nicht in unser Konzept des Fremdkörpers. Und jetzt kommt die Überlegung: „Kann man diesen Fremdkörper auf eine solche Art und Weise integrieren, dass hinterher ein neues Ganzes, eine neue Fähigkeit entsteht, von der man profitieren kann?"

Das würde heißen, dass eine Krankheit – auch wenn sie infolge eines äußeren Einflusses ausgelöst wird – eine Wachstumsmöglichkeit darstellt.

Ja. Das erleben wir mit den Kinderkrankheiten. Es heißt ja, dass Kinder, die Kinderkrankheiten wie zum Beispiel Masern oder Röteln durchleben, einen Entwicklungssprung machen. Sie werden immun, das heißt, ihr Immunsystem hat sich gestärkt. Durch die Krankheit haben sie also ein besseres Kommunikationssystem entwickelt, um mit Fremdankömmlingen leichter umgehen zu können bzw. um durch diese nicht mehr gestört zu werden.

Immer differenzierter und gleichzeitig immer verbunden

Das würde bedeuten, dass unser (Immun-)System sich zunehmend verfeinert. Eigentlich seit dem Beginn der Menschheitsgeschichte!

Ja, aber nicht nur seit Beginn der Menschheitsgeschichte, sondern seit dem Beginn des Biosystems auf unserer Erde oder noch früher. Wir sehen an unserem Körper, dass wir eigentlich voller Widersprüche, oder besser gesagt: Unverträglichkeiten sind. Wir müssen beispielsweise einerseits verhindern, dass das Blut ins Gehirn gelangt, andererseits kann das Gehirn nicht ohne den Sauerstoff auskommen, den das Blut transportiert. Die Widersprüche müssen also miteinander kooperieren und dürfen gleichzeitig nie direkt in Berührung kommen. Sie sind im Grunde Gegensätze; doch sind sie keine Feinde, im Gegenteil: Sie ermöglichen eine Balance, indem sie sich wechselseitig unterstützen. Und das Miteinander wird immer raffinierter, immer differenzierter. Das ist das Paradigma des Lebendigen, ein Ablauf, der auf einer Kombination zweier kreativen Prozesse beruht, einem ersten, der nach Differenzierung strebt, und einem zweiten, der in einem kooperativen Zusammenspiel das

Verschiedenartige auf einer höheren Ebene zu einem neuen organisierten Ganzen vereint. Es ist dann ein geglücktes Spiel, wenn alle Teilhabenden daraus Vorteile erzielen, also das neue Ganze qualitativ reicher wird als die Summe seiner Partizipanten. Die ganze Evolution des Lebendigen ist eigentlich darauf aus, dass es diese beiden Bezüge hat: die Differenzierung und die kooperative Integration. In beiden Fällen ist Kreativität notwendig. Wie wir es auch von der Physik her verstehen, ist es eine Kreativität, die im Hintergrund angelegt ist. Alles, was an Differenzierungen stattfindet, ist im Hintergrund gespeichert. Und aus diesem Zusammenhang heraus wird sozusagen der nächste Schöpfungsschritt gemacht.

Das geschieht auch in jedem Dialog. Denn jeder Dialog führt letztlich doch dazu, dass sich diejenigen, die sich unterhalten, dabei verändern. Und im Dialog entsteht etwas, das in der Welt vorher so noch nicht da war. Ein „Es" passiert, was vorher noch nicht da war. Es ist also ein wahrhaft kreativer Prozess, aus dem eine Differenzierung entsteht. Es ist ein Prinzip, das wir bei allem Lebendigen erkennen, dass nämlich etwas existiert, das sich immer weiter differenziert. Beim Kind zum Beispiel nennen wir es Emanzipation. Jeder Mensch versucht, seine Eigenständigkeit zu entfalten, ein Individuum zu werden, also eine eigene Identität zu entwickeln. Aber diese Sprache ist gefährlich, weil das Wort „Individuum" suggeriert, als würde es sich abtrennen. In Wirklichkeit ist es aber nur eine Differenzierung, denn wir verlassen nie den großen Zusammenhang.

Wie die Welle nie getrennt vom Ozean existieren kann.
Ja, so ist es. Eine Differenzierung findet statt, aber Differenzierung heißt nicht Trennung. Der Mensch hat also eine eigene Persönlichkeit, einen eigenen Charakter, verliert aber die Verbindung zum Hintergrund nicht. Dies ist nun ganz wichtig. Wenn nämlich das Lebendige nur Differenzierung bedeuten würde, dann würde eine immer größere Vielheit entstehen. Viele sagen:

„Natur heißt Vielheit!" Das stimmt, aber sie ist weit mehr als Vielheit, denn diese Vielheit erinnert sich an ihren gemeinsamen Ursprung. Diese Anbindung hilft dem Menschen zu sagen: „Wir sind viele, aber wir sind immer noch miteinander verbunden." Und jetzt wird Kreativität nochmals gebraucht, um das Differenzierte und das Getrennt-Erscheinende in einem Spiel zu vereinen, so dass man sich nicht wechselseitig behindert oder vernichtet, sondern die Vorzüge, die die Differenzierung gebracht hat, gewissermaßen in ein neues größeres Ganzes einbringt.

Also einen neuen Raum kreiert.
Und das wird ein wahrhaft neuer Raum, der mehr Eigenschaften besitzt als die Räume der einzelnen Teile. Und dieser Raum erweitert sich wiederum durch den harmonischen Zusammenschluss, wenn die Einzelteile sich nicht einfach nur ansammeln, sondern wieder die Verbundenheit auswählen, um eine neue Bedeutung zu integrieren, und sich dadurch ein neuer Organismus auf einer höheren Stufe bildet. Das ist letztlich, was wir unter einem Evolutionsschritt verstehen. Solange Menschen nur nebeneinander stehen, ist der eine die Störung des anderen. Erst der geglückte Versuch, dieses Spiel auf eine neue Art und Weise zu spielen, so dass der Vorteil des Einen auf das Ganze übergeht, ist der wesentliche Evolutionsschritt.

Evolution ist fortwährende Heilung

Aber der Evolutionsschritt vollzieht sich ununterbrochen. Zum Beispiel in unserem Organismus geschehen jede Sekunde biochemische Prozesse, die ihn veranlassen, das Gleichgewicht aufrechtzuerhalten. Das bedeutet, dass ständig das optimale Gleichgewicht hergestellt wird. Und schon in der nächsten Sekunde...
... wird es gestört...

... und wieder neu vermischt. Könnte man nicht sagen, dass die Geschichte der Evolution bzw. die Geschichte der Menschheit ein ewiges Hinsteuern auf diesen Punkt des vollkommenen Gleichgewichts ist?

Ja, aber diese Formulierung des vollkommenen Gleichgewichts ist vielleicht missverständlich. Denn als angestrebte Tendenz in Richtung eines vollkommenen Gleichgewichts könnten wir auch in der Bewegung eines Pendels sehen, der bei seiner Schwingung dem tiefsten Punkt, einem Zustand des stabilen Gleichgewichts, zustrebt und dort auch am Ende zur Ruhe kommt, was das Unbelebte charakterisiert. Für das Lebendige ist es vielmehr der höchste Punkt eines Pendels, wenn es gewissermaßen auf dem Kopf steht, der Ruhepunkt eines instabilen Gleichgewichts, das die hohe Sensibilität des Lebendigen widerspiegelt. Um diese Sensibilität zu bewahren, lebendig zu bleiben, bedarf es eines fortwährenden Ausbalancierens, dieses ewigen Hinsteuern auf diesen Gleichgewichtspunkt.

Die Evolution ist im Grunde genommen eine fortwährende Heilung nach der ständigen Störung durch die kreative Differenzierung. Die Menschheitsgeschichte oder allgemeiner die Geschichte des Lebendigen ist eine Heilungsgeschichte des Sich-ewig-Wandelnden. In unserer Begrifflichkeit müsste man sagen: „Das Kreative ist der Störenfried und damit eigentlich das so genannte ‚Böse‘". Denn, wenn es nicht das Kreative gäbe, das nach Anderssein und Einzigartigkeit strebt, dann würde alles ständig in der Balance bleiben und das, was einmal als Ganzes funktioniert, würde ewig weiter funktionieren. Es wäre verständlich, bei jeder winzigen Abweichung zu fordern: „Das muss verhindert werden!" Doch der Weg der lebendigen Evolution verlangt notwendig diese Abweichungen und lässt uns erkennen, dass das Kreative letztlich doch das so genannte „Gute" ist, wenn es ein gewisses Maß nicht übersteigt. Denn es führt nur dann zur gewünschten lebendigen Evolution, wenn diese Veränderung einen Heilungsprozess in Gang setzt, in dem eine kooperative Integration gelingt und damit die Heilung letztlich glückt.

Die meisten von uns sind aber geneigt, das Unerwartete, das Fremdartige als das „Böse" aufzufassen, das man zunächst nicht haben und wegschicken will. Aber im Augenblick, wo man dieses vermeintlich Böse annimmt, schafft die Polarität ein Kraftfeld, das absolut notwendig ist, damit etwas vorwärts geht.

Ja, genau. Wenn ein Störenfried von außen kommt, ist unser erster Reflex zu sagen: „Lass uns in Ruhe! Wir wollen keinen Ausländer! Wir haben hier alle denselben Glauben, und nun kommst du mit deiner anderen Religion!" Uns scheint es eine natürliche, legitime Reaktion zu sein, ihn abzuwehren. Aber diese Reaktion liegt nur daran, dass wir die Differenzierung als eine Trennung betrachten und die Menschheit nicht als Ganzes wahrnehmen. Wenn wir in dem anderen einen Bruder erkennen könnten, der lange Zeit weg war und nun wieder in unsere Nähe gerückt ist, würden wir ihm sagen: „Du bist jetzt ganz anders, aber ich erinnere mich noch daran, dass wir einmal zusammen waren und gut miteinander gespielt haben", dann würde unsere heutige Welt anders aussehen. Stattdessen sagen wir: „Du bist das Böse. Du bringst etwas Fremdes und das stört uns." Es ist allerdings wichtig, dass diese Störung innerhalb eines gewissen Maßes bleibt, dass der Neuankömmling zum Beispiel nicht eine Familie völlig durcheinander bringt, indem er sagt: „Ich will jetzt alles ganz anders machen! Ihr müsst das Kreuz abhängen, weil es mich stört." Nein, wenn er in die Familie kommt, sollte er sagen: „Ich bin jetzt da, ich bin ein Gast." So lernen beide von dem anderen und am Schluss finden sie einige Eigenschaften, die allen zugute kommen. Der andere ist für mich dann kein Fremdling mehr, seine Sprache ist vielleicht für mich fremd, aber hinter der Sprache tanze ich mit ihm oder singe mit ihm und dann merke ich auf einmal, dass wir Partner sind und Freunde werden können.

Wenn wir überhaupt glauben, uns in unserer Beurteilung auf die beiden Extreme „Gut" und „Böse" beziehen zu müssen, so ist für mich das „Böse" eigentlich mehr die Maßlosigkeit des „Guten". Es gibt für alle Änderungen die Möglichkeit der Übertreibung, bei der sich ihre Bewertung umkehrt. Wenn zum Beispiel die Infektion klein ist, hat der Körper eine echte Chance, sich damit auseinanderzusetzen. Der Heilungsprozess braucht Zeit, weil er eine Kommunikation mit dem Ganzen verlangt. Das ist das große Missverständnis in unserer Zeit, dass wir denken: „Die Natur folgt zwar der Evolution, aber sie entwickelt sich viel zu langsam. Wir treiben sie jetzt mit ein bisschen Genmanipulation voran. Dann geht es viel schneller." Wie verträgt sich aber in diesem Rahmen das Neue mit dem gesamten Organismus? Wir haben Kräfte entfesselt, die wir meines Erachtens nicht mehr richtig steuern können. Die Evolution ist nämlich ein langsamer Prozess, weil es ein Prozess des Ganzen ist, das an die Erinnerung des uns Gemeinsamen angekoppelt ist.

In jedem Augenblick sind alle Potentialitäten vorhanden

Krankmachende Faktoren sind an für sich nicht das Problem. Es hängt, wie Sie sagen, von der Dosis ab. Jeden Tag werden wir mit Fremdenergien jeder Art konfrontiert, womit der Organismus sich gut arrangieren kann. Wenn die Fremdeinflüsse aber mit der Zeit zu stark werden oder zu lange auf uns einwirken, dann entwickelt sich die Erkrankung. Es ist das gleiche Phänomen mit den Kräften: „Wie lange kann ich mit diesen Fremdkräften jonglieren und wann muss ich sagen: Stopp! Jetzt ist es zu viel." Ich glaube, das hat vordergründig mit einem Gespür für sich selbst zu tun.
Ja, zweifellos. Und das liegt einfach daran, dass wir alle ein gewisses Referenzsystem zur Verfügung haben, so dass die Art und Weise, wie wir aufgewachsen sind, das bestimmt, was für

uns evident und die Grundlage unseres Denkens ist. Zum Beispiel stehen hinter dem Wort „Liebe" oder „Gott" oder „Vertrauen" gewisse Erfahrungen. Unsere Unsicherheit führt uns dazu, uns nicht auf unser Vertrauen zu verlassen. Unsere Angst hält uns immer wieder davon ab, in Zeiten der Schwierigkeiten aus der inneren Quelle zu schöpfen und zu sagen: „Ich brauche nur an meine innere Quelle zu gehen." Aber viele sagen: „Sie ist für mich nicht so verlässlich."

Denn sie denken: „Ich bin ja krank geworden! Das ist der offenkundige Beweis, dass ich mich nicht auf diese Quelle verlassen kann!"
Ja, sie sind krank geworden und das macht sie unsicher: „Warum werde ich denn im Stich gelassen? Warum lässt Gott es zu?" Aber aus meiner Sicht ist da niemand, der das so persönlich tut, sondern wir sind ein Teil der einen großen Wirklichkeit und Er wirkt nur durch uns.
Ich vergleiche die Welt gern mit einem Stoß von Spielkarten. Jede Karte ist die Welt, wie wir sie jetzt sehen. In jedem Augenblick, den wir Gegenwart nennen, liegt eine Spielkarte aufgedeckt vor uns. Im nächsten Augenblick ist auch diese Karte von einer nachfolgenden Karte wieder überdeckt. Die Wirklichkeit zeigt sich uns also eigentümlicherweise nicht als Ganzes, sondern immer nur scheibchenweise, Karte um Karte, Schritt für Schritt in einer Folge, die wir Zeit nennen. So schauen wir die jeweils aufgedeckte Karte genau an und dann die nächste und übernächste und entdecken zu unserer Freude gewisse Regelmäßigkeiten. Da ist zum Beispiel ein Herz-As, die nächste Karte eine Herz-2, die nächste eine Herz-3 usw. Und damit glauben wir eine große Entdeckung gemacht zu haben: „Aha, die Welt besteht aus Herzen!" Bald darauf entdecken wir eine weitere Gesetzmäßigkeit, dass nämlich in jedem Augenblick die Zahl der Herzen um eins zunimmt. Und so sagen wir: „Das Grundgesetz der Natur des Kartenstoßes ist, dass die Welt aus Herzen besteht und deren Zahl in jedem Augenblick um eins zunimmt." Das,

was wir als Naturgesetz bezeichnen, erlaubt uns jetzt zurückzurechnen, was vorher war, und zu prophezeien, was in der Zukunft sein wird. Die Welt erscheint von uns verstanden, die Struktur der Wirklichkeit entziffert, die Schöpfung, der Kartenstoß durchschaut. Und wir fragen uns, warum der „liebe Gott" uns nicht von vornherein in die ganzen Karten des Stoßes schauen lässt, sondern uns in jedem Augenblick jeweils nur eine Karte – und diese auch nur einmal – zeigt. Wenn wir jetzt aber bei Herz-10 angekommen sind, kommt eine große Überraschung: Plötzlich kommt keine Herz-11 wie erwartet, sondern ein Herz-Bube! Kurzes Erschrecken: „Das Naturgesetz stimmt nicht ganz!" Wir brauchen eine Verfeinerung unseres Naturgesetzes, um erfolgreich prognostizieren zu können.

Dies folgern wir jedoch aus unserer alten klassischen Weltvorstellung. Die moderne Weltsicht zeigt uns einen ganz anderen Weg: Der liebe Gott konnte uns gar nicht zeigen, was in dem Stoß enthalten ist, weil er es selber nicht weiß! Die Zukunft ist wesentlich offen! Er verbirgt uns also nichts in irgendwelcher dunklen Absicht. Jede Karte wird vielmehr erst in dem Augenblick gemalt, in dem sie aufgedeckt wird. Alles, was in der Welt existiert, ja, mehr noch alles, was in ihr an Potentialität innewohnt, ist gewissermaßen am Malprozess der neuen Karte beteiligt – auch wir! Das heißt, in jedem Augenblick steht die Möglichkeit offen, die Welt neu zu erschaffen – uns inbegriffen. Die Schöpfung enthält ihren Schöpfer.

Wir sind viel mehr, als wir begreifen

Also besteht in jeder Sekunde die Möglichkeit einer Heilung!
Ja, die Potentialität ist jederzeit vorhanden. Was sich in uns abspielt, ist viel reicher, als was die Wissenschaft, die Medizin inbegriffen, uns glauben lassen will. Wir können die Welt und

alles, was mit uns und in uns geschieht, auf eine äußerliche Weise wahrnehmen, das heißt als etwas, das von uns getrennt ist. Oder wir können durch Meditation zum Beispiel eine Innensicht erleben, die es uns ermöglicht, in den Hintergrund abzutauchen, dorthin, wo alle Kann-Möglichkeiten, wo alle Potentialitäten einer Heilung gespeichert sind. In der Potentialität gibt es keine eindeutige Ursache-Wirkung-Beziehung, sondern die Zukunft ist im Wesentlichen offen. Sie ist aber nicht zufällig, sondern geprägt durch die Erinnerung an das Vergangene. Es ist wichtig, uns darüber klar zu sein, dass es einen grundlegenden Unterschied gibt zwischen der Wirklichkeit, die wissenschaftlich erkennbar und beschreibbar ist, und der eigentlichen Wirklichkeit, die nur durch Innenerfahrung zugänglich wird. Die Wissenschaft hat ihre Grenzen, weil sie immer mit einem Netz, also mit einem Bezugssystem arbeitet. Das heißt, da gibt es nur bedingtes Wissen, nur entweder/oder nach dem Motto: "Wenn das eine richtig ist, kann nicht das andere auch richtig sein, also muss es falsch sein".

Ich möchte die Begrenztheit des Wißbaren in der Wissenschaft anhand eines Gleichnisses des englischen Astrophysikers Sir Arthur Eddington verdeutlichen. Eddington vergleicht einen Naturwissenschaftler mit einem Ichthyologen, einem Fischkundler, der die Welt im Meer erforschen will. Er fährt dazu aufs Meer hinaus und fängt Fische. Nach vielen Fischzügen und sorgfältigen Überprüfungen seiner Beute gelingt ihm die Entdeckung des ersten Grundgesetzes der Ichthyologie: "Alle Fische sind größer als fünf Zentimeter!" Er nennt dies ein Grundgesetz, weil er bei keinem Fang jemals einen Fisch fand, der kleiner als fünf Zentimeter war, und daraus auf eine Allgemeingültigkeit des Befundes schließt. Auf dem Heimweg trifft er seinen besten Freund, einem Metaphysiker und Philosophen, und erzählt ihm von seiner großen wissenschaftlichen Entdeckung. Der entgegnet ihm: "Das ist doch gar kein Grundgesetz! Dein Netz ist einfach so grob, dass dir die kleineren Fische stets durch die Maschen gehen." Aber der Ichthyologe ist durch dieses Argument überhaupt nicht beeindruckt und antwortet entschieden: "Was ich mit meinem Netz nicht fangen kann, liegt prinzipiell außerhalb fischkundlichen Wissens, es bezieht sich auf kein Objekt der Art wie es in der Ichtyologie als Objekt definiert ist. Für mich als Ichtyologe gilt: Was ich nicht fangen kann, ist kein Fisch!"

Das bedeutet auf die Wissenschaft übersetzt: Um wissenschaftliche Erkenntnisse zu etablieren, benützen wir Wissenschaftler immer ein Netz, obwohl die meisten von uns sich über die Existenz und die Art des Netzes nicht im Klaren sind. Je nachdem, welches Netz wir verwenden, produzieren wir sozusagen eine andere Wirklichkeit, eine andere Realität. Unser Auge verhält sich ähnlich: Wir sehen ja nur gewisse Farben, gewisse Wellenlängen, die eine Oktave im elektromagnetischen Spektrum darstellt. Weil unsere Wahrnehmung begrenzt ist, sehen wir nur die wenigen Wellenlängen einer Oktave und merken nicht, dass es unzählige Oktaven gibt.

Das wissenschaftliche Denken ist wie alles Denken immer fragmentierend und analysierend. Alles, was wir untersuchen und verstehen wollen, zerlegen wir. Und das ist auch in unserer Lebenswelt eine sehr vorteilhafte und erfolgreiche Methode, an komplizierte Dinge heranzugehen. Unsere fragmentierende Denkweise ist selbstverständlich nicht zufällig. Sie hat sich in einer langen stammesgeschichtlichen Evolution langsam herausgebildet und dies zunächst einmal vor allem, um uns Menschen auf dieser Erde unter den hier vorgegebenen äußeren Umständen eine Überlebenschance zu geben. Wir könnten mit dieser immer größeren Komplexität nicht umgehen, wenn wir sie durch unser analytisches Denken nicht reduzieren würden. Aber indem ich es tue, greife ich ein, ich handle und diese Handlung kann auch Schäden anrichten. Aber diese Handlungsfähigkeit ist in meiner Natur, in meiner Persönlichkeit, und sie treibt die Evolution an.

Der Wunsch nach Öffnung

Könnte man sagen, dass es im Menschen einen angeborenen Drang nach Wachstum, nach Heilung gibt und dass es dieser Impuls nach, sagen wir, Vervollkommnung ist, der die Evolution vorantreibt?
Man spricht immer von der Vervollkommnung. Ich weiß nicht, ob es der richtige Ausdruck ist. Vervollkommnung bezieht sich für mich auf eine „altmodische" Vorstellung, bei der wir an etwas Abgeschlossenes denken. Für mich ist auch das Wort „das Ganze" nicht ganz richtig, weil im Sprachgebrauch „das Ganze" etwas beschreibt, dem keine Teile fehlen. Wenn die Wirklichkeit oder Potentialität aber unauftrennbar ist, so gibt es keine Teile mehr, sondern nur noch Beteiligte.
Ich würde den Wunsch nach Vollkommenheit eher als Wunsch nach Öffnung bezeichnen, als Wunsch in etwas zu blicken, das keine Grenze hat. Es ist, als betrachtete ich eine Landschaft: Ich schaue hinein und sehe bis zum Horizont. Aber einmal dort angekommen merke ich, dass der Horizont gar keine Grenze ist, denn, wenn ich an diese Grenze gelangen will, dann verschiebt sie sich immer weiter. Der Horizont hängt also von meiner Sichtweise ab. Mit meiner Sensibilität kann ich den Horizont vor und zurück schieben. Das heißt auch, dass das Ego letzten Endes ein Akt ist, in dem ich den Horizont ganz in meinem leiblichen Körper hineinziehe.

… also enger mache…
… und dieses Enger-machen ist vielleicht vergleichbar einem Prozess, der stattfindet, wenn ich ein Bild betrachte. Wenn ich ein Gemälde, das ich bewundere, anschaue, habe ich zunächst das ganze Bild in seinem vollen Zusammenhang vor mir. Wenn ich mein Auge nun auf eine Stelle fixiere, zum Beispiel auf das Auge der Madonna oder auf einen gewissen Lichtstrahl bzw. eine gewisse Farbenkombination richte, dann fokussiere ich

meine Aufmerksamkeit auf diese eine Stelle oder diesen Aspekt, lasse sie aber in ihrem ganzen Umfeld. Das heißt, ich spüre immer noch das ganze Bild. Jeder Maler sagt, dass er – wenn er eine Weile gemalt hat – den Pinsel hinlegt und dann zurückgeht, um gewissermaßen das gesamte Bild in seiner Phantasie, in seiner Vorstellung wieder herzustellen. Denn, wenn ich mich ausschließlich auf einen Teil konzentriere, dann blende ich das Übrige aus und verliere womöglich den Kontakt zum Ganzen, das ganz wesentlich ist und die Schönheit des Bildes ausmacht.

Das ist eigentlich die Haltung, die wir alle im Leben haben sollten: den Pinsel fallen lassen, um in dieser Position des Abstands das Ganze, den Zusammenhang wahrzunehmen, wo die ganzen Differenzierungen entstehen.
Ja! Pinsel weg! Und in diesem Zustand bin ich nicht mehr tätig, sondern empfänglich. Es ist wie ein Öffnen der Hand. Ich lasse den Vogel wieder fliegen und ich bin sicher, dass er beim Fliegen wieder die ganze Landschaft sehen wird. Und ich beobachte diesen Prozess. Nichts geht verloren. Schließlich kommt der Vogel wieder in meine Hand zurück. Aber ich schließe die Hand nicht und zerdrücke ihn nicht, so dass er nicht mehr fliegen kann, sondern ich empfange seine Botschaft, die eine Aufforderung nach Öffnung ist. Es geht in dem Sinn nicht um Fülle, denn die Fülle hat für mich mehr mit Leere zu tun. Aber das Wort „Leere" finde ich auch nicht zutreffend, denn die Leere ist mir zu leer. Es ist die Fülle, es ist die Öffnung, die mit der Leere des Gemeinsamen, mit dem, was ich nicht benennen kann, zu tun hat.

Eine virtuelle Leere also.
Eine virtuelle Leere, ja! Ich stehe mit leeren Händen da, aber ich stehe eigentlich in der Fülle. Ich sehe nicht bis zum eigentlichen Horizont, sondern ich sehe ziemlich weit, und im nächsten Schritt sehe ich noch mehr, weil ich mich ein bisschen erhöhe. Dann rutscht mein Horizont weiter nach außen. Oder ich bewe-

ge mich in einer anderen Richtung und sehe so auch mehr. Also ergeben sich durch verschiedene Perspektiven für mich in dieser Fülle einige Differenzierungen, die mir zeigen, dass ich auch an dem kreativen Prozess teilnehme. Das heißt, dass ich selbst allein durch meine Existenz auch dazu beitrage, dass sich alles immer wieder verändert, so dass ich in jedem Augenblick einer neuen Welt gegenüberstehe und das Ende überhaupt nicht abzusehen ist. Manche Leute werden erwidern: „Der Raum schließt sich! Und die Zeit schließt sich auch!" Nein! Für mich schließt sich die Zeit gar nicht, weil diese Zeit die ewige, weite Öffnung ist. Und wir befinden uns dauernd in dieser Öffnung und tragen dazu bei, dass das, was potentiell an Möglichkeiten vorhanden ist, sich in einer Kristallisation bzw. in einem Gerinnungsprozess gewissermaßen auch dinglich manifestiert und Realität wird.

Wir können stets auf die ganze Weisheit, die eigentlich immer da ist, zurückgreifen, und unsere sinnliche Wahrnehmung ermöglicht es uns, den Hintergrund abzutasten.

Unsere Sinne sind Vermittler zu der anderen Dimension

Unsere Sinne schaffen also die Brücke zur anderen Dimension.
Ja. Für mich ist nicht ausschließlich die Innenschau wichtig. Uns sind ja auch unsere Sinne gegeben. Über diese Brücke kann ich auf das andere zurückgreifen. Aber die Sinne sind nur ein Vehikel dazu, sie sind nur Vermittler, deshalb ist es wichtig, dass man nicht darin stecken bleibt. Panikkar vergleicht unsere Sinne mit einem Postboten, der uns den Brief der Geliebten abliefert. Aber dann auf einmal bricht dieser Briefwechsel ab, und wir fragen uns: „Wo ist meine Geliebte?". Wir gehen auf ihre Suche und finden heraus, dass sie geheiratet hat. Wen? Den Postboten!
Es scheint mir eine wichtige Sache zu sein, was im Augenblick durch den Kontakt zwischen der östlichen und westlichen Welt

passiert. Die östliche Welt, die gewissermaßen die Harmonie im Hintergrund immer sieht, und wir, die sie wiederum zu wenig wahrnehmen. Die westliche Welt, die aufgrund ihrer äußeren Erfolge sagt: „Warum brauche ich denn diese andere Welt? Wir sind hier Gott selber, wir können uns das alles selber erschaffen." Das geht zu weit. Es ist aber wichtig, dass wir erkennen, dass wir eine schöpferische Kraft haben, das heißt, dass das harmonische Ganze etwas Lebendiges ist, an dem wir selbst teilhaben. Und indem wir es erkennen, ändern wir es auch.

Wir müssen jetzt ein Maß finden, dass das, was neu ist, mit genügend Behutsamkeit aufgenommen wird, damit wir nicht selbst aus der Evolution hinausgeworfen werden. Und wenn uns das gelingt, dann haben wir eine Welt, die an Tiefe sehr viel mit der orientalischen Welt zu tun hat, aber die noch offener ist, weil uns bewusst ist, dass unser jetziges Leben ein Beitrag erlaubt, etwas zu verändern. Das heißt eigentlich, dass wir als Lebewesen – und weil wir handlungsfähig sein müssen – ganz klar wissen müssen, was in uns angelegt ist, damit wir hier Veränderungen vornehmen können. Wir besitzen Fertigkeiten, die so fantastisch sind, dass wir unser ganzes Leben mit den Fertigkeiten, die uns zur Verfügung stehen, ausfüllen können.

Ich kann zum Beispiel ein bestimmtes Musikstück fehlerlos und ausdrucksvoll spielen und bekomme viel Beifall. Dann spiele ich es auf dieselbe Art und Weise und merke gar nicht, dass das Publikum nicht mehr richtig zuhört, weil ich nur noch gekonnt und nicht mehr aus meinem Inneren heraus spiele. Aber diese Wahrnehmung verändert mich und öffnet mir andere Dimensionen. Ich spiele jetzt dieses mir vertraute Musikstück mit anderen Variationen – und siehe da: Ich – und meine Musik – sind wieder lebendig.

Der Punkt der größten Sensibilität und der größten Kreativität

Das bedeutet, dass Kreativität mit ständiger Anpassung zu tun hat. Aber es verlangt hohe Sensibilität und hohe Flexibilität, um an den Punkt zu gelangen, an dem man sich in der Öffnung befindet. Ja, wir könnten auch sagen, das ist der Zustand der Leere. Aber diesen Punkt zu halten ist ganz schwierig, denn es braucht nicht viel und man fällt wieder raus. Es ist – wie schon erwähnt – wie bei einem Pendel. Ein Pendel unterliegt den gleichen Gesetzen wie wir. Wenn man es in Bewegung setzt, schwingt es um seine untere stabile Gleichgewichtslage. Wenn ich es aber zu seinem höchsten Punkt führe, seiner instabilen Gleichgewichtslage, so kann ich nicht mehr vorhersagen, was passieren wird, ob das Pendel nach links oder nach rechts fallen wird. Dieser instabile Punkt ist gleichzeitig die Stelle der höchsten Sensibilität und der größten Freiheit. An dieser Stelle nimmt das Pendel die ganze Welt wahr, ist in Kommunikation mit dem gesamten Universum. Es nimmt alles wahr: Alle Handlungen, Sie, mich, die Züge, die ankommen, die Lichtstrahlen, die geringsten Störungen. Hier bewirken die kleinsten Veränderungen in den Ursachen extreme Unterschiede in den Folgen, in unserem Gleichnis ein Fallen nach rechts oder links. Der Instabilitätspunkt kennzeichnet die oft zitierte prekäre Kippsituation einer Wetterlage, wo der Flügelschlag eines Schmetterlings ausreicht, einen Taifun auszulösen. Die Instabilität wirkt wie ein gewaltiger Verstärker winziger Unterschiede in den Ursachen.

Die durch die Instabilität herbeigeführte hohe Sensibilität ermöglicht nun die „lebendigen" Züge im Allerkleinsten der neuen Wirklichkeit aufzuspüren und sie in unserer Lebenswelt erfahrbar zu machen und dort praktisch zum Tragen zu bringen. Es gibt aber ein Problem: Nachdem das Pendel den höchsten Punkt erreicht hat und dort die höchste Sensibilität eine zeitlang auskostet, passiert es diesen Punkt nicht ein zweites Mal, ohne dass es noch einmal angeworfen wird. Wie lässt sich die Zahl der Sensibilisierungen vermehren? Am einfachsten, indem wir den Pendelarm durch Herausziehen von Zapfen, von Arretierungen in einen Doppelarm, Tripelarm usw. , also einen Pendel am Pendel, einen Pendel am Pendel am Pendel usw., verwandle. Wenn wir diese Multipendel anwerfen, dann hat es viele instabile Kipp-Punkte, Verzweigungen, die es auch in wilder Folge unendlich oft besucht – wirklich unendlich oft natürlich nur, wenn es keine Reibungen gibt, die es erlahmen lassen. Wenn es also keine Reibungen gibt, gehen diese Multipendel unendlich oft durch die Sensibilitätspunkte. Diese Multipendel (multi = mehr als zwei) nennen wir Chaospendel. Chaos scheint zu herrschen, weil wir nicht mehr ausrechnen können, wie es schwingen wird, denn durch die dauernden Verzweigungen öffnet sich für ihn ein großer Freiheitsraum, immer wieder verschiedene Möglichkeiten auszuwählen. Sie sind die Folge unendlich vieler Rendezvous des Multipelpendels mit dem Universum. Doch das ist die Sprache der alten klassischen Vorstellung. In der Sprache der modernen Physik ist dieses Universum nicht ein Universum mit all seinen realen Teilchen, sondern es ist die a-materielle, nicht-auftrennbare Wirklichkeit, gewissermaßen ein „geistiger", nur potentieller Hintergrund, der hier sensibel abgetastet wird und über den auf diese Weise erlebbare, doch nicht begreifbare „Antworten" bezogen werden können.

Nun werden Sie sagen: Ein Leben, wie wir es erleben, kann doch nicht auf solch wackliger Instabilität aufgebaut sein. Das kann doch nicht wahr sein! Wie kann jemand so viele Jahre überleben, wenn seine Lebendigkeit aus dauernder Verzweigung resultiert, denn nur da ist er eigentlich lebendig? Also die Frage: „Wie lässt sich Instabilität stabilisieren? Ist dies nicht ein Widerspruch in sich?" So denken wir. Nein! Denn es handelt sich zunächst um eine „statische" Instabilität. Beispiel: Ich stehe auf einem Bein: instabil!, auf dem anderen Bein: instabil! Und was mache ich, wenn ich gehe? Ich falle dauernd!? Aber ich habe zwei Beine und sie machen nicht das Gleiche. Ich falle bei einem Bein, doch bevor ich wirklich falle und am Boden liegen würde, bringe ich das andere Bein schnell nach vorne und fange es auf. Und dies im dauernden Wechsel. Das nennt man dynamische Stabilisierung. Ich bin mit beiden Beinen doppelt statisch instabil, aber ich stabilisiere mich dynamisch durch eine wechselseitig abstützende Bewegung. Voraussetzung ist eine präzise, unterschiedliche Bewegung der Beine, ein koordiniertes Kräftespiel von Kraft und Gegenkraft. Ihre Gegnerschaft ist kein Freund-Feind-Verhältnis, sondern verlangt Kooperation, um eine dynamische Balance zu ermöglichen. Dafür brauche ich Energie, das heißt, dynamische Stabilisierung muss „gefüttert" werden. Das Kräftespiel von Kraft und Gegenkräften verbraucht Energie. Deshalb ist Leben nur dort möglich, wo es einen Zufluss an arbeitsfähiger Energie gibt. Im Hintergrund befindet sich eine Energiepumpe, die sozusagen alles immer wieder aufrichtet. Die Energie hat nichts mit der „geistigen" Beziehung zu tun, die wir in sensiblen Augenblicken wahrnehmen.

Wir Menschen sind ein Organismus, der, wie alles Lebendige, reich an sensiblen Schwebepunkten ist. Und wir sind umso kreativer, je näher wir uns an der Stelle der Instabilität befinden. Denn das Kreative verlangt schwebende Balance. Im Augenblick der Schwebe sind wir offen und am Gedächtnis der Welt angeschlossen. Unsere Sensibilität gibt uns die Möglichkeit, Informationen aufzunehmen, die im Hintergrund da sind. Wir können selbst kreativ sein – durch eine kleine Bewegung, durch einen kleinen Stoß im sensiblen Augenblick.

Viele haben Angst vor diesen Instabilitätslagen, sie erzeugen Unsicherheit. Aber an diesem Punkt der Instabilität brauchen wir kaum Angst zu haben, da unser Organismus auf Kooperation beruht. Wir können herum pendeln, da wir unseren erprobten inneren Balancen vertrauen können, die verhindern, dass wir weit stürzen können. Wie etwa beim Radfahren: Wir sind in der Instabilität, aber wir denken darüber nicht mehr nach. Wir haben Erfahrung gesammelt mit einigen blutigen Knien. Wir kümmern uns später überhaupt nicht mehr um die Ausgleichskräfte, die wir mobilisieren, um den Sturz aufzufangen, sie wirken schweigsam aus dem Hintergrund.

Könnte man sagen, dass dieser Punkt der höchsten Sensibilität der Punkt ist, an dem die Schöpfung sich selbst bewusst wird?
Ja, ich würde sagen, das ist das „seelische Bewusstsein", wenn man es überhaupt noch als ein „Bewusstsein" bezeichnen will, da es doch grundverschieden ist von unserem hellen oder wachen Bewusstsein, einem reflektierten Bewusstsein, das ein „Wissen" widerspiegelt und eine äußere Wahrnehmung ist. Für mich hat diese seelische Urwahrnehmung, ein „ahnen" oder „staunendes erwarten" (als Verb und nicht als Substantiv gemeint) mit dieser unbegreiflichen, a-wissbaren oder „leeren", unendlichen Offenheit zu tun. Sie ist angstlos, offen, grenzenlos – wobei in meiner Empfindung Bezeichnungen wie: ganz, allumfassend, allwissend, vollkommen eher ungeeignet sind, weil sie die ständige, dynamische Offenheit ignorieren, indem man die zeitliche Offenheit durch die symbolische Vorstellung einer „Ewigkeit" einsperrt.

Es verlangt aber viel Urvertrauen, keine Angst vor der Leere zu haben!
Ja. Das ist wie bei einem Seiltänzer. Wenn er über ein Seil läuft, denkt er gar nicht darüber nach. Er balanciert seinen Gang mit einem langen Stock, den er sachte mit kleinen Fingerbewegungen hin und her bewegt. Für ihn ist es etwas ganz Gewöhnliches, so ohne Angst zu laufen. Vielleicht nur in wenigen Augenblicken, wo er herunter schaut und denkt: „Um Gotteswillen!", wird ihm auf einmal bewusst, dass er abstürzen könnte. Es ist also wichtig, ein Lebensgefühl dafür zu entwickeln, dass wir uns auf diesen Punkt verlassen können. Es kennzeichnet ein Urvertrauen, dass wir sehr gut – durch einen Milliarden Jahre währen-

den Lernprozess – mit Balance-Fähigkeiten ausgestattet sind, wo unser reflektiertes, also unser helles Bewusstsein überhaupt nicht gefragt und aufgefordert wird, sichernd einzugreifen. Das heißt, auch wenn ich sage: „Mir bleibt das Herz stehen", hört mein Herz nicht plötzlich auf zu schlagen.

Dieses Urvertrauen wird aber dadurch gestört, dass wir immer mehr in diese erprobten und deshalb als weise erfahrenen Prozesse durch viel oberflächlichere (äußere) Überlegungen reinpfuschen. Ich frage mich wirklich, ob es nicht unser Selbstvertrauen stört, wenn wir für unsere Heilung vermehrt Hilfen von außen holen und nicht die stillen, subtileren Aufforderungen von innen befolgen. Weil wir durch die großen Erfolge unserer „äußeren" Wissenschaft und Technik immer mehr überzeugt sind, dass wir bei allen Beschwerden dringend Hilfe von außen brauchen, mobilisieren wir durch höhere Sensibilität nicht die vielfältigen Kräfte, die wir in uns selbst haben. Die Frage ist, wo liegt die Grenze. Offensichtlich geht bei sehr gewaltsamen Störungen von außen unser Organismus zugrunde. Was wir momentan in unserer Welt erleben, bringt deutlich zum Ausdruck, dass wir Menschen Gewalten entfesselt haben, die überhaupt nicht in die Planung der auf unserer Erde stetig gewachsenen Biosphäre, in die wir als Menschen eingebettet sind, passen.

Krise als Aufforderung, den nächsten Schritt zu machen

Meinen Sie wirklich, dass es überhaupt ein Einplanen gab? War es nicht eher alles offen und wir Menschen hatten den freien Willen, aus dieser Welt eine Hölle oder ein Paradies zu machen?
Richtig. Es war offen, es ist offen in dem Sinne, dass es überhaupt nichts ausmacht, wenn wir Menschen das ganze Leben hier auf dieser Erde ruinieren. Unser Verhalten gefährdet letzt-

lich nicht die Biosphäre in ihrer dynamischen, selbst-heilenden Entwicklung, sondern die Zukunftsfähigkeit des Menschen, der sich als die Krönung der Biosphäre betrachtet. Der Mensch fliegt letztlich dann raus, weil er dem Ganzen nicht mehr dient. Er stirbt, aber der Evolutionsprozess geht woanders weiter. Es muss uns klar werden, dass wir uns selbst mit diesen gewaltsamen Störungen den Garaus machen! Die Natur wehrt sich, sie schmeißt uns raus und sagt: „So geht es nicht!" Und wir haben im Grunde ja auch ein Bewusstsein, das uns hilft, diese Gefahr zu erkennen. Das ist sozusagen das Spiel, das immer wieder stattfindet. Das Paradigma des Lebendigen beschreibt nicht nur eine ständige kreative Differenzierung, sondern zusätzlich eine damit verbundene fortwährende kreative, kooperative Integration des Unterschiedlichen auf einer höheren Ebene. Die Menschheit steht heute vor der großen Herausforderung, dass sie notwendig und dringlich einen großen Schritt voranschreiten muss, bei dem sie zunächst erkennt: „Auf die jetzige Weise geht es einfach nicht!" Wir – und damit ist vor allem unsere westliche Zivilisation gemeint – sollten die augenblickliche, eskalierende Weltkrise nicht nur warnend als Gefahr beschreiben, sondern sie als existentielle Herausforderung betrachten, den notwendig geforderten nächsten Schritt zu machen.

Ja, das ist der Punkt!
Viele Leute fragen: „Wie sieht die notwendige Gegenkraft aus?" Die Gegenkraft ist nicht eine Gegenmacht auf demselben Niveau. Das heißt jetzt ist eine spirituelle Sichtweise sehr wichtig und dabei, so meine ich, spielen die östlichen Kulturen eine große Rolle – vorausgesetzt sie selbst sind nicht bereits von der westlichen großen Wachstums-Infektion angesteckt worden, wie viele zum Beispiel auch schon für China und Indien befürchten. Wenn Menschen glauben, Kriege gegeneinander führen zu müssen, um wesentliche Änderungen zu erzwingen, dann erscheint mir unser Vorhaben angesichts unseres Massenvernichtungs-

potentials hoffnungslos. Denn in der Rücken-zur-Wand-Stellung kämpft der Mann mit allen Mitteln, um aus seiner Zwangslage heraus zu kommen. Eine Frau reagiert eher anders: An erster Stelle denkt sie mehr an die Zukunft, konkret: an ihre Kinder. Sie trägt in sich die Verantwortung für das, was wächst. Diesen Instinkt oder besser, diese Fähigkeit zur Empathie haben die Männer auch, aber sie müssen daran erinnert werden. Diese Unterscheidung ist übertrieben. Wir alle – vor allem wir in unserer egozentrisch orientierten Zivilisation – müssen erinnert werden, dass wir mit allem verbunden und letztlich abhängig sind, was die ganze Wirklichkeit ausmacht. In dieser Richtung müssen wir die Evolution unterstützen, sonst sitzen wir auf einem Ast, der einfach abstirbt und letztlich abbricht. Die lebendige Wirklichkeit ist viel größer und offener, sie wächst einfach weiter. Sie symbolisiert Potentialität, einen unendlichen Reichtum an Möglichkeiten. Es ist wunderbar, Mitwirkender an einem Ast zu sein, der immer neue Blüten treibt und eine Entwicklung miterleben kann, die das Lebende immer lebendiger werden lässt.

Seine Visionen ernst nehmen

Das heißt, erleben, dass man die Situation selbst in der Hand hat, anstatt sich ausgeliefert zu fühlen oder zu sagen: „Oh, eigentlich habe ich es nicht gewollt!"

Ja! Und dies heißt vor allem: Wir sollten unsere Visionen ernst nehmen. Wir sollten uns dagegen wehren, Visionen nicht als eine Flucht vor der harten Realität zu betrachten, indem wir uns Traumschlösser bauen, weil wir mit unserer Welt nicht mehr zurecht kommen. Nein, eine Vision ist der erste Schritt für die Gestaltung einer wesentlich offenen Zukunft, in Richtung auf die von uns angestrebte Zukunft. Wir sind es, die wesentlich unsere Zukunft gestalten. Nicht allein, sondern mit den anderen zusammen. Wir müssen unsere Visionen ernst nehmen, weil sie das Ergebnis des Abtastens des gemeinsamen Hintergrunds sind. Es erhöht damit die Wahrscheinlichkeit, dass meine Wünsche nicht nur meine Wünsche bleiben, sondern in ihrer Potentialität auch die Wünsche der anderen mit abdecken. Auf dem Hintergrund unserer Visionen fangen wir an, Ideen zu entwickeln – in Kommunikation mit den anderen. Der Dialog – ein liebender Dialog, der das Gemeinsame und Klarheit sucht und nicht der dialektische, der Unterschiede hervorhebt und größere Ausdrucksschärfe, Exaktheit anstrebt – ist dabei das Wichtige. Es ist ein Versuch, die Subjekt-Objekt-Unterscheidung nicht durch eine scharfe Trennung wie in der Sprache einer verdinglichten Realität zu verstümmeln, sondern durch Kommunikation zu erkennen und darüber hinaus durch Kommunion zu erleben, dass wir im Hintergrund Gemeinsames entdecken, das sich nicht ohne weiteres in Begriffen ausdrücken lässt.

Wenn diese Ideen fruchtbar werden, geht die lebendige Evolution voran. Sie geht aber nicht voran, weil der liebe Gott würfelt, was wir Mutation nennen. Daraus entsteht nämlich irgendetwas beliebig Verrücktes und manchmal sogar etwas, das überlebensfähig ist, das sogar krabbelt, ja sogar schneller krabbelt als alles, was schon vorher krabbelte, und dann sogar im Überlebenskampf von allem mit allem letztlich durch höhere Qualität oder Gewalt obsiegt, was einen Evolutionsschritt charakterisiert. Nein! Die lebendige Evolution ist bereits tendenziell angelegt, aber nicht festgelegt, sondern offen. Es bedarf der Kreativität, damit die Potentialität sich in möglichen Realisierungen manifestiert. Diese Realisierungen finden aber in einem Kontext statt, der nicht beliebig offen ist, da er durch kooperative Integration, einem geglückten Heilungsprozess des Unterschiedlichen, vorgeprägt ist. Das bedeutet, dass die Darwinsche Theorie der Überlebensfähigkeit nicht etwas Zufälliges ist („Der Alte würfelt nicht!" um Einstein zu zitieren), dass zum Beispiel einige Tiere schneller krabbeln als die anderen oder die anderen raffinierter stolpern lässt, sondern sie sind das Ergebnis einer größeren Flexibilität, Folge der geglückten Kooperation, die eine bessere Überlebensfähigkeit erlaubt. Und diese Flexibilität ist von Anfang an durch die Offenheit vorbereitet. Sie ist genau für diesen Zweck angelegt. Jetzt lässt sich vielleicht besser verstehen, wie im Laufe von nur dreieinhalb Milliarden Jahren ein so hoch komplexer und statistisch total unwahrscheinlich zusammengesetzter und langfristig operierender Mensch aus diesem relativ primitiven, viel wahrscheinlicheren chemischen Gebräu am Anfang unserer Erdgeschichte überhaupt entstehen konnte, dass so eine Evolution nach altem Muster prinzipiell überhaupt funktionieren kann.

In der Natur gibt es kein Rezept nach dem Motto: „Du musst das und das machen!", sondern die Natur sagt: „Alles, was ich mache, ist, dafür zu sorgen, dass ihr ein Spielfeld habt, das genügend eben ist, damit jeder eine Chance hat, sich zu entfalten. Und dann fangt zu spielen an! Und sorgt dafür, dass ihr Spielregeln entwickelt, damit ihr euch nicht gegenseitig vernichtet, sondern damit ihr eure verschiedenen Spiele auf diesem ebenen Spielfeld miteinander in Einklang bringen könnt, somit ihr für die zukünftige Gestaltung immer neue, größere und höherdimensionale Räume kreiert. Alles, was lebt, ist Ergebnis eines erfolgreichen Überlebensrezepts. Die Vielfalt ist ein Ausdruck des Lebensreichtums. Ihr müsst lernen zusammen zu spielen. Und das könnt ihr auch, weil ihr ja alle verwandt seid." Das ist doch ein wunderbarer Lebensplan!

Die gefährlichen Eskalationen, die in unserer heutigen Welt geschehen, sind auch Beispiele solcher Lebensspiele, aber sie führen zum Absägen des Astes, auf dem wir sitzen. Sie sind nicht erfolgreich, weil die differenzierenden Infektionen zu stark, zu häufig, zu vielfältig sind – was umgekehrt gerade die Erfolgsziele: „größer, schneller, mehr" unserer heutigen Wirtschaft widerspiegeln –, um dem Organismus oder Kulturen genügend Zeit zur Heilung, ihrer kooperativen Anpassung und Integration zu lassen. Es ist eben nicht die schnelle Infektion, die letztlich den wirklichen Evolutionsschritt bestimmt, sie ist sehr wohl der Auslöser, sondern der anschließende, viel langsamere konstruktive Heilungsprozess.

Das Positive aussäen

Wenn wir so weiter machen, dann muss es uns klar sein: "Ok, es endet so."
Ja. Es endet einfach so, weil der Teufelskreis uns die Kompetenz und die Souveränität aus der Hand nimmt, unabhängig zu handeln. Der Teufelskreis ist eine dynamische Rückkoppelung, die automatisch abläuft. Die Dynamik verselbstständigt sich, wird zur Eigendynamik. Es gibt innerhalb des Teufelskreises keine Instrumente, die ihn aufbrechen können. Es gelingt nur durch einen radikalen Ausstieg, vergleichbar etwa einem Sprung über einen Zaun, wenn wir in eine Sackgasse geraten sind und nicht mehr zurück wollen, oder einem Herunterdrehen des Verstärkers, wenn das Mikrophon-Lautsprecher-System zu pfeifen anfängt. Man muss in gewisser Weise einfach aussteigen, etwas ganz Neues wagen.

Ganz bewusst!
Ganz bewusst sagen: „Mit den jetzigen Instrumenten geht es nicht." Zum Glück haben wir tiefere Einsichten und genügend Kräfte, die zeigen, dass im Hintergrund noch andere Fähigkeiten schlummern. Wir Menschen sind noch da – und nicht nur in der Schrumpfform eines homo oeconomicus, sondern in der vielfältigen Gestalt des homo sapiens – und wir können darauf vertrauen, dass andere, nicht begreifbare Beziehungen in unse-

rem Leben walten und wirken. Vor diesem Hintergrund können wir versuchen, wenn wir demnächst einem anderen gegenüber treten, es dieses Mal im vollem Vertrauen zu tun, und einmal vergessen, dass unsere westliche Gesellschaft uns durch die dominierende Forderung nach erfolgreichem Wettbewerb lehrt, in jedem anderen zunächst den Gegner, den feindlichen Konkurrenten zu sehen, den es zu überholen gilt. Wenn wir einem anderen mit Vertrauen als Partner und nicht als Konkurrenten begegnen, werden wir oft erfahren, dass der andere sich wohler fühlt und beginnt, sich selbst mit anderen Augen zu betrachten. Wenn wir auf diese Weise fortfahren, werden wir merken, dass das Positive, insbesondere das wechselseitige Vertrauen, überall zunehmen wird.

Es gibt heute schon so viel Weisheit in der Welt, aber es reicht nicht aus, sie nur an wenigen Stellen anzusammeln, sondern wir müssen sie überall aussäen, immer wieder aussäen, nicht nur auf fruchtbaren Boden, sondern auch auf Asphalt, auf Trümmern und anderen unwirtlichen Plätzen. Irgendwo wird der Samen wachsen. Und wenn er überall wächst, dann kann niemand mehr etwas dagegen machen.

Und das ist unsere Aufgabe!
Das ist unsere Aufgabe! Wir müssen aussäen, wir haben alles!

Professor Dürr, herzlichen Dank für dieses Gespräch!

Teil V

DAS UNIVERSELLE

Die allumfassende Kraft der Liebe

Heilung durch Gedankenkraft

Wasserkristalle und ihre Botschaft

Mit seinen Forschungen und der Herausgabe seiner Kristall-Photos hat Masaru Emoto wesentlich dazu beigetragen, uns die großen, geheimnisvollen Aspekte des Wassers näher zu bringen. Er vermag auf beeindruckende Weise sichtbar zu machen, welch enorme Kraft Wörter und Gedanken haben und dass sie imstande sind, Zerstörung in Heilung zu verwandeln – und umgekehrt. Jetzt, da wir mit unseren eigenen Augen sehen können, welche Wirkung unsere Gedanken und unser Bewusstsein auf uns und unsere Umgebung haben, liegt es an uns, sie in die gute Richtung zu lenken.

Masaru Emoto ist ein japanischer Forscher, der in zwölfjähriger Forschungsarbeit und in Zehntausenden von Versuchen wissenschaftlich nachweisen konnte, dass Wasser nicht nur in der Lage ist, Informationen, sondern auch Gefühle und Bewusstsein zu speichern. Die in seinem Buch „Die Botschaft des Wassers" abgebildeten, wunderschönen Wasserkristalle demonstrieren auf beeindruckende Weise das, was die Homöopathie immer gewusst hat, nämlich dass Wasser ein Gedächtnis hat und Informationsträger ist.

Herr Emoto, was hat Sie zu ihren Wasserforschungen motiviert?
Meine Erforschung des Wassers begann mit meiner Begegnung mit Dr. Lee H. Lorenzen, einem anerkannten amerikanischen

Biochemiker, dessen Arbeit auf die Informationsspeicherungs-fähigkeit von Mikrocluster-Wasser gerichtet ist. Viele seiner Ergebnisse sind wissenschaftlich bewiesen. Dr. Lorenzen kam auf die Idee, Informationen aufs Wasser zu speichern, als seine Frau todkrank wurde und von keinem Arzt geheilt werden konnte. Als es ihm eines Tages wie eine Eingebung kam, dass der menschliche Körper zu 70 Prozent aus Wasser besteht, ging er der Frage nach, ob man das Wasser im Körper doch nicht aus-tauschen könnte. So begann er für seine Frau, Wasser mit beson-deren Informationen (so genanntes Mikrocluster-Wasser oder Magnetresonanz-Wasser) zu entwickeln.

Seit dieser Begegnung wollte ich mehr über die Eigenschaften des Wassers erfahren. Ich fragte mich, ob es Apparate gibt, die es ermöglichen, Wasser zu messen. Zu jener Zeit kam ich durch Dr. Lorenzen auf ein Gerät, den Magnetischen-Resonanz-Ana-lysator (MRA), mittels welchem man Informationen auf Wasser aufprägen kann, damit die Gesundheit des Menschen durch Wasser verbessert werden kann. Der MRA wurde zu jener Zeit in Amerika für die Homöopathie eingesetzt. Aber in Japan war und ist Homöopathie verboten. So kann man dort keine homöopathischen Mittel verwenden. Also entwickelte ich statt-dessen Wasser, das Informationen von MRA erhalten hatte. Die Ergebnisse waren phantastisch: Ich habe damit sehr vielen Men-schen helfen können.

Grundlegende Fragen kamen in mir auf, wie „Warum gibt es so viele kranke Menschen auf der Welt?", „Warum ist der eine krank und der andere gesund?" Eine Krankheit kann nur von einem selbst geheilt werden. Das bedeutet, dass, wenn wir die Grund-prinzipien des Lebens verstehen, möglicherweise dann die Krankheit verschwindet. Ich dachte, der Schlüssel dieses Pro-blems könnte im Wasser liegen. Mir war klar, dass wir sehr wenig über Wasser wissen. Dann habe ich darüber nachgedacht, dass keine Schneeflocke der anderen ähnelt. Wasser, Schnee, Eis – es ist alles das Gleiche. Dann kam die Überlegung, dass sich im

Wasser selbst bereits Kristalle befinden sollten. Und so bekam ich eines Tages die Idee, Wasser einzufrieren und zu photographieren.

Sechseckige Kristallbilder

Sie haben ein bestimmtes Verfahren entwickelt, um die Wasserkristalle sichtbar zu machen. Wie gehen Sie vor?
Erstens werden die Wassertropfen bei minus 20 Grad Celsius eingefroren. Aus der Tiefkühltruhe herausgeholt, werden sie dann unter ein Mikroskop mit eingebauter Kamera gestellt. Das ganze Photo-Studio ist eine Art großer Kühlraum, wo eine Temperatur von minus 5 Grad herrscht.
Also am Anfang ist der Wassertropfen bei minus 20 Grad, dann geht die Temperatur langsam höher und ab ungefähr minus 10 Grad beginnt man allmählich, Kristalle zu sehen. Sie wachsen bis null Grad, den Höhepunkt sieht man allerdings ab minus 5 Grad. Obwohl es unmöglich ist, identische Kristallbilder zu bekommen – das gleiche Kristall kann man also nicht ein zweites Mal reproduzieren –, weisen die Kristalle eine gewisse charakteristische Tendenz auf, die man Kristallgitter nennt. Je nach Qualität des untersuchten Wassers entwickeln sich schöne, sechseckige (hexagonale) bzw. missgebildete Kristalle. Mit der Zeit konnte ich beobachten, dass die Deformierung bzw. das völlige Zusammenbrechen einer Kristallstruktur ein Beweis für die schlechte Qualität der Wasserprobe war. So sagt die Schönheit eines Kristalls etwas über die Qualität des Wassers aus.
In viereinhalb Jahren nahmen ich und mein Team 10.000 Bilder auf und werteten sie aus. Das Wasser zeigte derart einzigartige, wunderschöne Kristalle, dass ich sie weitergeben wollte, und so entschied ich mich, 100 der schönsten Kristall-Bilder in meinem Buch „Die Botschaft des Wasser" vorzustellen.

Die Kristallbilder, die entstanden sind, haben alle sechs Ecken. Warum sind sie nicht zum Beispiel sieben- oder achteckig? Ist es ein Gesetz?

Es ist nicht so, dass ich von Anfang an gewusst habe, dass man sechseckige Kristalle bekommt. Aber es war tatsächlich so, dass es am Anfang immer Hexagone waren, die herauskamen.

Erst viel später kam es mal vor, je nach Situation, dass siebeneckige Kristalle hervorgekommen sind. Das ist eine Frage der Dimension. Ich nehme an, dass die Kristalle anders aussehen werden, je nachdem wie wir uns erhöhen. Das heißt, dass, wenn wir zu höheren Dimensionen gelangen, wir Fotos von nicht nur siebeneckigen, sondern auch acht- oder neuneckigen Kristallen bekommen werden. Man könnte sagen, dass die sechseckigen Kristalle der dritten Dimension entsprechen und die siebeneckigen der Welt der Dreieinhalb-Dimension, oder anders ausgedrückt des Geistes. Die Wasserprobe mit dem Mantra des großen indischen Meisters Babaji „Om Namah Shivaya", eines der kraftvollsten Mantras, die es gibt, wies zum Beispiel ein wunderschönes, leuchtendes siebeneckiges Kristall auf.

Wasser verwandelt sich je nach Umgebung

Sie haben auch gezeigt, wie sehr Wasser von seiner Umgebung abhängig ist.

Wasser erscheint unseren Augen immer gleich, aber Wasser ist nicht gleich Wasser: Das Wasser, das frisch und rein aus einer Quelle sprudelt, hat andere Eigenschaften als das „tote" Leitungswasser, das wir jeden Tag trinken. Das Wasser, das aus dem Hahn kommt, kommt häufig direkt aus Flüssen. Flusswasser wird in Kläranlagen gesammelt, mit Chlor sterilisiert und desinfiziert. Dann wird es durch Rohre zu allen Häusern geführt.

Als ich meine Forschungen fortführte, war ich mir nicht mehr sicher, ob das wertvolle Wasser, mit dem ich arbeitete, nun rein oder unrein war, und was das für den menschlichen Körper bedeutete. Viele Fragen drängten auf eine Antwort: Wie stark ist diese Verschmutzung? Ist schon das ursprüngliche Flusswasser verschmutzt oder wurde es auf dem Weg zum Hahn verunreinigt? Welches Leitungswasser ist stärker belastet, das von Osaka oder das von Tokio? Wie steht es mit anderen Städten? Ist Wasser in den ländlichen Gegenden wirklich reiner?

Lauter Fragen, auf die ich unbedingt eine Antwort finden wollte. So beschloss ich, Bilder von Wasserproben aus den Quellen und Flüssen Japans und aller Welt zu machen. Die Ergebnisse bestätigten, was ich vermutete: Quellwasser zeigt wunderschöne, harmonische sechseckige Kristalle, während verschmutztes Wasser, sei es durch Abwasser, Dünger oder Chemikalien, deformierte Kristalle bzw. gar keine Kristalle aufweist.

Wasser setzt sich aus vielen Wassermolekülen zusammen. Diese wiederum aus Atomen. Nach meinen Erkenntnissen werden die Informationen im „leeren" Raum zwischen dem Atomkern und den um ihn kreisenden Elektronen gespeichert. Springt das Wasser flink und rein aus einer Quelle, dann schwingen auch die Elektronen in großer Harmonie um die Atomkerne, die Moleküle gruppieren sich zu leuchtenden, harmonischen Kristallen, von denen eine starke Kraft zu spüren ist, die aus dem Untergrund aufzusteigen scheint. Ist dagegen das Wasser „tot" oder verunreinigt, verlieren die Kristalle ihre Struktur und wirken trüb.

Im Laufe meiner Untersuchungen konnte ich auch zeigen, dass das Wasser vom Oberlauf eines Flusses schönere Kristalle als das Wasser aus dem Mittelteil des Flusses bildet. Auch die Kristallbilder der Wasserproben aus Sümpfen und Dämmen, wo das Wasser stagniert, sprechen eine eindeutige Sprache: Die Kristalle sind genau so trüb wie das Wasser selbst und weisen keine klare Form mehr auf. Wird nun die notwendige Wellenform auf das

Wasser am Damm übertragen, verwandeln sich die hässlichen Kristalle in wunderschöne klare Kristalle. So kam ich auf den Gedanken, dass man Dammwasser verbessern könnte, indem Wellenbewegungen durch ein großes Übertragungsgerät induziert werden.

In einem anderen Experiment betete der Priester Kato Hoki stundenlang beim Fujiwara-Damm. Das Bild des Kristalls der „toten" Wasserprobe vor dem Experiment war schrecklich. Nach dem Reinigungsritual zeigte das Wasser dann wunderschöne, klare Kristalle mit einer hexagonalen Grundstruktur. Dieses Experiment bedeutete dann den endgültigen Durchbruch: Die Kristall-Fotos machten etwas sichtbar, das bis dahin viele Menschen bereits erfahren, aber nicht erklären konnten: die Kraft des Gebets und der zielgerichteten Konzentration.

Vibration der Musik sichtbar gemacht

Ihre Kristallbilder geben sehr viel zum Nachdenken... Man kann daraus viele Rückschlüsse für uns Menschen ziehen!
Zweifellos! Diese Bilder sind sehr wirkungsvoll, sie rütteln die Menschen regelrecht wach. Wir wissen, dass der Mensch, genau so wie der Planet Erde, auf dem er lebt, aus 70 Prozent Wasser besteht. Beim schlechten Einfluss bilden die Körperflüssigkeiten keine Kristalle, aber wenn wir zum Beispiel einem wunderschönen Musikkonzert beiwohnen oder von wohl gesonnenen Menschen umgeben sind, weist das Wasser unseres Körpers schöne Kristalle auf. Deshalb lieben Menschen gute Musik so sehr: Das Wasser in unserem Körper verändert sich. Die Schwingungen der Musik und der Worte, die durch die Luft weitergeleitet werden, beeinflussen Wasser stärker als jedes andere Element. Musik sendet verschiedene Vibrationen, die ins Gedächtnis des Wassers gehen und sich dann in Form von Kristallen ausdrücken.

Dies konnte mittels destillierten Wassers, das zwischen zwei Lautsprecher gestellt wurde, während ein ganzes Musikstück bei normaler Lautstärke abgespielt wurde, demonstriert werden. Untersucht wurden nacheinander:

- Die Pastorale von Beethoven, eine der berühmtesten Beethoven-Sinfonien, ein helles, fröhliches Stück: Das schöne Kristall beweist, dass gute, fröhliche Musik Wasser positiv beeinflusst.
- Mozart – Sinfonie Nr. 40 in g-Moll: Diese Sinfonie ist ein beseeltes Lied, das wie ein Gebet an die Schönheit wirkt und das Herz des Zuhörers sanft heilt. Das Kristall ist so schön und graziös, dass es scheint, es spräche für die Gefühle des Komponisten.
- Bach-Arie: Das Kristallbild vermittelt den Eindruck, das Kristall tanze fröhlich.
- Tibetische Sutra: Es bildete ein starkes, schönes Kristall. So konnte das alte Wissen bestätigt werden, dass ein Sutra die Seele des Menschen anspricht und starke positive Energie ausstrahlt, welche die Gefühle des Menschen heilen kann.
- Heavy Metal-Musik: Diese Musik ist voller Zorn und scheint die Welt anzuprangern. In der Folge ist die gut geformte Sechseckstruktur dieses Kristalls in tausend Stücke zerbrochen.

Mozart, Beethoven oder Bach waren also nicht nur große Musiker, sondern auch große Heiler.

Die Kraft der Wörter

Man weiß von vielen Philosophen und Meistern und aus eigener Erfahrung, dass Gedanken äußerst kraftvoll und sogar mächtiger als Worte sind. Das, was für uns unsichtbar war, haben Sie nun sichtbar gemacht.

Nach den Musikexperimenten wollte ich nachforschen, welche Reaktion Wasser auf Wörter oder auf die Töne, die die Wörter machen, zeigt. Ich wollte herausfinden, ob es einen Unterschied gibt, wenn man zum Beispiel zornig „Dummkopf!" schreit und wenn man sanft sagt: „Du bist ein Dummkopf!". Also entschied ich mich, mit dem Wasser „zu sprechen". Dafür benutzte ich keine handgeschriebenen Wörter, sondern aus dem Computer ausgedruckte. Ich füllte jeweils zwei Glasflaschen mit destilliertem Wasser und klebte ein Papier darauf. Die eine Flasche wurde mit „Danke" beschriftet, die andere mit „Dummkopf". Am nächsten Tag fror ich das Wasser ein und machte von den sich formenden Kristallen Aufnahmen. Die Ergebnisse waren verblüffend: Alle Wasserproben von positiven Wörtern und Eigenschaften, wie „danke", „Liebe/Dankbarkeit", „Seele", „schön", zeigten leuchtende, sechseckige Kristalle, während Wasser, das negativen Wörtern wie „Dummkopf", „Du machst mich krank!", „Teufel", „hässlich" ausgesetzt war, tatsächlich hässliche, in sich zusammengebrochene Kristalle aufwies.

Ich untersuchte auch, ob ein Befehl wie „Tu es!" dasselbe Resultat wie eine sanfte Aufforderung wie „Lass uns es tun!" zeigte. Und wieder ergab die Wasserprobe mit dem kommandierenden Wort kein schönes, sondern ein entstelltes Kristall.

Ein weiteres Experiment macht den Einfluss von Schriftzeichen und Wörtern auf Wasserkristalle noch deutlicher. Gekochter Reis wurde in zwei identische Glasgefäße gegeben. Danach wurde jeden Tag mit dem Reis gesprochen, und zwar zum einen Gefäß „Danke", zum anderen „Dummkopf". Dies wurde einen Monat lang gemacht und beobachtet. Als Resultat war der Reis, zu dem man „Danke" gesagt hatte, fast fermentiert und wies ein sanftes Aroma gemalzten Reises auf. Der Reis im anderen Gefäß, das mit dem „Dummkopf" angeredet wurde, ist schwarz geworden und verrottet. Der Gestank war unbeschreiblich.

Hier ist nicht nur Wasser, sondern es sind auch Mikroben involviert. Mikroben scheinen wie wir Menschen zu sein: Sie arbeiten hart, wenn man sie lobt, und werden faul, wenn man sie missbraucht.

Wasser spiegelt das Bewusstsein der Menschen wider

Meine Forschungen ergaben viel größere Resultate, als ich es mir überhaupt vorstellen konnte. Es war für mich tief beeindruckend, genau so wie für Sie, zu entdecken, in welchem Ausmaß Kristallbilder sich durch unser Bewusstsein verändern können.

Am eindrucksvollsten waren für mich die Kristall-Bilder, die vier Jahre nach dem großen Erdbeben aufgenommen wurden, das sich in Kobe in Japan ereignet hatte. Die Kristalle aus dem Kobe-Leitungswasser zeigte etwas, das die Panik und die Verzweiflung der Menschen unmittelbar nach dem Erdbeben ausdrückte. Die Kristalle waren total zerstört und ließen den Betrachter erschauern. Drei Monate später, nachdem helfende Hände und Sympathie aus aller Welt die Menschen von Kobe unterstützt hatten, zeigten die Wasserkristalle wieder ein Hexagon, das die Wärme und Freundlichkeit der Helfer widerzuspiegeln schien.

So wie die Pflanze, so das Kristall

Seit spätestens Jacques Benvéniste, einem französischen Wissenschaftler, der die Wirkkraft der Homöopathie untersuchte, wissen wir, dass Wasser Informationsträger ist und gegebenenfalls die Information eines homöopathischen Mittels trägt. Man könnte sich vorstellen, dass die Wasserprobe von dem homöopathischen Mittel Sulfur zum Beispiel ein anderes Kristall als beispielsweise Calcium carbonicum aufweist.

Das stimmt, sie sind anders. Genauso wie das Kristallbild einer Pflanze oder einer Blume haargenau die Form der jeweiligen Blume widerspiegelt und keiner anderen gleicht, sind die Kristallbilder von zwei verschiedenen homöopathischen Mitteln unterschiedlich.

Das zeigte auch ein Experiment, das ich mit Pflanzen machte: Ich übertrug die im Aromaöl einer Kamille und eines Fenchels enthaltene Information auf eine Wasserprobe, fror diese ein und photographierte danach das Kristall. Die daraus entstandenen Kristallbilder glichen haargenau der Form der jeweiligen Pflanze, aus der das Öl gewonnen wurde. Es war der Beweis, dass Kristalle äußerst präzis die Form der Substanz widerspiegeln.

Wasser ist Spiegel des Herzens

Es werden sehr viele teure Apparate und Wasserfilter verkauft, die Wasser wieder lebendig und trinkbar machen sollen. Aber eigentlich haben Sie bewiesen, dass allein gute Gedanken reichen, um die Struktur des Wassers in die positive Richtung zu verändern.
Ja. Das ist auch der Grund, warum in einigen Religionen empfohlen wird, vor dem Essen zu beten. Die Kraft der Gedanken verändert das Wasser in den Speisen und natürlich auch die Struktur des Wassers, das wir trinken.

Das Wasser spricht direkt zu uns über diese Kristallbilder. Da können wir ganz klar sehen, wie sehr das Wasser widerspiegelt, wie wir uns benehmen.
In Japan haben wir dafür einen herrlichen Ausdruck. Wir sagen: „Wasser ist Spiegel des Herzens". Das ist genau das: Wasser enthält den göttlichen Funken. Als ich die Schriftzeichen „Liebe und Dankbarkeit" auf Wasser übertrug, zeigte das Wasser die allerschönsten Kristallbilder. Die Reaktion des Wassers ist ein Liebesgeständnis der Natur selbst. So ist mir bewusst geworden, dass die Lebensphänomene in der Natur auf Liebe und Dankbarkeit beruhen.

Warum Liebe und Dankbarkeit? Um Energie zu erzeugen, brauchen wir zwei Pole, das Yin und das Yang, sonst gibt es kein Kraftfeld. Liebe verkörpert etwas Aktives, sie entspricht der Sonne, Dankbarkeit dagegen steht für die passive Energieform, sie entspricht dem Mond. Bei dem Wassermolekül H_2O, das aus einem Sauerstoffatom (O) und zwei Wasserstoffatomen (H_2) besteht, spürte ich instinktiv, dass der Wasserstoff mit Dankbarkeit zu tun hat und dass der Sauerstoff oder das Feuer für Liebe steht. Bis dahin dachte ich, dass ein Gleichgewicht nur auf der Basis von 1 : 1 bestehen kann, aber mit der Zeit verstand ich, dass, da aktive Energie von Natur aus die Tendenz besitzt, sehr stark zu werden, 1 : 1 keine gute Balance bringt. Die Wassermoleküle ließen mich tief verstehen, dass erst, wenn Dankbarkeit doppelt vorhanden ist (H_2), die* Liebe (O) eine aktive Form annehmen und wirken kann.

‚So ist es also!‘, dachte ich. Die aktive Kraft ist zu stark vertreten auf unserem Planeten. Dieses Missverständnis hat den Materialismus in die menschliche Zivilisation gebracht. Eigentlich sollte es doppelt soviel passive Energie wie aktive geben. Das wäre die ideale Ausgewogenheit für unsere Erde.

Ich habe realisiert, dass eine solche Intention der Natur oder des göttlichen Bewusstseins, des göttlichen Funkens, bereits im Wasser programmiert war. Wenn immer mehr Menschen sich ihrer großen Verantwortung gegenüber sich selbst und der Erde, auf der sie leben, bewusst werden, wenn sie sozusagen ein kosmisches Bewusstsein entwickeln, dann wird es keinen Krieg mehr geben.

Herr Emoto, herzlichen Dank für dieses Gespräch!

Heilung und gelebte Spiritualität

Der Weg endet auf dem Marktplatz

Wahre Spiritualität führt uns nicht jenseits des Lebens, sondern mitten in die Welt hinein. Gott möchte ins uns Mensch sein, zu dieser Zeit, an diesem Platz und in dieser Gestalt – das ist die Botschaft von Willigis Jäger, einem der großen spirituellen Lehrer unserer Zeit. Als Benediktiner und Zen-Meister ist er sowohl von der christlichen Mystik als auch dem östlichen Zen geprägt. Sein Hauptanliegen ist die Vermittlung einer gelebten Spiritualität jenseits von Glaubensrichtungen und den spirituell Suchenden des 21. Jahrhunderts zeitgemäße Antworten auf ihre drängenden Fragen über den Sinn des Lebens zu geben.

Als Benediktinermönch ist Willigis Jäger seit 1946 tief in der mystischen Tradition des abendländischen Christentums verwurzelt, und als Zen-Meister nach sechs Jahren intensivem Zen-Training in Japan ging er den radikalen Weg der östlichen Praxis. Er ist spiritueller Gründer des Benediktushofes in Holzkirchen, Unterfranken, einem Zentrum für spirituelle Wege, in dem er lebt und lehrt.

Pater Willigis, Sie haben Ihr Leben dem Weg einer gelebten Spiritualität gewidmet. Dass Leben Religion und Religion Leben ist, ist anscheinend die wichtigste Botschaft, die Sie an alle Menschen richten möchten. Was beinhaltet diese Botschaft für uns alle?

Wir fragen uns ja als Mensch: „Woher kommen wir? Wer sind wir? Warum sind wir da? Wohin gehen wir?" Das sind die entscheidenden Fragen, die sich die Menschen stellen, und auf diese Fragen versuche ich, eine Antwort zu geben. Wer sind wir? Wir sind mehr, als nur diese personale Struktur mit fünf Sinnen und Verstand. Dahinter liegen andere Dimensionen der Erkenntnis, der Erfahrung, und aus diesen Dimensionen heraus versuche ich zu leben. Der Mensch besteht also aus personalen und transpersonalen Anteilen, oder um es im christlichen Sprachgebrauch auszudrücken: Er ist „Gott-Mensch". Hier und jetzt möchte sich das, was ich Gott nenne, ausdrücken. Ich glaube, dass ich aus einem einzigen Grund hier bin, nämlich, weil Gott – wie die Europäer diese Instanz seit einigen Jahrtausenden nennen – in mir in dieser Gestalt zu dieser Zeit an diesem Platz über diesen Planeten gehen möchte. Das ist für mich die eigentliche religiöse Aufgabe, die ich habe. Dann kann ich mir natürlich Gedanken machen, wie man das theologisch-philosophisch deuten kann. Aber ganz entscheidend ist zunächst einmal das Leben selbst und der Augenblick, in dem sich das, was ich Gott nenne, ausdrückt.

Spiritualität führt immer ins Leben hinein

Das bedeutet, dass es um eine gelebte Spiritualität geht.
Spiritualität führt für mich immer ins Leben hinein, denn das ist ja auch der letzte Grund meiner Existenz hier: Ich soll hier und jetzt leben, und zwar in dieser Umgebung. Dazu gehören meine Sorgen, meine Nöte, das Leid, die Enttäuschungen, die Gefühle... Aber ich bin mir immer ganz bewusst, dass ich nicht nur das allein bin, sondern viel mehr. In mir ist noch etwas, was ich universelles Leben, göttliches Leben, Reich Gottes oder Brahma nenne, das hier durch mich lebt und sich ausdrückt.

Sie haben ein sehr evolutionäres Verständnis von Gott. Sie sagen, er vollzieht sich als dieses gewaltige evolutionäre Geschehen. Eine solche Definition hört man nicht so oft aus dem Munde eines christlichen Ordensmannes und Priesters!

Die Europäer leiden an der Vorstellung eines strengen Dualismus. Wir glauben, dass Gott ontologisch, also von seinem Wesen und seinen Eigenschaften her, etwas anderes ist als der Mensch und die Materie. Selbst die Naturwissenschaft sagt uns, dass es überhaupt keine Materie gibt, dass alles nur Schwingung, Energie ist. Was wir Materie nennen, ist verlangsamte Energie. „Materie ist geronnener Geist", sagt Max Planck. Geist und Materie sind Eins, so wie ein Stab eine Einheit ist, aber zwei Enden hat. Es gibt ja keinen Stab, der nur ein Ende hat. Mensch, Materie, Kosmos sind das andere Ende des Stabes. Ich liebe in diesem Zusammenhang das Gleichnis vom Weinstock und vom Rebzweig. Der Rebzweig ist nicht unbedingt der Weinstock, und der Weinstock ist nicht unbedingt der Rebzweig. Aber wenn der Rebzweig erkennt, was er wirklich ist, erkennt er, was der Weinstock ist. Diese Nicht-Dualität zu erkennen, zu leben, ist das Entscheidende.

Sie benutzen auch das Gleichnis der Welle und des Meeres.

Das ist ein ähnliches Beispiel: Die Welle kann sagen: „Ich bin eine Welle". Die Welle kann sogar meinen, sie sei abgetrennt vom Ozean, aber wenn sie wirklich erfährt, was sie ist, dann erfährt sie, dass sie der Ozean ist – und dass der Ozean sich in milliardenfachen Formen sozusagen immer wieder manifestiert, also dass sie sich letztlich nicht vom Ozean trennen kann. Dass sie, sagen wir mal, zeitlich vom Ozean jeweils eine neue Form bekommt.

Die christlichen Texte müssen neu gedeutet werden

Sie plädieren dafür, dass die traditionellen christlichen Schriften für den Menschen von heute neu gedeutet werden. Braucht der Mensch des 21. Jahrhunderts etwas anderes, womit er sich identifizieren kann?

Es ist absolut erforderlich, eine religiöse Sprache zu finden, die bei den Menschen ankommt. Es gilt also, die alten christlichen Wahrheiten so zu interpretieren, dass sie für die Menschen unserer Zeit Lebenshilfe und Lebenssinn vermitteln. Viele haben in der Kirche ihre Heimat verloren. Mein großes Anliegen ist es, zu vermitteln, was Religion wirklich ist und dass sie auch den modernen Menschen etwas angeht.

Ich denke, dass wir als Spezies Mensch in gewisser Weise an ein Ende gekommen sind. Wir wissen im Grunde genommen nicht, wie es weiter gehen soll. Wenn wir ganz ehrlich sind, müssen wir zugeben, dass wir keine Rezepte für die Zukunft haben. Es hat sich herausstellt, dass Moral allein nicht die Lösung für unsere Spezies ist. Dieses „Du sollst, du musst, du darfst nicht...", verknüpft mit Strafandrohungen, hat unsere Spezies nicht besser gemacht, im Gegenteil: Die Gefängnisse sind voller denn je. Es scheint, dass wir eine neue Dimension des Erkennens brauchen, aus der heraus eine Motivation für ein gemeinschaftliches Leben, für eine neue Werteordnung entstehen kann.

Meinen Sie nicht, dass das, was gerade stattfindet, den nächsten Sprung in der Evolution darstellt, der angesagt ist? Dass es die Aufgabe von spirituellen Lehrern wie Ihnen ist, dem Menschen zu vermitteln, dass er diese Erkenntnis, Gott-Mensch zu sein, tatsächlich in diesem Leben verwirklichen kann? Wir haben uns an die Vorstellung eines Gottes gewöhnt, der oben im Himmel, weit weg von uns, unerreichbar thront.

Alle Religionen haben zwei Ebenen: Sie haben eine so genannte exoterische Ebene, das heißt, sie haben eigene Schriften, Rituale, Zeremonien, eine Ethik. Und alle Religionen haben auch eine spirituelle Ebene, die in die Erfahrung dessen führen soll, was in den eigenen Schriften steht. Das nennen wir die esoterische Religiosität. So ist es zum Beispiel im Hinduismus der Weg der verschiedenen Formen des Yogas, des Raja Yoga, Kriya Yoga oder Patanjali, im Buddhismus sind es Zen und Vipassana, im Islam der Sufismus, im Judentum die Kabbala und im Christentum der Weg der Kontemplation und der Mystik. Alle Religionen kennen also den Weg in eine Erfahrung der Ur-Wirklichkeit, die in allem steht. Diese Ur-Erfahrung des Seins wollten eigentlich die so genannten Religionsstifter, die ja gar keine Religion stiften wollten, den Menschen vermitteln. Sie wollten keine Religion gründen, sondern einen Weg ins Reich Gottes zeigen, so wie Jesus Christus es verkündet hat: „Kehrt um, wendet euch nach innen!" Ein Shakyamuni-Buddha, ein Jesus wollte eigentlich den Menschen Wege in die transpersonale Erfahrung ihres wahren Wesens, ihrer „Buddha-Natur", ihres „Christus-Bewusstseins" zeigen. Es gibt eine Sophia perennis, eine ewige Wahrheit, die eines Tages als das wahre Ziel einer jeden Religion erkannt werden wird. Die Menschen der Zukunft werden dann „Erwachte" sein. Das ist ihre einzige Überlebenschance.

Die Mystik ist in Vergessenheit geraten

Die katholische Kirche scheint sich selbst in eine der größten Krisen ihrer Geschichte katapultiert zu haben. Denn wenn sie nicht diesen für jeden praktizierbaren Weg zeigt, hat sie keine Zukunft.
Viele Menschen wenden sich östlichen Praktiken zu, weil die christlichen Kirchen etwas Grundsätzliches verloren haben, nämlich ihre Mystik. Das bedeutet, dass Christen wohl keine

Chance in der Zukunft haben, wenn sie ihre Mystik nicht wieder entdecken. Für alle Religionen scheint allgemein zu gelten, dass sie diese Erfahrungsebene vermitteln müssen und die Menschen dorthin führen müssen, wenn sie überhaupt weiter bestehen wollen. Die heutigen Menschen möchten einen spirituellen Weg ohne einen konfessionellen Hintergrund gehen. Sie suchen in der Religion vielmehr eine transpersonale Erfahrung als einen Glauben an ganz bestimmte religiöse Vorstellungen. Einem Trendreport zufolge meditieren zwei Millionen Engländer und eine Million Deutsche, das heißt aber nicht, dass sie kirchlich geworden sind bzw. dass sie einer Konfession beitreten wollen, sondern dass sie diese Wege außerhalb der Religion suchen.

Ist das nicht ein Zeichen von Entwicklung? Früher brauchte der Mensch ein religiöses Gebäude und jetzt braucht der moderne Mensch kein System oder Gerüst mehr, sondern möchte Wege in die Selbstverwirklichung gezeigt bekommen.
Ich möchte eher sagen, dass der Mensch beides braucht: Er braucht eine Theologie oder Philosophie und er braucht eine Erfahrungsebene. Beides ist wichtig. Denn ich möchte meine Erfahrungen dann auch mit anderen kommunizieren – und das möglichst in einem theologischen Rahmen. Aber eine Theologie muss sich wandeln, so wie der Mensch sich wandelt. Sie kann und darf sich einer Entwicklung nicht entziehen und jeden, der das traditionelle Gebäude nicht akzeptiert, ausgrenzen. Das ist es leider, was die Theisten mit der Mystik gemacht haben: Sie haben sie mit Voreingenommenheit, man kann fast sagen mit Ablehnung behandelt. Daher ist die christliche Mystik eine gebremste Mystik – im Gegensatz zur östlichen Mystik, die viel umfassender ist.
Alle christlichen Mystiker wurden verfolgt: Margarete Porete landete auf dem Scheiterhaufen, Theresa von Avila kämpfte 15 Jahre lang gegen die Institution, Madame Guyon saß zehn Jahre in der Bastille gefangen, selbst der Kardinal Nikolaus von

Kues wurde wegen seiner Mystik angefeindet, ebenso Philosophen wie Spinoza. Vom Philosophischen her gesehen kommen sie alle vom Neu-Platonimus. Die christliche Mystik ist also stark auf Platon und den platonischen Hintergrund aufgebaut, der in das Transpersonale und Transmaterielle hineinreicht. Ein Plotin zum Beispiel, ein Bonaventura, ein Meister Eckhart waren von dieser philosophischen Richtung geprägt, weil sie hier ihre eigenen Erfahrungen besser einbringen konnten als in einer anderen Theologie.

In allen Religionen geht es um die gleiche Botschaft

Es scheint ein Prinzip des Lebens zu sein, dass bei einem Wachstumsimpuls haargenau proportional zu dieser vorantreibenden Kraft eine entgegengesetzte Kraft wirkt, die träge ist, nach hinten zieht, hemmende Systeme aufbaut...
Eine Institution ist immer schwerfällig. Sie versinkt leicht in ihrer Tradition. Aber die Evolution bleibt ja nicht stehen. Das Bewusstsein wird sich weiter öffnen und mehr begreifen von der Wirklichkeit. Es ist nicht so, dass sich etwas ändert, sondern unser Begreifen wächst. Rumi würde sagen: „Ich bekomme ein größeres Glas, um jetzt aufzunehmen von dem, was da ist." Es geht also um das Öffnen unseres Bewusstseins, um eine umfassendere Erfahrung unseres Mensch-Seins.

Bei dieser unmittelbaren Praxis der Spiritualität hat Ihnen die Zen-Praxis sehr geholfen.
Bei meinen vielen Reisen durch die Welt kam ich nach Asien und insbesondere nach Japan. Ich spürte sofort, dass ich im Zen etwas gefunden hatte, was meiner innersten Sehnsucht entsprach. Hier war eine lebendige Tradition von Meister und Schüler, hier erfuhr ich Dinge, die nicht in einem Buch standen.

Am Zen erkannte ich, dass letztendlich alle Lehren in die Erfahrung zu führen haben und dass dies das eigentliche Ziel der Religion ist. Ein Zen-Lehrer ist ja kein Guru, er führt den Schüler zu sich selbst und damit zur Erkenntnis, dass er letztlich das ist, wonach er fragt.

Ich blieb sechs Jahre bei meinem Meister Yamada Roshi. Mit mir waren manchmal bis zu zehn christliche Ordensleute anwesend, Priester und Schwestern. Wir haben uns immer wieder gefragt: „Warum müssen wir nach Japan gehen? Haben wir denn nichts dergleichen in unserer eigenen Religion?" Diese Erfahrung hat mich wieder auf unsere Mystik zurückgeworfen, auf einen Johannes von Creuz, auf eine Theresa von Avila, auf einen Meister Eckhart. Ich habe mir deren Wege wieder in Erinnerung gerufen und habe festgestellt, dass wir in der christlichen Mystik im Grunde genommen die gleiche Grundstruktur haben wie im Zen oder in den Yoga-Formen, die in die transpersonale Ur-Erfahrung führen.

Was wäre diese Grundstruktur?
Die Grundstruktur ist immer die Zurücknahme des Ichs, damit das auftauchen kann, was immer da ist. Unser Ich ist eine gewaltige Errungenschaft, das Ergebnis von 14 Milliarden Jahren! Aber gleichzeitig ist dieses Ich eine Begrenzung – das ist das Problem. Die Reduktionisten können nicht akzeptieren, dass es noch eine umfassendere Erfahrung als unser rationales Begreifen gibt, dass es eine Öffnung im menschlichen Bewusstsein gibt, die wichtiger, bedeutsamer ist als das Rationale, Personale.

Im Vergleich zu den traditionellen östlichen Praktiken der Spiritualität hinken wir im Westen ziemlich hinterher!
Diese Tradition gab es aber auch bei uns! Bis ins hohe Mittelalter gab es die Praxis des kontemplativen Gebets. Die Gebetslehre unterschied drei Formen: mündliches Gebet („Oratio"), betrachtendes Gebet, meditieren („Meditatio") und kontempla-

tives Gebet, das heißt, seine seelischen Kräfte zurücknehmen, um zu erfahren und zu schauen („Kontemplatio"). Also auch wir haben diese mystische Tradition, wir haben sie nur vergessen. So ist es eigentlich mein Bemühen, und das Bemühen einer Schule, die ich gegründet habe, der „Würzburger Schule der Kontemplation", die Mystik wieder ins Christentum zurückzuholen, wo sie eigentlich eine Heimat hat, genauso wie Zen im Buddhismus.

Was lehren Sie in Ihrer Schule?
Wir lehren ganz konkret die Wege, auf denen wir in diese andere Ebene gelangen können, wie sie zum Beispiel ein Johannes von Creuz, ein Meister Eckart oder eine Theresa von Avila gegangen sind. Diese Wege gleichen haarscharf den Wegen der östlichen Religionen. Sie unterscheiden sich im Prinzip nicht voneinander, denn immer geht es um eine Zurücknahme des Ich, damit etwas aufscheinen kann, was immer da ist und was wichtiger, bedeutsamer ist als dieser sichtbare Vordergrund. Ich sage immer: „Unser Ich ist der Hausmeister, aber nicht der Hausbesitzer." Es führt sich aber ständig auf wie der Hausbesitzer!

Das ganze Leben ist Religion

Das schafft große Konfusion!
Ja! Wir Menschen haben uns im Laufe unseres Lebens selbst zu erkennen, als „Gott-Mensch" zu erkennen. Ganz Mensch zu sein bedeutet, Gott in uns, in unserer Gestalt zu manifestieren. Der recht verstandene spirituelle Weg führt uns also mitten ins Leben. „Das Ende ist auf dem Marktplatz", sagt man im Zen, und ich wage zu ergänzen: „Jede echte Mystik führt mitten ins Leben – oder sie ist ein Irrweg." Ich zitiere auch sehr gern Josef Beuys, der sagt: „Das Mysterium spielt sich auf dem Haupt-

bahnhof ab." Was wir Gott nennen, möchte in mir Mensch sein, so wie er im Baum Baum sein möchte und im Tier Tier. Aber Mensch sein bedeutet, alle Ebenen zu erschließen und zu leben, auch die transpersonalen. Es ist sehr wichtig, das zu erkennen. Die Zukunft der Religion liegt in einer Metaphysik der Erfahrung. Dadurch wird das ganze Leben zur Religion.

Ich glaube, dass das Christentum und der Westen dem Zen einen weiteren Akzent hinzuzufügen haben, nämlich dass die Erfahrung auch ins Gesellschaftlich-Politische hinein zu führen hat. Das bedeutet, dass ich nicht nur bemüht bin, dieser Gestalt, die ich nun habe, entsprechend zu leben, sondern dass ich auch meinem Nachbarn zu helfen habe. Dass ich also nicht mein Heil allein suchen kann, sondern auch immer den anderen mitzunehmen habe – auch in seiner Körperlichkeit, in seiner Not, seiner Angst und seinem Leid.

Das ist wahrscheinlich entscheidend für die Zukunft der Menschheit. Denn wir spüren angesichts der Weltsituation, die wie eine tickende Zeitbombe zu sein scheint, mehr denn je die Notwendigkeit, uns sozial-politisch zu engagieren.

Ja, genau. Was ich zu vermitteln versuche, ist eine integrale Spiritualität, eine Spiritualität, die auf alle Fragen des heutigen Menschen eine Antwort geben kann. Ich möchte zeigen, dass es etwas ganz Natürliches ist, neue Bewusstseinsebenen zu öffnen, und dass es keine Rettung für unsere Spezies gibt, wenn wir diese Ebenen nicht erreichen.

In einem Ihrer Bücher „Das Leben endet nie" schreiben Sie, dass in jedem Menschen eine heilende Kraft angelegt ist. Welcher Natur ist diese Kraft?

Wir Menschen sind integraler Bestandteil der Evolution. Hinter dem evolutionären Geschehen steht eine Bewusstheit bzw. eine Energie, die wir rational nicht begreifen können. Man kann sie schlechthin „Leben" nennen, das sich in allen Formen – materiellen, psychischen und intellektuellen gleichsam – selbst feiert. Dieses Leben ist zeitlos, strukturiert sich Augenblick für Augenblick in den millionenfachen Formen. Man kann es auch göttliches Leben nennen – die Urkraft, die in jedem von uns ruht und die nur darauf wartet, geweckt zu werden. Es gibt eine Energie, die vor unserem Denken, Fühlen und Handeln liegt, die also hinter der personalen Struktur unseres Ich steht. Wir sind nicht materielle Wesen, die Geist haben. Wir sind zuerst eine geistige Einheit, die sich als dieser Körper und diese Person kreiert. Daher kommen die eigentlichen Kräfte aus der Tiefe unseres menschlichen Seins.

Wenn wir wieder Anschluss an unser tiefstes Wesen bekommen, dann sind wir im direkten Kontakt mit Energien, die eine ordnende, harmonisierende und heilende Kraft besitzen. Es gibt kein größeres Heilmittel als unser tiefstes Wesen. Unser Ich ist zwar ein großer Fortschritt in der Evolution, aber es ist auch wie eine Scheuklappe, die uns nur beschränkt die „wirkliche Wirklichkeit" erkennen lässt. Wenn wir mit dieser Wirklichkeit Kontakt aufnehmen, schließen wir uns der bestehenden Ordnung an. Wir können keine Ordnung machen, sie ist da. Wir können uns nur anschließen.

Heilende Energien im Inneren anregen

Welche Möglichkeiten stehen uns zur Verfügung, um heilende Energien in uns zu wecken?
Entscheidend ist die Zurücknahme der Überaktivität unseres Ich. Das Ich ist nur das Instrument, auf dem etwas viel Umfassenderes und Hintergründigeres spielt. Über einen spirituellen Weg, sei es über Kontemplation, Zen oder Integrales Yoga, öffnet man sich für dieses sein wahres Wesen. Wir gehen doch ins Fitness-Studio zur körperlichen Stärkung. Unser Innerstes

braucht ebenfalls ein Training. Und das geschieht durch die spirituellen Wege. Es gibt aber einfache und unaufwendige Methoden, um in unserem Alltag in die Entspannung und die Ruhe zu kommen, die den Kontakt zu unserem tiefen Wesen ermöglichen. Durch Meditation zum Beispiel unterbrechen wir den Teufelskreis der Hektik und des Tuns und dirigieren den Fokus sanft auf den Geist. Wir können auch Achtsamkeit üben, das heißt, nicht nur merken, was in jedem Augenblick in uns und um uns herum geschieht, sondern das akzeptieren, was wir gerade vorfinden, auch wenn es unangenehme Gefühle wie Sorgen und Angst sind. Es geht also nicht darum, diese bedrückenden Gefühle abzublocken, sondern auf sie einzugehen, ohne sich damit zu identifizieren.

Eine weitere Möglichkeit, heilende Energien zu fördern, ist das Visualisieren von Licht. In allen Religionen der Welt gibt es Rituale, die sich der Imagination bzw. Visualisierung bedienen. Man stellt sich selbst in Licht eingetaucht vor, das vom Herzen oder von oben kommend bis in die Fingerspitzen und die Zehen fließt. Durch seine reinigende Kraft befreit uns Licht von allem Negativen und lässt Wärme und Friede in unser Herz einströmen. Oder man kann auch eine Kerze anzünden bzw. etwas symbolisch verbrennen – gleichgültig welches Ritual wir wählen, es geht darum, sich zu sammeln und zu spüren, dass wir eine pulsierende Einheit sind, dass unser Körper und unser tiefes Wesen nicht von einander getrennt sind. Unser Körper ist nicht lediglich eine Maschine, die es zu reparieren gilt, wenn sie nicht mehr richtig funktioniert. Er ist viel mehr als Prozess zu verstehen, in den wir ganz bewusst eingreifen können und den wir mit neuen Einsichten beeinflussen können.

Die meisten Menschen sind spirituell unterernährt

Das bedeutet, dass die Art und Weise, wie wir denken, fühlen und handeln, entscheidend für unsere Gesundheit ist.
Es ist ausschlaggebend, denn Körper, Geist und Seele bilden eine Einheit. So ist eine Krankheit weit mehr als nur die Symptome, die uns plagen. Sie verweist auf wichtige Zusammenhänge, die wir infolge von Stress oder falscher Lebensführung aus dem Blick verloren haben. So kann eine schwere Krankheit ein Hinweis dafür sein, dass mein Leben in dieser Richtung nicht mehr weitergeht. Ich habe mich umzusehen, wo die neue Richtung für mein Leben auf mich wartet. Krankheit kann mir sagen, dass ich eine Deutung meines Lebens auf einer transzendenten Ebene brauche. Vielleicht habe ich zu sehr in materiellen Dingen nach Erfüllung gesucht.
Viele Menschen leiden in der westlichen Gesellschaft an einem Mangel an Sinn. Sie leiden an einer „noogenen Neurose", um mit Viktor Frankl zu sprechen, das heißt an einer Neurose, die nicht psychischer, sondern existenzieller Natur ist. Die Symptome sind also nur die äußerste Spitze des Eisbergs, hinter der eigentlichen Krankheit liegen die grundlegenden Fragen der menschlichen Existenz: „Wer bin ich?", „Warum lebe ich?". Für jeden von uns ist es klar, dass wir erkranken, wenn unsere körperlichen Grundbedürfnisse, wie atmen, essen, trinken und andere, nicht gedeckt werden. Wir werden aber genauso krank, wenn unsere spirituellen Grundbedürfnisse nicht erfüllt werden. Das spüren aber die wenigsten Menschen. Sie merken nicht, dass sie spirituell unterernährt sind. Sie leiden an einer Hypertrophie der Ratio und des Personalen. Es fehlt ihnen die Erfahrung der Einheit, in der wir mit allem und allen verbunden sind. Es fehlt ihnen die Erfahrung, dass wir eins sind. Die Grundstruktur der Evolution ist Einheit. Nicht der mit dem größten Gebiss und dem giftigsten Stachel hat in der Evolution überlebt,

sondern das Biotop. Die Naturwissenschaft sagt uns sehr deutlich, dass wir „Kinder des Kosmos" sind, nicht im Sinne von Sciencefiction, sondern dass wir eingebunden sind in eine gewaltige, rational nicht verstehbare Evolution. Wir müssen auf die nächste Stufe vordringen, auf die transpersonale Stufe der Erfahrung. Dort wird Einheit nicht befohlen, sondern erfahren. Neben einem vernünftigen Lebensstil bedarf es des Anschlusses an unser wahres Wesen, denn da liegt die eigentliche Lebensenergie. Es geschieht mehr über das Lassen als über das Machen. Darum empfehle ich einen spirituellen Übungsweg.

Nicht um jeden Preis gegen Krankheiten kämpfen

Oft wird Kranksein mit Schuld in Verbindung gebracht und Gesundheit als Zeichen von hoher Spiritualität angesehen. Wird da nicht etwas missverstanden?
Manche Krankheiten sind selbst verursacht – durch einen ungesunden Lebensstil, durch falsche Ernährung und Ähnliches. Es kann tatsächlich auch auf der psychischen Ebene ein krankmachendes Hindernis vorliegen. Doch die meisten großen Heiligen und Weisen hatten mit Krankheiten zu tun. Theresa vom Kinde Jesu wurde nur 25 Jahre alt, Theresa von Avila und Hildegard von Bingen waren zeitlebens krank. Es gibt tatsächlich heute eine Tendenz, die sehr vorwurfsvoll und von oben herab sagt: „Was! Du bist krank! Irgendetwas in deiner Psyche ist nicht in Ordnung!". Es geht nicht darum, den Kampf gegen Krankheiten um jeden Preis kämpfen zu wollen. Es ist auch nicht der Sinn des Lebens zu versuchen, möglichst lang zu leben, sondern gerade in dem Augenblick, wo dem Menschen die Initiative des Handelns aus der Hand genommen wird, ereignet sich das Wesentliche. Also wenn er sich dem Prozess hingibt, indem er erkennt: „Dein Wille geschehe!" Die eigentliche Reife eines

Menschen beginnt tatsächlich, wenn er in die Demut geht und sich in das fügt, was ihm beschieden ist.

Gesundheit mit höherer Spiritualität in Einklang zu bringen, finde ich also äußerst simpel. Wir sind zuinnerst alle heil. Je mehr ich mich für dieses mein Innerstes öffnen kann, umso mehr heilende Kräfte können wirksam werden. Aber die meisten Menschen suchen mehr nach Glück als nach Heil. Heil meint viel mehr, als ein glückliches Leben voller Gesundheit, Erfolg, Ansehen zu führen. Heil bedeutet, den Sinn des Lebens gefunden zu haben, das heißt eine Antwort auf die Urfragen des Menschen: „Woher komme ich? Wer bin ich? Warum bin ich da? Wohin gehe ich?" gefunden zu haben. So können sich Heil und Glück widersprechen. Ein Kranker kann innerlich heil sein und ein Mensch, der alles hat, kann unglücklich sein. Der Weg zum Heil führt oft durch eine enge Pforte, durch Krisen in die Tiefe unserer verborgenen Anteile.

„Schöpfe das Leben aus!"

Was bewirkt genau diese Lebenskrisen in der Tiefe?
Das Wort „Krise" kommt aus dem Griechischen und bedeutet Scheidung, Entscheidung und Wahl. Krisen fordern also eine Entscheidung für einen neuen Lebensabschnitt. Sie sind Wandlungsprozesse, wenn wir für einen Wandel bereit sind. Das bedeutet oft eine Umkehr um 180 Grad. Das ist nicht leicht zu akzeptieren und oft gehört viel Mut dazu. Aber wenn wir eine Entscheidung gefällt haben, tun sich neue Türen auf. Vor allem aber verweisen uns Krisen auf die zeitlose Ebene unseres Daseins. Wir müssen erkennen, dass unser Ich, obwohl es ein gewaltiger Schritt in der Evolution darstellt, eine Eingrenzung ist. Wir sind etwas viel Umfassenderes als unser Ich uns ständig vorspielt.

Es gibt eine Entfaltung des Menschseins, auf die viele Menschen leider verzichten. Die Entfaltung reicht in transpersonale Bewusstseinsräume, jenseits unserer begrenzten Ich-Struktur. Spirituelle Wege können uns dafür öffnen. Die Parabel vom Verlorenen Sohn kann uns das verdeutlichen. Der jüngere Sohn verlangt sein Erbe. Das Leben, so meint er, muss doch irgendwo draußen liegen. Er sucht und sucht, bis er sein Erbe durchgebracht hat und erkennen muss: Da draußen ist das eigentliche Leben nicht zu finden. Er ahnt, dass es auf einer anderen Ebene liegen muss und kehrt zurück zu seinem Vater (Sinnbild des wahren Wesens). Dieser empfängt ihn nicht mit einem tadelnden Zeigefinger, sondern mit Freude. Jetzt hat der Sohn erkannt, wo das Leben liegt. „Gebt ihm Schuhe, ein anständiges Kleid, einen Ring, jetzt feiern wir ein Fest!" Wir haben zu begreifen, dass Geborenwerden nicht alles ist. Dass uns Eltern geboren haben, war nur der Anfang. Alle spirituellen Lehren weisen auf eine zweite Geburt hin, die Geburt zum bewussten, reifen Menschen, der alle Potentiale, die ihm geschenkt wurden, voll entfaltet. „Vollende deine Geburt!", „Schöpfe das Leben aus!"

Wir haben von Anfang an die Urnatur

Sie schreiben, dass die Chance dieser zweiten Geburt, also des Durchbruchs ins Transzendente, im dritten Lebensabschnitt gegeben wird. Dies beweist eine sehr positive und tiefgründige Auffassung des Altwerdens. Wie ist es zu vereinbaren mit einer Gesellschaft, die das Jungsein verherrlicht und Menschen nicht in Würde altern lässt?
Wir leben in der Tat in einer Gesellschaft, die dem ungeheuren Zwang, ewig jung zu sein und zu bleiben, unterworfen ist. Wer aber ewig jung bleiben will, verweigert die Reife, die mit dem Älterwerden einhergeht. Er bekommt die Ernte der reifen

Frucht nicht, die das Leben darstellt, wenn es in der Fülle gelebt wird. Dazu kommt eine ungeheure Angst vor dem Tod. Alles wird vermieden, um sich mit der Begrenztheit des Lebens auseinanderzusetzen. Unsere Lebensphasen haben sich sehr verlängert, das ist gut so. Aber als Menschen müssen wir auch bereit sein, zu gehen. Die Angst vor dem Tod wurde uns nicht zuletzt von den Religionen eingeimpft. Eine richtende Instanz, eine schlechte Wiedergeburt, Fegfeuer, Hölle sind kindliche Deutungen für eine Zeit nach dem Tod. Auch Ärzte sind von dieser Denkweise nicht verschont. Wenn sie den Sinn für ein Leben, das offensichtlich ganz natürlich zu Ende gehen will, verloren haben und um jeden Preis den Kampf gegen den Tod zu gewinnen versuchen, dann fehlt ihnen das rechte Menschenbild. Wir treten beim Sterben in eine neue Seinsweise ein. Wir wissen nicht, wie diese Seinsweise aussieht, aber eines wissen wir: Leben kann nicht sterben. Ob es in einer neuen Form wieder kommt, können wir dann offen lassen.

Noch einmal: Es ist nicht der Sinn des Lebens, möglichst lange zu leben. Der Sinn unseres Lebens ist, unsere Geburt zu vollenden. Von Anfang an sind wir göttliches Leben, oder wie Buddha sagt: „Alle Wesen haben von Anfang an die Urnatur." Die Erfahrung unseres tiefsten Wesens, das ist die Hausaufgabe unseres Lebens.

Der Alltag ist das Ziel

Damit drücken Sie aus, dass der Ort, an dem wir unseren wahren Kern erfahren, das alltägliche Leben ist. Warum ist der Alltag so wichtig?
Der Alltag ist das Ziel. Das Leben liegt im Augenblick und sonst nirgendwo. Die Achtsamkeit im Hier und Jetzt ist die Hausaufgabe unseres Lebens. Sie bedeutet nicht Einschränkung, son-

dern Offenheit für das Eigentliche, das nicht in der Zukunft und nicht in der Vergangenheit liegt. Wenn wir den wahren Standort in unserem Leben eingenommen haben, dann beginnt unser eigentliches Leben, dann erfahren wir alles als Ausdruck unseres wahren Selbst. Es gibt nichts mehr zu leisten, sondern nur noch zu sein. Es gibt eine schöne Geschichte, die dies versinnbildlicht: Rabbi Belschem lag im Sterben. Sein Sohn sagte zu ihm: „Vater, es wäre wunderbar, wenn du vor Gott treten könntest und sagen könntest: Ich bin Abraham." Der Rabbi antwortete ihm: „Gott wird mich nicht fragen, warum warst du nicht Abraham. Er wird mich fragen, warum warst du nicht der Belschem?" So wie ich bin, bin ich eine Ausdrucksform des Göttlichen. Gott möchte in mir Mensch sein, zu dieser Zeit, an diesem Ort und in dieser Gestalt. Das ist der einzige Grund, warum wir Mensch geworden sind.

Pater Willigis, herzlichen Dank für dieses Gespräch!

Heilung durch Liebe

Liebe ist die stärkste Kraft, die es gibt

Heilung ist ein grundsätzliches Prinzip. Denn ganz sein ist ein Synonym für heil sein. Heilung tritt ein, wenn wir leer werden von allen trennenden Vorstellungen, Gedankenkonstrukten und falschen Identitäten, um der zu werden, der wir sind. Indem wir das vollkommen unvollkommene Leben umarmen und unser mit allem pulsierendes Herz entdecken, öffnen wir die Tür, die uns zu unserem wahren Kern und damit zur Heilung führt.

Dr. Christina Kessler ist Kulturanthropologin und Philosophin. Spezialisiert auf die traditionellen Weisheitslehren und Medizinsysteme dieser Welt, forschte und arbeitete sie in Mexiko, Ladakh und Südindien. Sie ist die Begründerin von Amo ergo sum (Ich liebe, also bin ich), einer integralen Philosophie und Praxis der Liebe, die sie in Büchern sowie Vorträgen, Seminaren und einer Ausbildung zum Consultant for Integral Development (Berater/in für integrale Entwicklung) weiter vermittelt.

Christina Kessler, Sie sind Kulturanthropologin und Begründerin der Amo ergo sum-Philosophie, die auf dem Prinzip der Liebe als Bewusstseinszustand und Lebenshaltung beruht. Wie kann in diesem „Ich liebe, also bin ich"-Kontext Heilung definiert werden?
Die ursprüngliche Bedeutung des Wortes „heil" ist „ganz". Demzufolge ist Krankheit ein Zustand, in dem die natürliche

Ganzheit – gemeint ist die lebendige Kommunikation und Kooperation des Körper-Seele-Geist-Systems – gestört und der freie Fluss der Lebenskraft blockiert ist.

Dabei können die unterschiedlichsten Faktoren eine solche Störung auslösen. Auch kann sich die Störung auf den verschiedensten Ebenen abspielen: auf der seelischen, geistigen, zwischenmenschlichen oder kulturellen ebenso wie auf der körperlich-materiellen Ebene. Störungen können Folgen bestimmter Lebensbedingungen oder Gewohnheiten sein. Ihre Ursache kann in belastenden Erlebnissen oder in Unachtsamkeit unseren wirklichen Bedürfnissen gegenüber bestehen. Sie kann darin liegen, dass wir an einem für uns ungünstigen Ort wohnen, unsere Bestimmung nicht leben oder eine negative Einstellung pflegen. Die Krankheitsursachen, die wir aus der Medizin kennen, kommen natürlich noch dazu, doch ist die Sicht der Schulmedizin zu einseitig auf den Körper ausgerichtet.

Um die tatsächlichen Quellen von Disharmonien auffinden zu können, brauchen wir eine viel umfassendere Perspektive, eine Perspektive, die nicht nur die materiell-mechanistische Seite betrachtet, sondern dem dynamischen Zusammenwirken, der energetischen Ebene also, Rechnung trägt. Ein solches energetisches Verständnis von Heilung gab es bereits in den traditionellen Medizinsystemen, wurde im Zuge der Verwissenschaftlichung jedoch wieder vergessen. Heute erleben wir eine (r)evolutionäre Erweiterung dieser alten medizinischen Paradigmen, die erstaunlicherweise durch die neuen Wissenschaften selbst ausgelöst wird. Im Gegensatz zu dem zersplitterten, in einzelne Teile aufgespalteten Weltbild der Moderne lautet die Essenz der Weisheitstraditionen: „Alles ist mit allem verbunden." Und die neuen Wissenschaften bestätigen: „Alles steht miteinander in Beziehung und bedingt sich gegenseitig."

Das Prinzip und die lebendige Kraft der Verbindung aber ist die Liebe. Dieses Prinzip bedingt Ganzheit; es bedingt Heilung. Somit ist Liebe das oberste Prinzip – das „immerwährende

Gesetz" – einer allem zugrunde liegenden Ordnung: der kosmischen Harmonie. „Harmonie" kommt aus dem griechischen „harmos," das bezeichnenderweise auf die Fähigkeit Bezug nimmt, vormals Unzusammenhängendes, Getrenntes zu etwas Neuem zu verbinden.

Liebe überwindet alle Formen von Trennung und Blockierung, die, weil sie wider die subtile Ordnung des Ganzen sind, immer eine negative oder zerstörerische – krankmachende – Wirkung haben.

Somit ist Liebe die Matrix aller Therapien.

Krankheit als Ruf nach der verlorenen Ganzheit

Kann in Ihrer Sicht der Dinge Krankheit als ein Prozess betrachtet werden, der uns zu uns selbst zurück bringt?

Auf alle Fälle, denn Krankheit will ja geheilt werden, die Blockade will überwunden werden, die Trennung will aufgehoben werden, um wieder in den Zustand der Ganzheit oder Homöostase, des Gleichgewichts, zu kommen. Eine Krankheit ist immer ein Ruf, die verlorene Ganzheit wieder herzustellen bzw. neue Ganzheit zu schaffen und uns dabei selbst zu entdecken: wer wir sind; was wir wirklich wollen; was wir zu geben haben; wie wir mit uns selbst, den Menschen und der Welt in Beziehung treten. Aus dieser Sicht ist Krankheit eine Chance der Rückverbindung mit mir selbst.

Es gibt aber so viele unterschiedliche Wege, diese Ganzheit wieder herzustellen!

Bedingt durch die globale Vernetzung haben wir heute einen unglaublichen Reichtum an Behandlungsmethoden zur Verfügung. Zur verwirrenden Vielfalt werden diese Methoden dann, wenn man sie als Wege betrachtet. In Amo ergo sum gibt es nur einen einzigen Weg: den Weg der Liebe, der von der Trennung zur Ganzheit führt, einfach deshalb, weil Liebe das Prinzip der Verbindung ist. Die Sichtweise ist hier also gleichbedeutend mit dem Weg, während die Methoden die Werkzeuge darstellen, mit denen wir den verschiedenen Problemen auf diesem Weg begegnen. Die mechanistisch-materialistische Sichtweise ist auch ein möglicher Weg. Dieser Weg führt jedoch nur selten zur Ganzheit, geschweige denn zum Persönlichkeitswachstum. Er arbeitet hauptsächlich auf der Körper- und Symptomebene und lässt das Seelisch-Geistige sowie den Zusammenhang des Menschen mit Kultur und Umwelt völlig unberücksichtigt.

Es geht vordergründig darum, dass die Behandlungsmethode in Resonanz mit der jeweiligen Person steht. Für manche Personen kann auch die Chemotherapie die richtige Behandlung sein, für andere wiederum kontraindiziert.
Resonanz ist ein äußerst wichtiges Kriterium bei der Wahl der Methoden. Durch Resonanz wird ein Zustand geschaffen, in dem der Mensch sich geborgen und getragen fühlt und deshalb loslassen kann. So sind die Methoden der Schulmedizin von unschätzbarem Wert, obwohl ihre Sichtweise unbedingt einer Richtungsänderung bedarf. Anhand dieses Beispiels wird auch ersichtlich, was ich meine, wenn ich Wege und Methoden unterscheide. Übrigens entsteht Resonanz durch eine energetische Verbindung. Resonanz ist also ein Aspekt der Liebe.

Liebe als Quelle der Heilung

Dann ist es im Endeffekt die Liebe, die die krankmachenden Blockaden überwindet?
Früher hätte ich mich mit einer solchen Antwort zurückgehalten. Heute habe ich durch meine eigene Arbeit genügend Erfah-

rung, um mit Bestimmtheit sagen zu können: Wo die Liebe fehlt, ist wirkliche Heilung nicht möglich. Wo aber Liebe vorhanden ist, da wird Unmögliches möglich. Letztendlich ist es die Liebe, die heilt, denn Liebe ist der Lebenswille, der innere Drang nach Entfaltung, Harmonie und Ganzheit, der auf allen Ebenen gleichzeitig ansetzt und daher viele Analysen und Methoden überflüssig werden lässt. Liebe überbrückt alle Unterschiede, verwandelt Gegeneinander in Miteinander, Missverständnis in Einverständnis und bringt Dissonanzen in Einklang. Liebe ist also weit mehr als ein Gefühl. Liebe ist Lebensenergie, sie ist Leben. Liebe ist ein Bewusstseinszustand, der uns mit unserem Hohen Selbst, unserem eigentlichen Wesenskern verbindet. Liebe ist ein bedingungsloses „Ja" zum Leben, zur Welt und zu unserem Mensch-Sein – mit all unseren Schwächen und Unvollkommenheiten. Sie führt zur Akzeptanz dessen, was ist. In letzter Konsequenz ist Liebe eine Lebenshaltung: Eine Haltung der Hingabe an das Leben, der Bereitschaft, aus Problemen zu lernen, Ängsten konstruktiv zu begegnen, an Herausforderungen zu wachsen und in jeder Krise auch eine Chance zu sehen. Es ist eine Haltung des Vertrauens und ebenso der Verantwortung – sich selbst und dem Ganzen gegenüber, eine Haltung echten Commitments. Letztlich ist es eine Lebenskunst, die Türen öffnet und uns selbst zur Quelle der Heilung werden lässt.

So gesehen ist mangelnde Liebe die Ursache aller Krankheiten. Denn Liebe beeinflusst ordnend die Materie und damit unsere Körperzellen – und ebnet somit den Weg für Gesundheit und Heilung.

Die Liebe ist es, die die krankhaft veränderte Materie bei einem Kranken wieder ins Gleichgewicht bringen und somit Heilung einleiten kann. Fehlt die Liebe, dann werden sich nur die Symptome verlagern.

In einer verbindenden Lebenshaltung bleiben

Wie lässt sich Ihre Definition von Gesundheit und Krankheit in das Modell der „Einen Bewegung" integrieren, die der Amo ego sum-Philosophie zugrunde liegt?

Diese Eine Bewegung ist ein Ausdruck, den ich von David Bohm, dem Quantenphysiker übernommen habe. Im Englischen wird sie als Holomovement bezeichnet. Gemeint ist die Schöpfungsbewegung, der kosmische Rhythmus, der die allem zugrunde liegende (implizite) Ordnung des Ganzen in der äußeren Welt der Erscheinungen explizit werden lässt. Die Eine Bewegung ist also genau das, was in Amo ergo sum als Liebe bezeichnet wird. Man kann hier auch, wie angesprochen, von Lebensenergie sprechen. Das Konzept der Lebensenergie finden wir in allen traditionellen Medizinsystemen. Dieses Chi, Ki, Prana, Od, wie es in den Lehren genannt wird, trägt stets zwei Impulse: den Impuls der Selbstregulation, des Sich-wieder-in-die-Ordnung-Einfindens, und den Impuls der Selbsttranszendenz, also des Über-sich-hinaus-Wachsens. Diese beiden Impulse machen sozusagen die Programmierung der Lebensenergie aus. Wenn wir nun eine Lebenshaltung pflegen, die den freien Fluss der Lebensenergie fördert, statt ihn zu behindern, wenn wir also ein verbindendes anstatt eines trennenden Bewusstseins fördern, können sich die ordnenden Impulse ständig neu in uns entfalten. Auf diese Weise erklärt Amo ergo sum das Prinzip der Selbstheilung.

Demzufolge kann jeder Einzelne wesentlich zur Pflege einer optimalen Gesundheit beitragen. Indem er die Liebe lebt und leer wird von trennenden, negativen, zerstörerischen Denk-, Verhaltens- und Handlungsmustern schwingt er sich in die Eine Bewegung ein, wird von ihr getragen und dabei von der kosmischen Ordnung gespeist. Er wird auf natürliche Weise rückverbunden mit einem inneren Wissen, das allen Menschen zu eigen ist, von dem wir durch falsche Vorstellungen nur abgeschnitten sind. Dabei entwickelt er auch ein Gespür dafür, was seiner Ganzheit, seinem Heil-Sein, seiner Gesundheit förderlich ist oder ihr schadet.

Sich leer machen

Nehmen wir einen Menschen an, der an Krebs erkrankt ist, wie kann in diesem Zusammenhang der Weg der Heilung für ihn aussehen?

Zunächst einmal müsste er völlig leer werden. Das heißt: Er müsste sich von den herkömmlichen Vorstellungen über die Krankheit, von dem, was die Ärzte sagen und die besorgten Mitmenschen anraten („Das musst du tun! Du darfst auf keinen Fall ...") frei machen und sich vor allem nicht von der eigenen Panik fortreißen lassen. Das ist in einer solchen Situation natürlich gerade das Schwierige, denn Angst und Panik überfallen uns automatisch, wenn wir von einer schweren Krankheit erfahren. Leider haben wir nicht gelernt, konstruktiv mit der Angst umzugehen und auch die meisten Ärzte sind nicht geschult, uns darin zu unterstützen. Angst wirkt jedoch immer trennend. Sie entreißt uns dem Flow der Einen Bewegung und schneidet uns nicht nur von den Selbstheilungspulsen ab, sondern trennt uns auch von der inneren Stimme, die uns ermöglichen würde, die richtige Entscheidung bezüglich einer Behandlung zu treffen.

Es ist aber dieses Vakuum, in dem sich viele blockierende Knoten von alleine auflösen. Warum? Weil sich in eben dieses Vakuum die heilenden Impulse ergießen. Wir alle haben schon von Spontan- oder Wunderheilungen gehört. Sie ereignen sich in genau diesem Feld, das leer ist von allen Vor-Stellungen; in welchem die Impulse der Selbstregulation ungehindert wirksam werden können, um Hömöostase oder besser noch: Homöodynamik zu ermöglichen. Der Ausdruck Homöodynamik wurde von Umberto Maturana und Francisco Varela eingeführt, da Stasis als Stillstand eines selbstregulierenden Systems missverstanden werden könnte.

Das Einzige, was heilen kann, ist hier auch wieder die Liebe – die Liebe zu sich selbst.
Und die Liebe zu sich selbst bedeutet, auf seine eigene innere Stimme zu hören; nicht auf die vielen anderen Stimmen, die wie ein Gewitterregen auf einen einprasseln. Nur wenn die innere Stimme mit dem, was im Außen gesagt wird, in Einklang steht, sollte man den Ratschlägen folgen.

Das Problem aber ist, dass viele Menschen diese innere Stimme nicht hören. Wie bekommt man ein Gefühl dafür?
Es ist wirklich jammerschade, dass die meisten Menschen nie dazu erzogen worden sind, der inneren Stimme zu vertrauen und ihr zu folgen. Fast niemand ist sich bewusst, dass es im Inneren eine Instanz gibt, die besser weiß als alle Konzepte, die jemals erstellt wurden, was Heilung überhaupt bedeutet.
Dabei ist es ganz einfach, die innere Stimme wahrzunehmen. Zuerst geht es darum, wie wir schon sagten, alle Vorstellungen oder Zweifel beiseite zu schieben. Achtsam zu werden. Die innere Stimme wird sich mit Sicherheit melden. Du erkennst sie daran, dass sie positiv ist, dass sie sich gut und heilsam anfühlt, dass sie Dich mit Optimismus, Zuversicht und Hoffnung erfüllt und Dir ein untrügliches Gefühl verleiht, richtig zu liegen. Sie gibt Dir die Kraft, für Dich selbst und Deine Entscheidungen einzustehen, selbst wenn die ganze Welt dagegen spräche.

Aber diesen Raum der Leerheit in sich zu schaffen ist gerade das Schwierige!
Für die meisten Menschen ist dies so ungewohnt und neu, dass es ihnen tatsächlich unmöglich erscheint. Es ist jedoch für jeden

erlernbar. An dieser Stelle kann man sich Hilfe holen. Entweder durch andere Menschen, die es verstehen, sensibel dorthin zu führen. Meditation kann eine Hilfe sein bzw. die Beschäftigung mit echter Spiritualität – oder auch die Homöopathie. Das geniale Prinzip „Ähnliches mit Ähnlichem" scheint durch den Doppelungseffekt eine Aufhebung der Trennungs-Information zu erzielen, dem alten magischen Gesetz entsprechend. Auch auf diese Weise kann das notwendige Vakuum entstehen, das benötigt wird, damit die Ordnungsinformation wieder ungehindert wirken und Selbstheilung einsetzen kann.

Wir sind diejenigen, die den Ereignissen die Bedeutung geben

Stellt nicht jede Krankheit bzw. jeder Vorfall wie ein Unfall eine Botschaft für uns dar, uns weiter zu entwickeln?
In der alternativen Medizin ist es eine sehr verbreitete Einstellung, sich im Falle einer Krankheit oder eines Unfalls Fragen zu stellen wie: „Was hat mir das zu sagen? Warum ist dies in meinem Leben geschehen? Was muss ich daraus lernen?" Wenn diese Fragen in Richtung Ganzheit führen, dann ist es richtig, sie zu stellen. Oft schaffen solche Fragen jedoch zusätzliche Vorstellungen oder sie lassen uns zu dem Schluss gelangen: „Ich muss mich verändern". Hier liegt die Krux, denn beides erzeugt neue Blockaden. Wir geraten in einen Loslass- oder Kreierungs-Zwang, der letztendlich nur in Unzufriedenheit mündet – in dem Gefühl ein Versager zu sein. „Lass ES sein" – würde die innere Stimme sagen. Ja. Doch hat dieses „Lass ES sein" nichts mit einem Veränderungs-Aktionismus zu tun. Viel eher ist es eine Aufforderung zur Akzeptanz. Unter Umständen kann das bedeuten, die eigenen Schattenseiten anzunehmen oder sich selbst nicht mehr allzu ernst zu nehmen. Auf jeden Fall bedeutet es: ES – das, was ich in meinem Kern bin – leben zu lassen.

Es geht nicht darum, ein anderer zu werden, sondern der zu sein, der ich bin – und dabei immer mehr lieben zu lernen.

Es geht darum, das vollkommen unvollkommene Leben als Einladung zu betrachten und gerade an seiner Unvollkommenheit zu wachsen. Es geht darum, das Leben zu umarmen mit allem, was dazu gehört; auch jene Dinge, die nicht so laufen, wie ich es gerne hätte. Plötzlich merkt man, wie das Herz lebendig wird! Wie es pulsiert, mit allem pulsiert, mit allem, ohne Ausnahme! Wir entdecken unser wildes Herz!

In der bedingungslosen Umarmung des „Es ist, wie es ist" wird die Lebenskraft befreit und beginnt meinem authentischen Frei-Sein zu folgen. Die Kraft des „Es-Ist" folgt meinem wunsch- und zwanglosen Ich, als würde sie meine Nähe genießen. Ich gebe die Bedeutung. Ich gebe die Richtung vor. Die Kraft folgt mir. Auf diese Weise werde ich selbst zum Schöpfer meines Lebens. Auf diese Weise werde ich eins mit dieser Kraft. Denn die Kraft ist nicht etwas, das unabhängig von mir existiert. Sie kann nur deshalb präsent sein, weil ICH BIN.

Es geht also nicht darum, immer mehr zu lernen und ständig bemüht zu sein, sich zu verändern, sondern zu akzeptieren, dass es so ist, wie es ist, und zu erkennen: „Ok, ich bin so, es ist das, was mich ausmacht."

Ich möchte es so sagen: Es geht darum zu lernen, dass ich nicht der bin, der ich glaube zu sein, wenn der, der ich glaube zu sein, ungenügend, voller Fehler und Mängel, wertlos und nicht liebenswert ist. Oder umgekehrt: wenn der, der ich glaube zu sein, sich einbildet, er sei der größte, tollste, beste, genialste. In diesem Fall identifiziere ich mich mit einer Vorstellung oder mit meinem Ego, dessen hervorstechende Merkmale Minderwertigkeit und Größenwahn sind; meist in einer Kombination vereint. Beides trennt mich von meinem wahren Selbst, ist also beileibe nicht das, was mich ausmacht.

Vielmehr trifft dieser Satz auf das innerste Selbst zu. Unser Wesenskern ist Wahrheit, Liebe und Freude, nur das und nichts als das. Er ist sich selbst genug und er ist liebevoll und voller Respekt im Umgang mit anderen. Er versteht die Schutz- und Reaktionsmuster des verletzten Menschenkindes und nimmt es tröstend in die Arme. Er lächelt über all die Unvollkommenheiten, die da immer wieder einmal auftauchen, eben weil wir Menschen sind und keine Götter. Er gönnt sich die natürlichen Gefühle, die einfach zum Mensch-Sein gehören und ist großzügig mit sich selbst, wenn er mal „daneben" liegt. Aber er identifiziert sich nicht damit; er kultiviert kein falsches Selbstbild. Und er ist stets bemüht, Trennendes und Getrenntes – wo immer er dessen gewahr wird – in Liebe zu verwandeln und auf diese Weise zu heilen. Dies tut er nicht aus einer Haltung des Sich-Verändern-Müssens. Er tut es, weil er ES – sich – wert ist. Er tut es, um sich selbst treu zu bleiben. Er tut es aus einem natürlichen Gefühl der Würde heraus.

Wir könnten uns eine Menge Energie und Zeit ersparen, würden wir begreifen, dass wir uns gar nicht mit dem Ballast identifizieren müssen, den wir da mit uns herumschleppen.

Lass ES sein! Wenn ich leer werde von all den Vorstellungen über mich selbst, von all den Erwartungen, die ich an mich stelle, dann taucht mein wirkliches ICH auf. Dann kann ich ganz ICH sein. Dann kann ich meinem Leben selber eine Bedeutung geben; weil mir in diesem Moment klar ist, dass jede Bedeutungsgebung ein Produkt meiner selbst ist, und nicht umgekehrt, ich das Produkt von irgendwelchen Bedeutungen bin.

Sobald ich diese Kehrtwende im Denken vollzogen habe, bin ich nicht mehr das Opfer äußerer Umstände. Ich bin frei. Schöpferisch. Ich erschaffe jetzt. Da ist nichts, was von außen oder „von oben" auf mich wartet, nicht einmal ein bestimmter Lebensauftrag. Der Auftrag, den ich habe, liegt einfach darin, authentisch zu sein, zu leben, was mir gegeben ist, mein Potential zu entfalten, mein Licht leuchten zu lassen, mich zum Wohle des Ganzen einzubringen. In diesem Bewusstsein erschaffe ich den Augenblick, lebe ich meine Vision. Manche suchen und suchen ihr Leben lang und fragen sich dabei ständig: „Wann werde ich endlich meine Lebensaufgabe, meine Bedeutung finden?" Gib sie deinem Leben! Aber sei achtsam, dass Du es aus Liebe tust. Jede Bedeutung, die aus Liebe gegeben wird, wird konstruktiv und damit heilsam sein.

Genau der zu sein, der man ist

Die richtige Bedeutung!
Richtig ist eine Bedeutung dann, wenn sie stimmig ist, das heißt wenn sie eine Sache auf den Punkt trifft; auf jenen Punkt nämlich, der es hier und jetzt ermöglicht, dass Lebensenergie fließt und Heilung stattfindet.

Und in dem Augenblick merkt man sofort in seinem Körper, dass Öffnung stattfindet.
Das ist das Tolle daran! Treffen wir den Punkt, bekommen wir sofort eine Bestätigung aus unserem Inneren – in Form eines befreienden Gefühls, eines glückseligen Schauers, einer Inspiration, eines Energieschubs, eines Gefühls der Hoffnung, der Zuversicht, der Sinnhaftigkeit. Je öfter wir das erleben, desto stärker wird unser Vertrauen in diesen subtilen Prozess. Allmählich erwächst daraus ein unerschütterlicher Glaube an uns selbst, an das Wesen des Seins oder, wenn man so will: an das Wirken des Göttlichen.

Das ist der Wesenskern der Heilung! In jeder Erkrankung, in jedem Unfall steckt ja das ganze Potential, wirklich der zu werden, der man sich nicht gönnt bzw. nicht traut zu sein.

Eigentlich steckt dieses Potential in jedem Augenblick und in jeder Situation. Eine Krankheit ist jedoch wie ein lauter Ruf, sich mit dem Wesenskern zu verbinden, jenem Teil von uns, in dem das Göttliche sich an das Menschliche schmiegt. Hier – in unserem wilden ungezähmten, reinen Herzen – findet die Hochzeit des Menschlichen mit dem Göttlichen statt. Hier finden wir die völlige Akzeptanz des Lebens einschließlich der vielen kleinen und großen Tode, die es begleiten. Bedingungslose Liebe.

Man gibt sich dem hin, was das Leben präsentiert

Aber eigentlich führt uns die wahre Spiritualität zu dem, der wir sind, und nicht zu jemandem anderen. Es geht ja immer darum, der zu werden, der man in seinem Kern schon immer war.
Eben darin liegt der Sinn wahrer Spiritualität.

Es ist eine totale Hingabe an das, was einem präsentiert wird.
Es geht um Hingabe, richtig. Um Demut. Man überlässt sein kleines Ich dieser übergeordneten Kraft und Intelligenz, die man hinter den Ereignissen wahrnimmt, deren Führung man erfährt, deren Intelligenz es besser weiß, als man es sich selber jemals hätte ausdenken können. Man gibt sich hin, beugt sich. „Dein Wille geschehe!" Genau in dem Augenblick, wo wir uns beugen – jeder, der das schon erlebt hat, weiß, wovon wir sprechen – öffnet sich uns das Göttliche. Und – man höre und staune: Das Göttliche gibt sich nun an uns hin! So, als würde es uns den Auftrag erteilen: „Nimm mich. Arbeite mit mir. Lass meine Wahrheit in Deine Wirklichkeit leuchten!"
Es will uns nicht für sich behalten. Es fordert weder unser Mensch-Sein, noch unsere Sinne noch unseren Körper als Tribut. Im Gegenteil: Es schiebt uns direkt ins Leben und in unse-

re Persönlichkeit hinein. Erst jetzt erfahren wir, wer wir wirklich sind.

Und da merkt man die Stimmigkeit, die Richtigkeit der Ereignisse. Je intensiver wir uns dem Leben hingeben, desto mehr fließt das Göttliche in uns hinein.

... bis es mit uns eins wird und wir die Ganzheit finden, nach der wir uns immer sehnten. In diesem Zustand sind wir heil und ganz. Nun bin ich ein ganzer Mensch, verbunden mit allem, eingebettet in ein unteilbares Ganzes, von dem ich Teil bin und in dem ich meinen Platz einnehme, jenen Platz, an dem ich „richtig" bin. Es ist mein Platz im Ganzen, den nur ich besetzen kann, an dem mir meine Einzigartigkeit zur Heimat wird. Im Grunde ist dies ein paradoxer Zustand: Ich gebe alles auf, was ich glaubte zu sein, um zu finden, wer ich wirklich bin. Mit Identitätsverlust hat das jedoch absolut nichts zu tun. Vielmehr erfolgt in der Demut und der Hingabe erst die Übernahme der wirklichen Identität.

Man „rutscht" sozusagen in seine Einzigartigkeit „hinein"!

Genau hier beginnt die Einzigartigkeit des Individuums in der immerwährenden Wahrheit zu pulsieren, wirklich lebendig zu werden. Dieses Pulsieren des Göttlichen im Menschlichen und des Menschlichen im Göttlichen ist universelle Liebe, Leben, Schöpferkraft, Vollkommenheit, Heilung, die durch mich, der ich nun reiner Kanal bin, ihren freien Ausdruck findet. Jenseits aller Vorstellungen, jeden Augenblick neu und anders – und doch ganz Ich.

Eine unbändige Lebendigkeit... Aber es verlangt eine extreme Achtsamkeit, denn es verändert sich und reguliert sich selbst ununterbrochen. Jede Sekunde ist alles anders.

Mit jedem Atemzug, von Herzschlag zu Herzschlag taucht eine neue Wirklichkeit auf. Hier können wir von creatio continua sprechen. Ganzheit ist eine sich ständig erneuernde Ganzheit, immer in Bewegung. Und wir sind dabei vor die Aufgabe gestellt, in der Einen Bewegung, sprich: in der Liebe zu bleiben, uns in ihr ständig neu auszubalancieren. Immer wieder dürfen wir das Haupt beugen, das heißt, unsere Vorliebe für Kontrolle und falsche Sicherheiten aufgeben, um das Herz sprechen zu lassen.

Es ist ein radikaler Weg

Der Körper ist ja so genial, dass er sich prinzipiell die Stelle aussucht, die uns mit dem anstehenden Thema konfrontiert, die uns dazu zwingt, uns zu beugen.

Auf diese Weise werden wir weich geklopft, bis sich alle verhärteten Strukturen, Knoten und Blockaden auflösen und wir selbst zur Bewegung werden. Typischerweise wird man dort geknackt, wo die Bewegung ins Stocken geraten ist, genau dort also, wo man am Empfindlichsten ist. Davor hat jeder erst einmal Angst. Natürlich sprechen wir hier in Bildern und Gleichnissen. Man könnte auch ein anderes Bild nehmen: Das eines Diamanten zum Beispiel, der geschliffen wird, solange, bis sich das Licht in seinen Facetten bricht und den vormals matten Stein zum Funkeln bringt. Wer schon einmal eine Diamantschleiferei besucht hat, weiß, dass der Diamant während des Schleifprozesses schreit. Sein Schrei ist schrill, laut und eindringlich wie ein Todesschrei.

Ein Glück, dass man es vorher nicht weiß! Denn, wenn es passiert, ist es äußerst hart. Auch die Zeit vorher, wenn der Prozess sich vorbereitet, ist es sehr belastend.

Deshalb spricht die Mystik von der Dunklen Nacht der Seele. Diese Phase ist vergleichbar mit den Schmerzen bei einer Geburt. Doch müssen wir uns immer wieder vergegenwärtigen, dass wir selbst die Schmerzen verursachen, weil wir uns unnötig sträuben und uns dabei verkrampfen, versteifen. Mit einer anderen Einstellung, einer Einstellung, von der wir bisher sprachen, wären wir weich und flexibel und hätten leichte Geburten. „Unter Schmerzen sollst Du Kinder gebären" hieß es bei der Vertreibung aus dem Paradies, die ja ein Gleichnis für die Trennung des Menschen von seinem göttlichen Urgrund ist. Dieses Mythologem nimmt Bezug auf den Beginn unseres heutigen Zeitalters, das von einem Trennungs-Bewusstsein geprägt ist. Sobald wir erkennen, dass wir nicht getrennt, vielmehr verbunden sind mit allem, und dass es an uns liegt, unser Bewusstsein auf diese Verbundenheit auszurichten, wird es leicht.

Man kann aber, auch wenn man dieses Pulsieren schon erlebt hat, trotzdem wieder in die Blockierung zurückfallen.
Ja, jederzeit! Man kann sich aber auch jederzeit wieder aufraffen und auf der Welle weiter reiten. Hierin liegt die Radikalität der Liebe, aber auch ihre Gnade.
Das Spiel von Radikalität und Gnade möchte man bald nicht mehr missen, denn gerade dieses Spiel bietet eine zielsichere, seismographisch genaue Zu-Recht-Weisung, eine Wegweisung zum Richtigen hin. Diese Weisung hat ihre Quelle in unserem Inneren und nicht in einer bevormundenden Instanz da draußen. Es handelt sich dabei um unsere eigene innere Führung. Auf diese Weise bleibt unsere Würde unangetastet und alles Müssen verwandelt sich in ein Dürfen.

Den Blick für das Richtige schulen

Mit der Zeit bekommt man auch ein immer stärkeres Gespür für das Richtige.
Der Mensch ist perfekt eingebunden in den kosmischen Tanz der Kräfte und Informationen. Er ist perfekt auf Kooperation und

Kommunikation eingestellt. Er bräuchte nur voller Neugier und Anteilnahme an diesem Spiel teilnehmen, um Sinn, Glück, Erfolg, Erfüllung und Heilung zu finden. Er müsste sich nur öffnen, um die Liebkosung der kosmischen Liebe zu empfangen. Er bräuchte nur mit sich selbst, seinem Körper, seiner Existenz, seinen Mitmenschen, ja der ganzen Welt liebevoll in Beziehung treten; nur achtsam mitschwingen – ganz bei sich selbst und doch verbunden mit allem. Wir sind wunderbar angelegt! Wir haben ein unglaublich feines Instrumentarium zur Verfügung, ein Navigationssystem, das einfach gigantisch ist – wenn wir es erst einmal erkennen!

Dafür muss man das Bewusstsein, also den Blick haben!
Richtig!

Und den Weg zu gehen beinhaltet, diesen Blick zu schulen!
Im Grunde genommen benötigt der heutige Mensch „nur" eine Schulung seiner Sichtweise, eine neue Einstellung über das Wesen von Wahrheit und Wirklichkeit, ein Welt- und Menschenbild, das auf Verbindung angelegt ist, statt auf Trennung und Spaltung. Eine solche Schulung ist unbedingt notwendig, und zwar in globalem Umfang. Ohne sie kann es keine nachhaltige Heilung persönlicher, gesellschaftlicher und kultureller Spaltungen geben. Deshalb müssten wir diese neue Einstellung in der Schule lernen. Sie müsste an den Universitäten als Basis für alle Wissenschaftsbereiche gelehrt werden, vor allem auch in der Medizin.
Und diese Einstellung lautet: „Alles ist mit allem dynamisch verbunden". Nicht in einem mechanistischen Teile-Denken, sondern erst in der Beachtung der dynamischen Interaktion des Ganzen offenbaren sich die Ordnungsimpulse, die heilenden Impulse also. Nicht in einem statischen Plan, sondern in der verbindenden Bewegung selbst liegt das Geheimnis der Homöostase. Daher ist der neue Begriff der Homöodynamik sehr zutref-

fend. Die Bewegung selbst beinhaltet die Formel, nach der wir alle suchen. Und diese Formel heißt: Liebe. Liebe ist der kleinste gemeinsame Nenner von ALLEM.

... der aber ständig wieder einen völlig neuen Zustand hervorbringt. Genau. Schöpfung ist ein ständiges Werden. Leben ist ein ständiges Sterben von Altem, Verbrauchtem, Unbrauchbar-gewordenem und gleichzeitig ein ständiges Neugebären.

Da kann es einem total schwindlig werden!
So ist es auch. Unserem Verstand wird dabei schwindlig, weil er diese Dynamik nicht mehr begreifen kann. Der Verstand möchte erfassen, festhalten, kontrollieren, die Dinge nach seiner Überzeugung lenken. Er wird ver-rückt, wenn ihm das plötzlich nicht mehr gelingt. Das ist jedoch eine heilsame Angelegenheit, denn dadurch verliert er seine Vorrangstellung und wird endlich an seine richtige Position gerückt.

Es ist sehr schwer zu verstehen, dass wir immer noch da sitzen, schon seit Stunden in dieser Position, obwohl jetzt alles ganz anders ist als am Anfang dieses Gesprächs vor zwei Stunden. Und dass dieses Möbelstück immer noch da steht, wo es steht, obwohl die Atome bereits x-mal herumgewirbelt sind.
Mit dem Verstand ist das nicht zu begreifen. Um eine wirkliche Einsicht in diesen Prozess gewinnen zu können, brauchen wir eine erweiterte Form der Intelligenz, eine Intelligenz, die es ermöglicht, sich selbst in dieser unvorstellbaren Flexibilität zu bewegen. Diese erweiterte Intelligenz ist die Intelligenz der Liebe. In ihr vereinen sich Verstand und Gefühl, Intuition und Instinkt durch die Anbindung an das kosmische Bewusstsein. Das gesamte Spektrum des Bewusstseins, alle Intelligenz-Ebenen, die dem Menschen potentiell zur Verfügung stehen, werden in der Liebesintelligenz gemeinsam zum Schwingen gebracht.

Das ist überwältigend. Und letztlich doch ganz einfach und unspektakulär.

Denn es ist wie ein Durchdringen der Dinge in jeder Sekunde, ohne irgendwelche Vorstellungen.

Genau. Es ist die Qualität des Durchblicks. Man schaut einfach bis auf den Grund und kann die augenblickliche Situation, das Hier und Jetzt, damit in Beziehung setzen. Diese Gesamtschau ermöglicht eine genaue Zuordnung der Dinge. Man hat also nicht nur den Durchblick sondern gleichzeitig auch den Überblick. Analysen, Theorien, Konzepte und Hypothesen erübrigen sich dabei. Für denjenigen, der Spaß daran hat, werden sie zum Spiel; sie verlieren ihren Absolutheitsanspruch.

Je flexibler ein Mensch wird, das heißt, je weniger er an Meinungen, Dogmen und Überzeugungen festhält und je mehr er sich der Einen Bewegung überlässt, desto stärker wird auch die Präsenz der Liebesintelligenz; desto schneller geschieht Heilung.

Wir sollten jedoch auch an dieser Stelle nicht vergessen, dass es kontraproduktiv wäre, diese Intelligenz auf „Teufel, komm raus" zu forcieren; im wahrsten Sinne des Wortes wecken wir damit nur unser Ego. Leben und Mensch-Sein bringen es eben mit sich, dass wir nicht ständig in der bewussten Anbindung bleiben, auch dann nicht, wenn wir schon längst Meisterschaft erreicht haben. Ich glaube, die heilsamste Form ist es, in solchen Momenten ehrlich mit sich zu sein: „Jetzt bin ich gerade mal nicht im Fluss" anstatt sich in die Bewegung hinein pressen zu wollen. Wenn wir die Erwartungen an uns selbst „sein lassen", öffnet sich der neue Augenblick von selbst und mit ihm ergibt sich eine neue Chance, Ganzheit zu schaffen.

In der Wahrhaftigkeit geht die Tür auf

Es geht also um eine große Ehrlichkeit sich selbst gegenüber.
Das ist der Punkt. Erst die Wahrhaftigkeit sich selbst und dem Leben gegenüber ermöglicht dieses „ES-sein-lassen" jenseits des ständigen Hin und Her von Vorlieben und Abneigungen. Persönliche Wahrhaftigkeit ist die Tür zur kosmischen Wahrheit. Authentizität ist das Tor zur Heilung.

Denn durch eine Krankheit bzw. einen Unfall wird man ganz nackt.
Man steht völlig nackt da, weil man die Macht der Kontrolle verloren hat. In diesem Augenblick ist man hilflos; da gibt es nichts mehr, was man vorzuweisen hätte. Man ist einfach nur nackt. Es gilt, diese Nacktheit und Hilflosigkeit liebevoll anzunehmen und nicht gleich mit Erklärungen bedecken zu wollen. Gelingt uns das, dann werden wir durch das Tor begleitet und können schauen, was auf der anderen Seite ist – ja, dort schon immer auf uns gewartet hat.

Und gerade an diesem Punkt gibt es immer die sichtbaren und unsichtbaren Helfer, die gerade dann auftauchen, wenn man verzweifelt ist.
Gerade dann! Sie sind immer da, aber erst in einer Situation wie dieser, wenn die Schleier des Besser-Wissens weggezogen sind, wird uns die Tatsache voll bewusst. Plötzlich spürt man diese Kräfte, kann sich mit ihnen verbinden, mit ihnen kommunizieren und kooperieren. Manchmal ist diese Erfahrung so stark, dass man gar nicht mehr zurück möchte auf die andere Seite, in einen Lebensalltag, den man bisher als mühselig empfunden hat. Ich meine damit nicht, dass man gleich sterben will; eher meine ich den hier häufig aufkommenden Wunsch, der Realität zu entfliegen und sich im Geistigen zu verschanzen. Viele, die den

Raum des Geistes betreten haben, glauben: „Ich habe mein Ziel erreicht. Es hat sich erfüllt. Nun kann das normale Leben ohne mich ablaufen. Ich bin in höheren Gefilden". Oder sie meinen, ab jetzt nur noch für andere da sein zu müssen und selbst keine Wünsche mehr haben zu dürfen. Beide Versionen bergen einen Trugschluss.

Stattdessen werden wir wieder zurückgeschoben in das pralle Leben – in dem Sinne: „Jetzt hast du erkannt, was Schöpfung ist. Geh also hin und erschaffe. Erschaffe eine Wirklichkeit, die dein eigenes Wohl mit dem Wohl des Ganzen in Einklang bringt. Lebe und liebe!"

Jetzt bist du dran!
Jetzt bist du dran, genau! Jetzt heißt es, sich dem Leben stellen, eindeutig werden. Sich nackt auf den Weg machen und mutig durch die Dolche seiner Angst gehen. Sein eigenes Ding durchziehen. Sich zu sich selbst und seiner Wahrheit bekennen, egal, was der Rest der Welt dazu sagen mag. Sich voll einlassen. Die totale Erfahrung des Lebens machen.

Das Hohe Selbst wird dabei zu unserer einzigen Autorität. Ihm folgen wir bedingungslos, uns selber treu bleibend. Nun übernehmen wir selbst die Verantwortung, nicht nur für unsere Schattenseiten, sondern auch für Tiefe unseres eigenen Potentials.

Die Intensität der Strahlkraft, wenn man durchgegangen ist

Heilung hat auch mit Licht zu tun. Menschen, die durch diesen Heilungsprozess durchgegangen sind, haben eine besondere Strahlkraft. Wie kann man sich das erklären? Hat es mit der Lebensenergie zu tun, die dann intensiver ist?

Wenn die Tür deines Bewusstseins offen steht und GEIST einströmen kann, wenn du authentisch bist und Dir selbst treu bleibst, durchtränkt das Licht der Wahrheit alle Facetten deiner Persönlichkeit. Die Lebensenergie beginnt frei zu fließen und dich mit Kraft zu erfüllen. Die Schale Deines Selbst ist nun übervoll. Du befindest Dich im Licht der Gnade. Charisma bedeutet „Gnadengabe". Diese Gnade wird jedem zuteil, der seine wahre Identität lebt. Ihr Licht ist es, das Menschen, die sich selbst gefunden haben, ihre besondere Ausstrahlung verleiht. Niemand kann diese Ausstrahlung spielen oder sich als Image zulegen; sie ist das Geschenk, welches man erhält, wenn man den Prozess der Selbstrealisation mutig durchlaufen hat.

Es ist faszinierend, dass es immer beides ist: das Individuelle, also die Einzigartigkeit des Individuums, kommt richtig zum Vorschein, und gleichzeitig das Universelle.

Deshalb kann man Menschen, die ES gefunden haben, ganz genau erkennen: an ihrem Leuchten, an ihrer Unabhängigkeit, an den Herzensqualitäten, die sie integriert haben. An der Art und Weise, wie sie ihre Aufgaben bewältigen – oft gegen den Rest der Welt; oft gegen alle Regeln und Normen. Man erkennt sie daran, dass sie nicht nur selbst kreativ sind, sondern auch andere inspirieren. Dass sie genau wissen, was sie wollen und ihre Visionen wahr werden lassen, dabei aber niemals selbstsüchtig sind, sondern sich stets zum Wohl des Ganzen einbringen.

Heilung ist schenkbar

Wir alle könnten uns gegenseitig dabei helfen, in diesen Zustand zu gelangen. Unser Miteinander würde dadurch extrem bereichert werden. Es wäre das Paradies auf Erden. Es würde bereits genügen, uns gegenseitig sein zu lassen, wie wir sind. Wir könnten einem Menschen Heilung schenken, wenn wir ihn darin bestärken, der zu sein, der er wirklich ist und sein möchte. Selbst wenn wir es anders sehen, selbst wenn wir es anders wollen, selbst wenn wir gerne projizieren möchten – wenn wir UNS gegenseitig sein lassen, dann entsteht im Kollektiven ein Raum für Heilung. Dieses Geschenk können wir uns gegenseitig machen. Denn Heilung ist schenkbar!

Ja, eine Person kann tatsächlich wie ein Heilmittel wirken. Die Freundschaft zu jemandem bzw. die Präsenz von jemandem kann wirklich zur Heilung anspornen. Wenn jeder in dieser Haltung wäre, wie Sie sagen, wirklich den anderen so zu lassen, wie er ist...
... gäbe es weit weniger Krankheiten als bisher. Ich bin davon überzeugt, dass viele Krankheiten nur entstanden sind, weil ein Mensch nie so sein durfte, wie er ist. Schon als Kind werden wir daran gehindert, später dann in der Ehe, wo wir uns auch selber immer wieder anpassen und verdrehen, um den Vorstellungen des Partners zu entsprechen, um geliebt zu werden und Anerkennung zu finden. Wenn solche Menschen plötzlich gelassen werden, wie sie sind, das heißt, wenn sie Bedingungslosigkeit erfahren, passieren rasante Heilungen.

Das ist der Schlüssel!
Ja! Aber was tun wir stattdessen? Wir knebeln uns selbst, wir behindern uns gegenseitig, wir projizieren unsere Vorstellungen, Wünsche und Erwartungen auf andere, meist auf diejenigen, die uns am nächsten stehen. Wir lassen uns von Geboten und Verboten manipulieren. Unsere ganze Kultur, jeder Gedanke, jeder Ausdruck ist konditioniert durch ein trennendes Werte- und Normensystem, das uns von unserem Wesenskern abspaltet und unsere Autonomie, unsere schöpferische Souveränität auf allen Ebenen beschneidet.

389

Das neue Wertesystem, das aus einer verbindenden Sichtweise hervorgehen wird, kann daher nicht länger von außen kommen. Es muss aus dem Herzen des Menschen, dem Herzen der Menschheit entstehen. Denn dort innen finden wir alle das Gleiche: Wahrheit, Liebe und Freude, Herzensqualitäten. Ursprüngliche, natürliche Werte, auf die wir uns alle einigen können, weil sie unserem eigenen Inneren, unserem Gewissen, entspringen.

Liebe ist die stärkste Kraft, die es gibt. Sie heilt alle Wunden, transformiert den Menschen und die Erde. Wer ihrem Ruf folgt, trägt dazu bei, eine neue Wirklichkeit, eine Kultur des Herzens, zu erschaffen. Potentiell ist dies möglich.

Hier und jetzt ...

Hier und jetzt. Wir bräuchten nur einen kleinen „Switch" in unserem Bewusstsein zu vollziehen, um ES sehen und erfahren zu können. Wir sollten es wagen! Die Liebe sagt: Es kann Dir nichts passieren, Du hast einen freien Geist.

Frau Kessler, herzlichen Dank für dieses Gespräch!

Anhang
Literaturhinweise

Literaturhinweise

Michèle Cassou:
Point Zero – Entfesselte Kreativität. Aurum
Wer malt hier eigentlich? Weisheiten und Tipps für Kreative, Blockierte
und Lebenskünstler. Aurum

Dr. Maria-Gabriele Wosien:
Sakraler Tanz. Der Reigen im Jahreskreis. Kösel
Tanz – Symbole in Bewegung. Veritas
Tanz als Gebet. Feiert Gottesnamen beim Reigen. Veritas
Tanz – Bilder des Weges. Veritas

Liane Dirks:
Die liebe Angst. Btb
Krystyna. Und die Liebe? frag ich sie. Ammann
Vier Arten, meinen Vater zu beerdigen. Kiepenheuer & Witsch
Narren des Glücks. Kiepenheuer & Witsch
Falsche Himmel. Kiepenheuer & Witsch
Monatsbücher (12 Bände). Sanssouci

Kirsten Kuhnert:
Delphintherapie – Beweis eines Wunders. Über die Heilkraft der Delphine.
Ariston/Hugendubel
Jeden Tag ein kleines Wunder. Das Geschenk der Delphine. Heyne

Ruth Eder:
Netzwerk der Generationen. Gemeinsam statt einsam. Herder
Ich spür noch immer ihre Hand. Herder

Dr. Serge Kahili King:
Der Stadtschamane. Lüchow
Erdenergien. Lüchow
Kahuna Healing. Lüchow
Weisheiten aus Hawaii. Lüchow
Instant Healing. Lüchow
Begegnungen mit dem verborgenen Ich. Aurum
Ihr Körper glaubt, was Sie ihm sagen. Aurum

Clemens Kuby:
Unterwegs in die nächste Dimension. Kösel
Heilung – das Wunder in uns. Kösel

Dr. Ruediger Dahlke:
Krankheit als Weg. C. Bertelsmann
Krankheit als Sprache der Seele. C. Bertelsmann
Lebenskrisen als Entwicklungschancen. C. Bertelsmann
Der Weg ins Leben. C. Bertelsmann
Aggression als Chance. C. Bertelsmann
Das große Buch ganzheitlicher Therapien. Integral
Krankheit als Symbol. Ein Handbuch der Psychosomatik. Symptome-
Bedeutung-Einlösung. C. Bertelsmann
Der Körper als Spiegel der Seele. Gräfe und Unzer

Anne Schadde:
Lapislazuli. Eine homöopathische Studie. Müller & Steinicke
Cypraea eglantina - Kauri-Schnecke/Porzellanschnecke. Müller & Steinicke
Ginkgo biloba - Der Ginkgo-Baum. Müller & Steinicke
Lithium carbonicum. Eine homöopathische Studie. Müller & Steinicke
O3zon. Eine homöopathische Studie. Müller & Steinicke
Lignum-aquilaria. Eine homöopathische Studie. Müller & Steinicke

Stèphano Sabetti: Wellen des Wandels. Life Energy Media.
Stèphano Sabetti (mit Patricia Berger): Life Energy Process – Formen,
Dynamik, Prinzipien. Life Energy Media.

Hans Stöberl:
Lieber leichter leben. Seelen-Coaching mit Kinesiologie. Integral/Hugendubel

Heiner Uber: Länder des Lachens. Frederking & Thaler
Heiner Uber/André Steiner: Das Lachprinzip. Wie man sich erfolgreich,
glücklich und gesund lacht. Eichborn

Frédérick Leboyer:
Geburt ohne Gewalt. Kösel
Das Geheimnis der Geburt. Erzählt von Frédérick Leboyer. Kösel
Sanfte Hände. Die traditionelle Kunst der indischen Baby-Massage. Kösel

Dawn Nelson:
Die Kraft der heilsamen Berührung. Alte Menschen, Kranke und Sterbende
liebevoll umsorgen. Kösel

Neale Donald Walsch:
Gespräche mit Gott. Band I, II, III. Goldmann
Gemeinschaft mit Gott. Goldmann
Freundschaft mit Gott. Ein ungewöhnlicher Dialog. Goldmann
Gott heute: Gespräche mit Gott über die Spiritualität der Zukunft.
Was Gott will. Goldmann

Andrew Cohen:
Frei sein. Param
Himmel und Erde umarmen. Param

Ken Wilber:
Das Spektrum des Bewusstseins. Scherz
Halbzeit der Evolution. Der Mensch auf dem Weg vom animalischen
zum kosmischen Bewusstsein. Spirit Fischer
Eine kurze Geschichte des Kosmos. Spirit Fischer
Vom Tier zu den Göttern. Die große Kette des Seins. Herder
Das Wahre, Schöne, Gute. Geist und Kultur im 2. Jahrtausend. Krüger
Eros, Kosmos, Logos – Eine Jahrtausend-Vision. Fischer Taschenbuch Verlag.
Einfach „Das". Tagebuch eines ereignisreichen Jahres. Fischer Taschenbuch
Verlag
Ganzheitlich handeln. Eine integrale Vision für Wirtschaft, Politik,
Wissenschaft und Spiritualität. Arbor
Integrale Psychologie. Geist, Bewusstsein, Psychologie, Therapie. Arbor

Dr. Rupert Sheldrake:
Das schöpferische Universum. Scherz
Das Gedächtnis der Natur. Scherz
Die Wiedergeburt der Natur. Scherz
Denken am Rande des Denkbaren. Scherz
Sieben Experimente, die die Welt verändern könnten. Scherz
Die Seele ist ein Feld. Scherz
Der siebte Sinn der Tiere. Scherz

Prof. Dr. Hans-Peter Dürr:
Das Netz des Physikers. Naturwissenschaftliche Erkenntnis in der Verant-
wortung. Taschenbuch.
Hans-Peter Dürr/Marianne Oesterreicher: Wir erleben mehr, als wir
begreifen. Herder
Hans-Peter Dürr/Marianne Oesterreicher: Auch die Wissenschaft spricht
nur in Gleichnissen. Herder
Hans-Peter Dürr/Raimon Panikkar: Liebe – Urquelle des Kosmos.
Ein Gespräch über Naturwissenschaft und Religion. Herder

Masaru Emoto:
Band I und II: „Die Botschaft des Wassers". Koha

Willigis Jäger:
Das Leben ist Religion. Stationen eines spirituellen Wegs. Kösel
Aufbruch in ein neues Land. Erfahrungen eines spirituellen Lebens. Herder
In jedem Jetzt ist Ewigkeit. Worte für alle Tage. Kösel
Wohin unsere Sehnsucht führt. Mystik ins 21. Jahrhundert. Via Nova

Die Welle ist das Meer. Mystische Spiritualität. Herder
Suche nach der Wahrheit. Wege-Hoffnungen-Lösungen. Via Nova
Suche nach dem Sinn des Lebens. Bewusstseinswandel auf dem Weg nach
innen. Via Nova
Das Leben endet nie. Über das Ankommen im Jetzt. Theseus
Westöstliche Weisheit. Visionen einer integralen Spiritualität. Theseus
Anders von Gott reden. Via Nova

Dr. Christina Kessler:
Amo ergo sum – Ich liebe, also bin ich. Arbor; Taschenbuchausgabe: Heyne
Amo ergo sum – Das Arbeitsbuch. Heyne
Herzensqualitäten – Die Intelligenz der Liebe. Integral

Sein
und Bewusstsein

140 Seiten
Hardcover
978-3-932130-18-2

Ira Kröker

Du darfst so sein, wie du bist

Du darfst so sein, wie du bist. Und du darfst leben, wie du willst.
Willst du glücklich sein, tue, wonach dein Herz sich sehnt. Das ist die
Botschaft dieses Buches.
Sehr persönlich und mitreißend beschreibt Ira Kröker in diesem Buch,
wie sich Menschen von ihren Ängsten befreien und wie Gedanken das
Leben verändern können. Die Autorin lädt ihre Leser ein, Masken
abzulegen, um sich selbst zu finden und schließlich auf wunderbare
Weise dafür belohnt zu werden: mit Erkenntnis, Glück und Erfüllung.
Praktische Beispiele und Handlungsanleitungen machen den Ratgeber
zu einem kurzweiligen Lesevergnügen und zu einem wertvollen
Begleiter für Menschen, die auf der Suche nach ihrem Platz in diesem
Leben sind.

www.driediger.de

Alternative Heilmethoden
Neue Erkenntnisse

Tamara Lebedewa:

Krebserreger entdeckt!

Die verblüffenden Erkenntnisse einer russischen Forscherin

Die Entstehung von Krebs gilt als eines der größten Geheimnisse in der heutigen Medizin. Doch mit diesem Buch ist Tamara Lebedewa, einer russischen Chemikerin, ein bedeutender Schritt zur Lösung dieses Rätsels gelungen. Gehen Sie gemeinsam mit der Autorin auf Entdeckungsreise und folgen Sie ihren Ausführungen bis unter das Mikroskop. Vollziehen Sie die Experimente selbst nach und machen Sie sich ein eigenes

Bild. Sie werden erkennen, dass es sich hierbei nicht um eine vage Theorie handelt sondern um die vielleicht größte Entdeckung in der Krebsforschung.

336 Seiten
14 Abbildungen
978-3-932130-13-7

190 Seiten
978-3-932130-19-9

Tamara Lebedewa

Reinigung
Entschlacken und entgiften Sie Ihren Körper

Die Reinigung unseres Körpers von außen ist heutzutage eine Selbstverständlichkeit. Doch wie steht es mit der Reinigung von innen?

Tamara Lebedewa geht es in diesem Werk um eine ganzheitliche Sanierung des Körpers. Sie stellt dem Leser eine Fülle erprobter Reinigungsverfahren vor.

Die russische Krebsforscherin hat erkannt: Der Grund für viele schwere Erkrankungen sind Parasiten und Mikroorganismen im menschlichen Körper. Ihr Heilungsprogramm beruht auf der Reinigung der inneren Organe, die sowohl zur Vorbeugung als auch zur Unterstützung bei einer Behandlung angewendet werden können.